PAISAJE Y SENTIMIENTO DE LA NATURALEZA EN LA POESIA ESPAÑOLA

Emilio Orozco Díaz

PAISAJE Y SENTIMIENTO DE LA NATURALEZA EN LA POESIA ESPAÑOLA

Ediciones del Centro

© Emilio Orozco Díaz, 1974
Ediciones del Centro. Andrés de la Cuerda, 7. Madrid
Cubierta: José Ramón Sánchez
ISBN: 84-7227-017-3
Depósito legal: M. 25.878-1974
Impreso en Closas-Orcoyen, S. L. Martínez Paje, 5. Madrid

PROLOGO

PROLOGO

A mi hija Ana María

Presentamos en este volumen una serie de ensayos referentes al tema del paisaje y del sentimiento de la Naturaleza en la literatura española, redactados y dados a conocer, a través de un período de varios años, ya como libros, ya como conferencias y artículos de revista. Algunos de ellos se recogen con ligeras adiciones, aunque no se rehace lo escrito, y sólo rarísima vez se suprime alguna palabra o frase. Dentro del perfil de ensayo que ofrecen todos ellos, sin embargo, el carácter y extensión de cada uno es de cierta variedad. Unos se centran en el comentario de un tema en un autor u obra; otros pretenden ser sólo una suma de notas referidas a varios aspectos del tema en una época; otros se ofrecen como visión temática comparativa entre varios autores. Y en cuanto a su desarrollo y estructura, unos se ofrecen como exposición continuada y libre, y otros —los libros— se fragmentan en capítulos, que a su vez buscan, en el orden con que se desarrollan, una especial intención interpretativa del tema y autor.

Agrupamos todos bajo el doble título de *Paisaje y sentimiento de la Naturaleza,* porque, en realidad, se trata de esta doble vertiente del tema en todos ellos, aunque con enfoque y preferencia cambiante según épocas, tendencias y autores. Sobre la delimitación de ambos conceptos se habla en ellos más de una vez: son cosas distintas, pero que pueden superponerse o fundirse plena-   9 mente y, por lo menos, enlazarse en un punto de arranque o impulso inicial de búsqueda del tema.

Hemos preferido agrupar los varios trabajos de acuerdo con un orden cronológico de su contenido. Así se inicia con un ensayo de carácter general referente al sentimiento de la Naturaleza en la poesía española medieval; ensayo éste que se ofrece con la limitada intención de reunir una serie de notas sueltas que estimamos previas a la redacción de un estudio de síntesis de introducción al tema propuesto. De ahí que conscientemente no se intente recoger toda la bibliografía que existe sobre el tema y que, en cambio, no se deje de mirar a intervalos hacia las artes plásticas.

El segundo ensayo, aunque redactado antes que el anterior, se ofrece como el desarrollo parcial y concreto del tema de la naturaleza en el *Poema del Cid.* El ensayo siguiente —también escrito antes que el primero— participa del doble carácter, de anotación rápida sobre el tema del jardín en la poesía del siglo XV, y de comentario concreto del mismo en la *Tragicomedia de Calisto y Melibea.*

Carácter distinto a los anteriores ofrece el siguiente ensayo, *De lo humano a lo divino,* cuyo texto fue expuesto como conferencia —en la Universidad de Oviedo—, y ello contribuyó a que lo concibiéramos siguiendo una línea central ascensional que aspira a poner acción en su desarrollo. Este ensayo, central en cuanto al orden en que se incluyen, dedicado al estudio del tema de la naturaleza a través de nuestros grandes líricos del siglo XVI —Garcilaso, Herrera, Fray Luis y San Juan de la Cruz—, es también el centro y núcleo inicial en la concepción y desarrollo de todos los demás. Escrito el primero de todos, nos llevó a reflexionar sobre el tema y a descubrir el proceso general de espiritualización que, como una íntima evolución, esos grandes poetas nos ofrecían. La opinión y comentario que la lectura del ensayo mereció a algunos de nuestros grandes maestros nos animó a no dejar totalmente pospuesto, dentro de nuestro campo de estudio y reflexión, el interés por estos temas de paisaje y sentimiento de la Naturaleza.

La simultánea inclinación a los estudios de Arte, ya antes, nos había llevado a considerar en más amplio ensayo, en enfoque simultáneo, poético y pictórico, las visiones paisajísticas de análoga complejidad, de las *Ruinas y Jardines,* como expresivos temas del Barroco. Consecuencia o desarrollo concreto de una parte de ese ensayo general introductos al tema del jardín es el que aquí se incluye, y que apareció antes como pequeño libro con el título de *Introducción a un Poema barroco granadino. De las «Soledades» gongorinas al «Paraíso» de Soto de Rojas.* En él se intenta aproximar a la comprensión y contemplación de este poema del fino lírico granadino que tituló *Paraíso cerrado para muchos, jardines abiertos para pocos,* los términos que García Lorca aplicaría para designar a Granada. Soto hizo tema único de su obra la descripción de los varios recintos de su carmen albaicinero, suma de preciosidad de arte y jardinería, que pinta y celebra con moroso deleite sensual y honda emoción religiosa que le hace volver su mirada y su verso hacia el Supremo Creador de todas las bellezas. Este pequeño libro, intencionadamente estructurado en varios breves capítulos, está precedido de unas consideraciones sobre el poema descriptivo y sobre la estética del carmen granadino, exponente de la complejidad de arte y naturaleza que en lo esencial caracteriza el paisaje de Granada.

Las consideraciones sobre el poema descriptivo y su sentido barroco las hemos ampliado en el primer capítulo de un extenso libro de *Introducción al Poema «Granada»,* del poeta gongorino don Agustín Collado del Hierro; pero no lo incorporamos aquí para dejar este volumen más equilibrado en su estructura, aunque podría completar este aspecto del poema descriptivo barroco, que es cosa poco atendida por la crítica tradicional.

Sobre estos temas descriptivos de la poesía de esa época hemos publicado otro libro, diríamos de geografía poética, con el título de *Granada en la poesía barroca,* del cual en algún momento nos atrajo también intercalar aquí algún capítulo; pero por la misma razón de no desequilibrar el conjunto del volumen nos hemos abstenido de ello.

De todas maneras, la intención que nos mueve es la de que la composición de este tomo de miscelánea, articulado por su unidad temática, gire en torno del ensayo antes destacado, *De lo humano a lo divino,* aunque la poesía descriptiva ofrezca cuantitativamente un aplastante predominio en la época del Barroco. Pero no olvidemos que eso atañe principalmente a uno de los aspectos que aquí comentamos, cual es lo paisajístico descriptivo, y nuestro libro pretende recoger las dos vertientes del tema: el paisaje y el sentimiento de la Naturaleza. Este último rasgo alcanza en la poesía del siglo XVI uno de sus puntos culminantes por su profundidad y su riqueza de aspectos, ya que es cosa que puede alcanzarse sin que el poeta adopte ante la realidad una actitud contemplativa —en el sentido exacto de la palabra— que le impulse a la descripción. Esta actitud es la que se hace predominante en el Barroco y vuelve a imponerse en el Romanticismo.

Este último aspecto es lo que el lector puede echar de menos, y con razón, en esta colección de ensayos: alguna nota o comentario sobre paisaje y sentimiento de la Naturaleza en la poesía romántica. Aspecto es éste que algún día pensamos tocar y que

11

incluso nos hemos ya planteado su enfoque. Tras las descripciones con acompañamiento sonoro de Espronceda, lo hubiéramos centrado en Rivas y Bécquer, caracterizándolos, precisamente por una especial valoración de esos dos aspectos, que se acentúa, respectivamente, en la poesía de ambos de acuerdo con ese orden; porque, aunque los dos fueron poetas pintores, sin embargo, en el primero se impone la imagen visual pictórica, y en el segundo, la imagen se depura esencializada por el peso de lo poético sentimental, aunque acuse siempre la sensibilidad del pintor. Sólo con el comentario de los cuadros y acotaciones del *Don Alvaro* nos hubiera permitido encontrar en él los principales tipos de cuadros de paisaje del Romanticismo; y, sobre todo, los *Romances históricos* nos hubieran descubierto la valoración de la imagen visual como núcleo determinante de la concepción del romance que surgió en el poeta no como recuerdo o sugerencia de lectura, sino como evocación de una imagen de la realidad que le conmovió. El tema paisajístico en Bécquer acusa al poeta pintor que se emociona ante el monumento o visión del paisaje en un complejo goce no sólo visual, sino también saboreando el aroma o proyección espiritual que de esos lugares emana. Y además contemplándolo todo en visión de soledad, y apartamiento, cual del que se esconde y retira a la penumbra para meditar a solas. La descripción de Bécquer obedece, en general, a ese punto de vista angular y escorzado, como plena correspondencia a la manera que como hombre y poeta contempló la vida y el mundo. Frente a un Espronceda que todo lo contempla desde el centro, semejante al que se destaca a la cabeza y quiere abarcarlo todo en su mirada, Bécquer no se exhibe en la vida. Todo lo contempla desde el rincón, desde el lugar apartado; lo mismo cuando lleno de ilusión de vida y arte se sentía como el arpa olvidada *del salón en el ángulo oscuro,* que cuando desengañado y pensando sólo en el olvido y la muerte contemplaba con envidia aquel *lugar vacío* de una tumba, desde el *ángulo sombrío* de la *imponente nave del templo bizantino.*

Cerramos el volumen con dos trabajos de literatura contemporánea: uno referente a Gabriel Miró y otro a Antonio Machado. El primero, pensado hace muchos años, lo escribimos hacia 1960. Aunque con consideraciones generales sobre los temas de naturaleza en el gran prosista levantino, su intención se centra, dándole un valor fundamental, en el análisis de su visión de la luz natural, sol y luna, y su transmutación metafórica de orden táctil, sólido, líquido, cual si la inspirara una panteísta aspiración sacramental. El ensayo sobre Machado orienta el estudio del tema del camino con una intención de análisis temático, general, intentando proyectar desde él una serie de consideraciones estéticas, ideológicas y psicológicas, que buscan servir de introducción a la lectura del poeta; pero ordenado todo siguiendo una línea de desarrollo dramático que pretende expresar el sentido de acción que alienta en la esencia de la poesía del gran lírico sevillano.

Creemos que, a pesar del distinto carácter y extensión de todos estos ensayos, y de las grandes lagunas y omisiones que como conjunto de exposición histórica del tema ofrece este volumen, sin embargo, se le presentan en él al lector una variedad de consideraciones y al mismo tiempo una unidad de visión que puede serle útil como libro de introducción al tema, tan limitadamente estudiado todavía por la crítica. Sólo con este carácter provisional e introductor presentamos hoy formando libro este haz de ensayos atados por esa doble y unida preocupación temática sobre el paisaje y el sentimiento de la Naturaleza en la poesía española.

SOBRE EL SENTIMIENTO DE LA NATURALEZA EN LA POESIA ESPAÑOLA MEDIEVAL

(NOTAS SUELTAS PARA UNA INTRODUCCION AL TEMA)

Publicado en *Ideas Estéticas*, núm. 93. Madrid, 1956. Se reproduce con varias adiciones [1].

[1] Subrayemos que no se intenta en este breve ensayo considerar en amplia visión de síntesis los varios aspectos de este tema ni menos aún hacer el comentario de las composiciones y pasajes fundamentales que ofrece nuestra poesía medieval. Con referencia al *Poema del Cid* y al tema del jardín en la poesía del siglo xv, publicamos hace años —y en libro se incluyen— dos ligeros ensayos donde, aunque brevemente, comentamos el tema en su doble vertiente: de descripción paisajística y sentimiento de la Naturaleza. Otras obras aquí aludidas —y otras no aludidas, como las *Cantigas de amigo,* ya comentadas a este respecto por la crítica— exigirían una consideración concreta más detenida que complementaría lo ya dicho en forma aislada o circunstancial. Lo que aquí se recoge, pues, en una rápida anotación previa para una introducción general al tema.

Desde que Sainte-Beuve afirmó que el sentimiento de la naturaleza en la Literatura era un sentimiento moderno, cuyo comienzo databa de Rousseau, se ha venido repitiendo tras él la afirmación sin revisarse casi hasta nuestros años [2]. Entre nosotros fue Azorín el que lo repitió, seguramente por haberlo leído en Sainte-Beuve o en algún otro francés como Lanson, uno de los que siguieron repitiendo esa afirmación. Así, nuestro gran estilista se preguntaba en su conocido libro *El paisaje de España visto por los españoles:* «¿Cómo ha nacido el gusto por el paisaje, por la Naturaleza, por los árboles y por las montañas en la literatura? ¿Cuándo y de qué manera se ha ido formando la dilección por los panoramas campestres en nuestras letras?» Su contestación era categórica: «El gusto por la Naturaleza en la literatura es completamente moderno: en Francia, Rousseau... inaugura el paisaje literario y abre el camino a Bernardino de Saint Pierre, paisajista admirable» [3].

Pero ya en 1909, Unamuno, al que llamaríamos con palabra suya el gran *sentidor* de la Naturaleza, se había hecho eco de esa

---

[2] *Vid.* M. ANTOINE ADAM: «Le sentiment de la nature au XVII siècle en France. Dans la Litterature et dans les arts». En *Cahiers de l'Association internationale des études françaises.* París, julio 1954, núm. 6, pág. 1.
[3] *El paisaje de España visto por los españoles.* Madrid, 1923, pág. 9.

extendida afirmación y categóricamente la limitaba y rectificaba. «Se ha dicho —escribía— que el sentimiento estético de la Naturaleza es un sentimiento moderno, que en los antiguos no estaba sino esbozado, que es de origen romántico, y no falta quien añada que su principal sacerdote fue Rousseau. Alguno, exagerando, ha agregado que a la Naturaleza la han descubierto para el arte los modernos, y que a esto ha contribuido su descubrimiento por la ciencia ... y es indudable —añadía— que el sentimiento del campo se ha desarrollado mucho modernamente, a la par que la música, pero no puede exagerarse la tesis. Los antiguos eran poco paisajistas; el paisaje no era para ellos sino un medio para realzar al hombre, pero lo sentían.»

«Sin remontarnos a la edad clásica —razonaba— ... es indudable que en el *Quijote* el paisaje no es, como en los cuadros de Velázquez, más que un medio de poner de relieve al hombre; pero ¡qué sentimiento del paisaje en uno y otro, en Cervantes y en Velázquez! Virgilio describía pocos paisajes, pero la sensación íntima, profunda, amorosa, cordial del campo nos la da como nadie.» «El descripcionismo —agregaba— es un vicio en literatura, y no son los más diestros y fieles en describir un paisaje los que mejor lo sienten, los que llegan a hacer del paisaje un estado de conciencia, según la feliz expresión de Byron.» Como ejemplo, añadía más abajo: «Pereda ... tan hábil y afortunado en describir el campo, apenas si lo sentía» [4].

La distinción que aquí asentaba Unamuno no debemos olvidarla. Se trata de dos cosas distintas: el sentimiento de la Naturaleza y la pintura o descripción del paisaje; esto es, el paisaje como tema u objeto de la obra artística y literaria. También ha insistido en esta distinción Sánchez de Muniain en su bien trabajado libre sobre *La estética del paisaje natural*.

Unamuno, en esa repulsa del descripcionismo, descubría su inclinación a una postura estética clasicista. En este sentido —y era natural y dominante en esa época— coincidía con Menéndez Pelayo, quien más de una vez, con gesto antibarroco, censuró la descripción en poesía; ni la admitía ni la concebía. A su juicio, «la descripción de la Naturaleza inanimada sólo debe aparecer en el arte como accesorio y cual sirviendo de fondo a la figura humana». Por eso afirmaba en otra parte: «describir por describir no se concibe en poesía» [5]. Así —desde esos supuestos—, tuvo que condenar categóricamente las *Soledades,* de Góngora, el pri-

---

[4] «El sentimiento de la Naturaleza». En *Por tierras de Portugal y de España,* 1911. Ed. *Obras completas,* t. I. «Paisaje». Barcelona, 1958, págs. 529 y siguientes.
[5] Frases ya recogidas por Sánchez de Muniain en su citado libro. Madrid, 1954, pág. 79.

mer gran poema descriptivo de la lírica europea. Y es que precisamente es en el Barroco cuando adquiere su plena independencia el cuadro de paisaje en la poesía y en la pintura. De aquí que con la revalorización del Barroco haya venido a destacarse este tema en la poesía del siglo XVII [6]. Incluso la crítica francesa —más apegada al clasicismo— ya le ha dedicado varios estudios de interés [7].

Esa distinción, pues, nos interesa recordarla en el comienzo. Porque si bien el sentimiento de la Naturaleza es algo que se expresa hasta en las más antiguas de las manifestaciones literarias clásicas y orientales, no ocurre lo mismo con el cuadro de paisaje. Su aparición es aislada en la Antigüedad, aunque algunos trozos descriptivos se desprenden y quedan como pequeños cuadros de paisaje ideal, sobre todo en la última literatura latina. También ocurre lo mismo en la Edad Media, donde junto a unas apariciones aisladas de descripciones persisten a veces esos cuadros de la tradición latina; y aunque se desarrollan en el Renacimiento, con el espíritu neoplatónico que exalta la Naturaleza, sin embargo, no aparecerá la visión paisajística con toda su plenitud e independencia —como tema central respecto de lo humano— hasta el Manierismo y el Barroco. Así viene a coincidir la aparición del cuadro del paisaje en la pintura con el poema descriptivo en la poesía, su perfecto paralelo artístico. Y también es entonces cuando las flores, frutas y cosas se valoran en ambas artes con categoría de temas u objeto con valor por sí y no sólo en relación con lo humano; aunque sirvan para aludir o sugerir un sentimiento de repercusión humana vital y espiritual. Pero si la aparición del paisaje como tema central del arte y de la literatura es un fenómeno tardío en la evolución artística, no ocurre así —repetimos— con el sentimiento de la Naturaleza.

Lo que sí es una verdad es que la literatura y el arte nos han enseñado a ver y a amar la Naturaleza, los paisajes y las cosas. En general, las obras de poetas y pintores han ido configurando nuestra visión y educando nuestra sensibilidad para gozar de la vida y del arte, influyendo incluso en nuestra manera de actuar, de sentir y de relacionarnos. Sin llegar a esos momentos en que la vida se hace literaria o teatral, en que unos sectores de la so-

---

[6] Sobre la descripción y el poema descriptivo en el Barroco, véanse nuestros trabajos: *Introducción a un poema barroco granadino. De las «Soledades» gongorinas al «Paraíso» de Soto de Rojas.* Granada, 1955, y la *Introducción* sobre *El barroquismo literario y el poema descriptivo,* del libro *El Poema «Granada» de Collado del Hierro.* Granada, 1964. El primero se incluye en este libro.

[7] Vid. los trabajos reunidos en los *Cahiers...* citados en la nota 2 de este ensayo.

ciedad se comportan no sólo en su actuación pública, sino incluso en su más íntimo y familiar vivir, de acuerdo con formas que ha difundido la literatura —o como ahora ocurre con el cine o la televisión—, sin embargo, no podemos llegar al error de creer que el hombre hasta los tiempos modernos no ha sido capaz de apreciar y gozar valores del mundo de la realidad —del vivir de la Naturaleza y de su propio vivir—: la belleza de una montaña, del amanecer o de la puesta del sol, de unas flores o de una fuente que corre. Hay que admitir, sí, que el cuadro, el poema o la novela nos capacitan para gustar, incluso para descubrir, los mundos de belleza que nos rodean; pero de esa verdad no podemos llegar a deducir el error de que el hombre por sí no pueda alcanzar, con un espíritu cultivado en otros aspectos del pensamiento, a experimentar el goce de las bellezas naturales que contempla. Especialmente nos referimos, claro es, al mundo de la Naturaleza, a gozar de ella y a sentirse incluso en comunicación con la misma. Aunque la mire preferentemente con ojos utilitarios, con una relación práctica material, puede llegar a fundir o superponer a ese interés otra atracción de índole espiritual. Prueba de ello es cómo, precisamente, los monjes, que al buscar la soledad establecieron también con la Naturaleza un contacto práctico, cultivándola con miras utilitarias, fueron, sin embargo, los que antes nos ofrecieron muestras de haber llegado a una comunicación espiritual y hasta una visión trascendente. Pero es que incluso como una reacción innata y primitiva se da en el hombre lo que se ha llamado un sentimiento de continuidad vital, de sentirse unido o fundido a la vida de la Naturaleza, de percibir instintivamente los ritmos de sus cíclicos períodos vitales [8]. Y cuando sobre ese sentimiento actúa un sentimiento religioso, como el cristiano, que, con las horas de la oración o con las festividades litúrgicas se subraya la emoción de los momentos del amanecer, del mediodía o del final de la tarde, así como la del cambio de las estaciones que coinciden con la conmemoración religiosa, entonces ese primitivo e instintivo sentimiento puede avivarse con una emoción espiritual que le capacitará para sentir más hondamente los ritmos de la vida de la Naturaleza. Ahora bien: lo que sí necesitará de una madurez mental, rara vez conseguida en la época primitiva, es la capacidad para reflejar o trasladar ese sentimiento a la creación literaria;

---

[8] MARIANO IBÉRICO: *El sentimiento de la vida cósmica*. Buenos Aires, 1946. El autor comprende dentro de este término «todos los estados anímicos suscitados en nosotros de modo inmediato por la vida natural que pulsa en nosotros y fuera de nosotros; pues tiene en cuenta 'que el hombre no está yuxtapuesto a la naturaleza, sino implicado en ella como una ola en el vaivén del océano vital'», págs. 42 y sigs.

más aún, que estime como artista que esa emoción merece ser objeto de comunicarse a los demás.

Precisamente al referirse a la Edad Media es cuando menos se suele hablar de sentimiento de la Naturaleza y de creación de paisaje en la literatura. En general, sólo se ve un aspecto, o mejor dicho, una cara del tema: sólo se habla de una visión simbólico-alegórica que lleva a considerar el tema como una mera utilización de la Naturaleza con intención ideológica trascendente, negando que en el hombre medieval se diera la valoración de la Naturaleza por sí misma, por sus bellezas y valores. Es, desde luego, una verdad indiscutible que el hombre de la Edad Media quiere descubrir lo sobrenatural en el mundo que contempla. Como decía Romano Guardini, «ve símbolos en todas partes. Para él la existencia no consta de elementos, energías y leyes, sino de formas. Estas formas son manifestaciones de sí mismas, pero por encima de su propio ser revelan algo diverso de categoría superior; en último término, la grandeza intrínseca, Dios y las cosas eternas» [9]. Hemos de reconocer, eso sí, como algo esencial de la visión del mundo que ofrece el hombre medieval en su culto, en su Arte y en la vida en general, el valor simbólico que le infunde a todas las formas, pero sin olvidar —como señala Guardini en ese párrafo— que no dejan de ser *manifestaciones de sí mismas*.

La búsqueda de ese sentido simbólico-alegórico —no siempre claro— ha constituido, de esta forma, la esencial preocupación al considerar la temática artística y literaria de la Edad Media. Es, pues, éste, un aspecto importantísimo a considerar —y el más estudiado, por tanto— en lo que a la visión de la Naturaleza se refiere; pero no debe apartarnos totalmente de considerar lo que el hombre medieval sintió ante las cosas de la Naturaleza vistas y gozadas en sí mismas, que no es incompatible con su sentido alegórico. Pevsner, al caracterizar el espíritu del Gótico, ve precisamente como una innovación el no mantener «la actitud exclusivamente trascendental del siglo Románico y los anteriores», y, como contraste expresivo entre ambos períodos, destaca, frente al pensamiento de San Pedro Damián (siglo XI), la exclamación de Vicente de Bauvais «¡Qué grande es la más ínfima de las bellezas de este mundo! Me siento invadido por una ternura espiritual hacia El que creó y rige este mundo cuando contemplo la magnitud, belleza e inmutabilidad de su creación» [10]. Se goza, pues, de la Naturaleza, aunque sea precisamente como creación. Así recuerda el mismo crítico cómo afirma Santo Tomás que el mismo

[9] ROMANO GUARDINI: *El ocaso de la Edad Moderna. Un intento de orientación.* (Trad. J. Gabriel Mariscal.) Madrid, 1958, págs. 33 y sigs.
[10] NIKOLAUS PEVSNER: *Esquema de la Arquitectura europea.* (Trad. R. Taylor. Rev. E. Orozco.) Buenos Aires, 1957, pág. 85.

Dios «se complace en todas las cosas, porque cada una de ellas está, de hecho, en consonancia con su Ser». La deducción del gran historiador de la arquitectura es concluyente: «Así, los escultores podían ahora reproducir las más bellas de las plantas: la hoja del espino, el roble, el arce y el pámpano.» La presencia de la Naturaleza en el arte y en la poesía no podemos valorarla sólo en función de signo o símbolo. Insistimos en esto porque quizá se haya olvidado al atender solamente el alegorismo.

Es desde luego indiscutible que sin atender el sentido alegórico no podemos comprender nada de la Edad Media; pero ello no debe hacernos negar que el hombre medieval contempló y gozó de las bellezas y atractivos de la Naturaleza, del arte y de la vida no sólo a través de esa exclusiva visión, y que, además, la consideración alegórica de lo invisible surgió en gran parte de un ascender de la contemplación de lo visible. En el gran libro de Bruyne sobre la estética medieval —en el que sorprende ver lo profunda y extensamente que los escritores de estos siglos consideraron el mundo de lo bello—, al tratar del *alegorismo universal como visión estética,* se hacen razonamientos que conviene recordar al enjuiciar la intencionalidad de la obra de arte y literaria, así como la valoración de la realidad en ese período. Señala el autor el desarrollo de la visión estética del alegorismo en Ricardo de San Víctor. Según éste —nos recuerda Bruyne—, «el hombre es capaz, gracias a su 'intelligentia', de contemplar con una mirada sintética, tranquila y profunda todas las formas sensibles en su belleza propia. Después de contentar su curiosidad práctica o científica puede con 'admiración y placer' lanzarse por una 'intuición' que dilate su alma, elevándola por encima de las propias contingencias hasta hacerle perder la conciencia de sí. En el gozo admirativo de la belleza que contempla descubre, sin saberlo o buscándolo explícitamente, al Creador. Todas las formas visibles lo revelan...» Y más adelante viene a insistir —completando la exposición de dicha doctrina— en este hecho del doble valor y conciencia que el hombre medieval siente ante lo sensible de la Naturaleza y del Arte. «No hay que olvidar ni por un instante —dice— que la Edad Media ha hecho netamente la distinción entre 'res et signa'.» Antes de ser signo de lo invisible la cosa tiene una estructura en propiedad; sería ridículo perder esto de vista. «La obra de arte, aun la realizada con intenciones alegóricas, es, pues, ante todo, una 'res artificiata' ... que tiene su perfección y, por consiguiente, su belleza propia...» Así concluye en su razonar, afirmando que «hay derecho a suponer que la Edad Media ha conocido actitudes estéticas diversas frente a la Catedral»; ya la de los «sensuales», que «se detenían sea en la belleza inmediata, tangible y colorista, sea en la belleza 'musical', encarnación patticular e individual»; ya «la de los 'espirituales', que en la iglesia descubrían la manifestación de significaciones ocultas y que escogían entre dos posibilidades: la de la evasión total de lo sensible ... o bien la de la inmanencia indivisa de lo alegórico en lo espiritual y de lo espiritual en lo *sensible*» [11]. El que no encontremos en la poesía medieval el pleno descripcionismo ni el moderno sentimiento del paisaje como proyección de un estado de alma no quiere decir que falle totalmente una actitud estética consecuente a una compleja reacción psicofísica ante la viva realidad de la Naturaleza. Y no basta tampoco para negarlo el hecho de que la visión y sentido de la Naturaleza se exprese en su mayor parte a través de las formas en que ya se había objetivado en la tradición literaria grecolatina, bíblica y patrística. Pensemos que en pleno siglo XVI un fray Luis de Granada, el escritor místico que de una manera más plena y entusiasta se entregó a la descripción de la Naturaleza —y hasta con un sentimiento moroso y amoroso de objetiva realista prebarroca—, y con la más intensa emoción trascendente, unirá, sin embargo, la observación directa de lo contemplado en la huerta de su convento con el material literario procedente de Plinio o de algún autor medieval [12]. Más aún: hasta en la época de predominio de la literatura de la Naturaleza como es el Romanticismo, el gran poeta cubano Heredia, aunque se extasíe ante el sublime espectáculo de las cataratas del Niágara, cuando las describe en sus versos acudirá no sólo a su recuerdo personal, sino también a lo ya dicho por Chateaubriaud, quien a su vez, en las descripciones de su viaje a América, une la visión real a la ficción y a lo escrito por otros autores [13]. El que un sentimiento se exprese a través de una expresión ya dada con anterioridad no quiere decir insinceridad ni falta de sentimiento. Con pensamientos repetidos hasta el lugar común se puede expresar el más hondo y vivo sentimiento. Esto se repite especialmente en la Edad Media, en que no se busca la originalidad, sino la verdad. La acomodación a un género, forma o recurso literario, como la utilización de los autores clásicos, era —como dice Juan Leclercq— una *manera de ser sincero*. «La ficción literaria era un medio artístico para expresar la verdad. Podía ser tanto más cuanto que, bastante frecuentemente, era, incluso, inconsciente. Los artificios se han hecho espontáneos.» Con este sentido concreto de *ficción* —que no excluye

---

[11] EDGAR DE BRUYNE: *Estudios de estética medieval*. (Trad. Fr. A. Suárez, O. P.) Madrid, 1958, t. II, págs. 357 y sigs.
[12] Vid. nuestro ensayo, «La Literatura religiosa y el Barroco». En *Revista de la Universidad de Madrid*, vol. XI, núms. 42-43, págs. 445 y sigs.
[13] M. MENÉNDEZ PELAYO: *Historia de la Poesía Hispano-Americana*. Ed. Nacional, Santander, 1948, t. I, págs. 239 y sigs.

sinceridad— es como a su juicio se expresan en la Edad Media el *sentido de la naturaleza.* Es verdad, según dice —y ya hemos comentado—, que «lo que hoy designamos con esta expresión falta a los hombres del Medioevo. Salvo excepciones —añade—, no observan en absoluto la Naturaleza por sí misma, para admirarla tal cual es; la ven a través de los recuerdos literarios, debidos a la Biblia, a los Padres o a los autores clásicos». Pero, a pesar de ello, este buen conocedor de la Edad Media afirma después que: «Desde luego, esos hombres admiran la Naturaleza, alaban la 'belleza de un lugar', del que se dicen a veces 'complacidos'» [14]. Reconozcamos, pues, que la imitación literaria y el alegorismo no podemos tomarlos en un sentido absoluto ni, por tanto, niegan la existencia de un sentimiento de amor y goce de la realidad misma de la naturaleza.

Así creemos que Casalduero se excede cuando, apoyándose en esa verdad general de la visión alegórica reconocida por todos, encuentra en el *Libro del Buen Amor,* del Arcipreste de Hita, sólo un total y sistemático sentido alegórico que le hace considerar los pasajes de las serranillas —donde se presenta la sierra con sus veredas y puertos, concretamente señalados y hasta recordados en días precisos—, no como evocación de una visión de realidad, sino viendo «en la sierra de Hita el paisaje natural al pecado» [15]. Al considerar la alegoría como hecho general del arte y de la literatura de la Edad Media se suele olvidar que aunque sea una utilización de la realidad como puro signo o expresión de otra realidad superior, ya en el mismo hecho de la elección se descubre una preferencia y amor. Cabe amar las cosas por sí mismas, aunque se usen como signo o símbolo. Más todavía: en muchos casos se podría decir que se usan precisamente como signo o símbolo de lo espiritual por la misma belleza o emoción que ha percibido en ella el poeta o el místico. Aunque sea dar un salto en el tiempo, pensemos que si San Juan de la Cruz eligió como símbolos centrales de su doctrina mística la fuente y la noche fue, precisamente, porque eran dos realidades que profundamente le atraían y que se convirtieron así, para él, en motivo de contemplación especialmente gustado. Sabemos por los testimonios de época que el santo poeta prefería hacer su oración de noche y junto a una fuente [16].

[14] JEAN LECLERQ: *Cultura y vida cristiana.* (Tra. don A. M. Aguado y don A. M. Masoliver.) Salamanca, 1965, págs. 164 y sigs.
[15] JOAQUÍN CASALDUERO: «El sentimiento de la Naturaleza en la Edad Media Española». Incluido en *Estudios de Literatura española.* Madrid, 1962, página 16.
[16] *Vid.* nuestro libro *Poesía y Mística. Una introducción a la lírica de San Juan de la Cruz.* Madrid, 1959.

Lo mismo —estimamos— se dio en parte de la Edad Media. Pensamos al decirlo en la *Introducción a los Milagros de Nuestra Señora,* de Berceo. Creemos que en esa visión de paisaje no actúa sólo la intervención alegórica —aunque sea lo esencial— ni el peso de unas expresiones o símbolos ya objetivados en la literatura que le sirve de modelo, sino que se suma también el reflejo de un sentimiento estético de la Naturaleza, y que ello no debía ser extraño en el ambiente monástico en que vivía el poeta, el coincidir del doble valor y sentimiento: el físico o próximo y el trascendente. Pensemos en cómo se complacen los pintores del último Gótico en pintar flores y frutas, conscientes de su valor simbólico, pero poniendo todo amor y cuidado en realizar sus perfiles, calidades y colores. Con respecto a las primeras muestras de motivos paisajísticos en la pintura medieval, un buen conocedor del tema, Kenneth Clark, señala también el hecho de cómo el hombre tan pronto como comienza a mirar con placer los detalles de la Naturaleza, el hábito de su pensamiento simbolizante da a su mirada una desusada intensidad: «Mira las flores y árboles —dice— no solamente como objetos deliciosos, sino como prototipo de lo divino.» «Esto es, sin duda —agrega—, lo que da al más temprano naturalismo de la Edad Media su belleza» [17].

Cuando se considera el bello emplazamiento de casi todos los monasterios medievales —como ya lo hizo Sánchez de Muniain—, cuesta trabajo pensar que ello sea debido sólo a un puro acaso; porque únicamente les guiara la búsqueda de soledad y apartamiento. ¿No es lógico pensar que a este interés se uniera en los monjes el encontrar un placer en la contemplación de aquella bella naturaleza que les rodeaba? Porque, si no en este caso, en otros emplazamientos podemos recordar testimonios de que el hombre de la Edad Media buscó intencionadamente la belleza del lugar con el especial interés de encontrar en ello un motivo de placer, esto es, para entregarse a su contemplación. Nos referimos a la especial recomendación que hacía Alfonso el Sabio en las *Partidas,* respecto al emplazamiento de los estudios generales o universidades; a la buena y bella situación del lugar, pensando precisamente no en la ciudad, sino en lo saludable y en la belleza del paisaje que le rodea. «De buen aire et fermosas salidas —decía— debe seer la villa do quieren establecer el estudio, porque los maestros que muestran los saberes et los escolares que los aprenden vivan sanos, et en él puedan folgar a la tarde cuando se levantaren cansados del estudio» [18]. Esas *fermosas salidas* —diríamos hoy, esos

[17] KENNETH CLARK: *Landscape into Art.* Edimburgo, 1961 (1.ª ed., 1949), pág. 19.
[18] «Partida segunda. Título XXXI. Ley II». Ed. A. G. Solalinde: *Antología de Alfonso X el Sabio.* Buenos Aires, 1940, págs. 136.

bellos alrededores— están valoradas por sí mismas y con un sentido estético espiritual. Para el Rey Sabio la contemplación de la bella Naturaleza era un placer y un descanso, lo mismo que puede ser para el poeta o el intelectual de hoy.

Creemos, pues, que esa recomendación del Rey Sabio supone un primer paso hacia la actitud que representa la plena valoración y goce de la Naturaleza con un sentido moderno, independiente de la valoración simbólica. Este paso, como señala el citado Kenneth Clark al hacer la historia del paisaje en la pintura, lo dio el Petrarca. «El fue probablemente el primer hombre —dice— en expresar la emoción de la que tan grandemente depende la existencia de la pintura del paisaje: el deseo de escapar de la agitación de las ciudades a la paz de los lugares del campo. El se fue a vivir en las soledades de Vaucluse —agrega—, no como un cisterciense habría hecho para renunciar a su vida sobre la tierra, sino para gozar más en ella» [19].

Pero —según ya hemos apuntado— quizá nada como el arte niegue más categóricamente esa afirmación repetida de que el sentimiento de la Naturaleza sea algo exclusivo de los tiempos modernos. Contemplando las grandes catedrales góticas, donde junto al mundo sobrenatural y en perfecto orden se incorpora en la decoración la Naturaleza toda, no se comprende cómo se le negaba a la Edad Media la capacidad para amar y gozar de toda la variedad de seres de la creación. Es explicable que un Luis Gillet, en su conocido libro dedicado al estudio y canto de la catedral, exclame al considerar la decoración: «¿Y decid que aún reprochan a la Edad Media de no amar a la Naturaleza? Se la acusa de sospechar en ella al diablo. Es preciso —agrega— no haber mirado jamás una iglesia de nuestro país» [20].

En verdad que nunca una decoración incorporó una flora más rica y variada para su ornato. La representación del acanto clásico, como de las formas abstractas de la inspiración fantástica y orientalizada del Románico, queda muy en segundo lugar al producirse la gran creación del Gótico frente a ese desbordamiento floral en el que cuentan las plantas y flores humildes de los campos y las que florecen en los huertos y jardines. Y todo recogido, diríamos, con el encanto y frescura de lo que se goza como nuevo. El hecho de que un sentido simbólico alegórico con perfecta, unitaria y trascendente construcción presida la distribución del conjunto no impide el goce de las cosas en sí. Como ocurre igualmente en las repetidas escenas que alegorizan la pintura de los meses y de las

[19] *Ob. cit.*, págs. 22 y sigs.
[20] Luis Gillet: *La Catedral viva.* (Trad. J. García Mercadal.) Madrid, 1946, pág. 147.

estaciones con las labores y trabajos propios del momento y en las que se patentiza la emoción ante los ritmos del vivir de la Naturaleza que el cristiano siente repercutir aún más hondamente al contemplarlos y vivirlos unidos a la emoción religiosa de las diversas fiestas del año litúrgico. Esas escenas en que se recogen los momentos centrales de las labores del campo, incluso el puro goce del florecer de la primavera, que alegoriza una joven con un ramo de flores —visión plástica, diríamos, de los extendidos cantos de mayo—, se saborearían ante los relieves que ordenados como un sugestivo libro ofrecido a los fieles todos, lo mismo que en los primeros escritos por los clérigos para el pueblo se ofrecían los relatos de Milagros de la Virgen y vidas de Santos al saboreo de las gentes que extasiadas los oían recitar.

En verdad que en el momento histórico anterior correspondiente al Románico el espíritu que refleja en su arte parece no sólo desentendido, sino como queriendo evitar el mundo que le rodea. Como decía Focillon, no había percibido el mundo más que a través de una red de decoración y bajo apariencias monstruosas [21]. Toda su iconografía está presidida por una inspiración apocalíptica que le lleva hacia el mundo de lo imaginario, sublime y sobrenatural. La decoración se recrea en las abstracciones, en las formas geométricas, en las combinaciones monstruosas de elementos. No se quiere sugerir al fiel un mundo como el que le rodea, una humanidad terrena, sino algo inalcanzable, simbólico e impresionante. Las imágenes no intentan ser la encarnación del Dios, sino todo lo contrario: sugerir sólo lo divino. Son seres de formas rígidas, de actitudes hieráticas, grandiosos, que evocan la divinidad como tal, con la que no es posible la comunicación. No viven en el ámbito del fiel; se le imponen como seres distintos y distantes en visión sobrenatural y monstruosa que hacen sentirse al hombre solo e insignificante cuando los contempla como apariciones en la cabecera del templo. Diríamos, siguiendo una certera distinción de Romano Guardini, que son sólo *imágenes de culto,* distintas de las *imágenes de devoción* que crea el Gótico y extrema en su sentido de emoción humana comunicativa el arte barroco [22]. El arte y la literatura religiosa del Gótico son precisamente los que van realizando ese proceso de humanización y aproximación de la imagen religiosa desde esa zona distante de lo sobrenatural, arquetípico e intemporal, hasta lo humano, vivo y concreto de lo terreno y contemporáneo. Y lo mismo que Cristo

[21] HERRI FOCILLON: *Art. d'Occident. Le Moyen Age Roman et Gothique* (2.ª ed.), París, 1947, pág. 5.
[22] ROMANO GUARDINI: «Imagen de culto e imagen de devoción». «Carta a un historiador de Arte». En *La esencia de la obra de Arte.* (Trad. José M.ª Valverde.) Madrid, 1960.

y la Virgen se humanizan y acercan al fiel —dejando de ser sólo el Pantocrator y la Teotocos—, para sentir con él como un hombre y como una madre, también todo el mundo de la realidad terrena que le rodea y en que lo sobrenatural viene a vivir, toda la naturaleza, va a presentarse en la creación artística y literaria con un sentido real y concreto, aunque junto a la divinidad no pierde nunca la Naturaleza tampoco su valor alegórico y trascendente.

René Huyghe, tras considerar el profundo cambio que experimenta el pensamiento —el paso de una orientación platónico-agustiniana a un aristotelismo que da la primacía a la sensación, tendiendo a fundar sobre ella y sobre la experiencia el conocimiento del mundo físico—, destaca en el Gótico el *redescubrimiento de la Naturaleza* —recuerda cómo *Alberto Magno alababa a Aristóteles como a aquel* «que conocía mejor la naturaleza»— y el surgir de un arte «donde el realista y el técnico se pondrán al servicio de la espiritualidad». Así destaca también en el arte el paso paralelo del reino de la abstracción al de la realidad y de la Naturaleza. Si para la época anterior del Románico *la realidad visible no era más que mediata —un intermediario, un término medio entre el hombre y la realidad verdadera, desconocida de los sentidos* —ahora—, dice, repitiendo una frase de M. M. Davy— *Dios* se manifiesta a nosotros por dos vías, «no solamente a través de la Revelación, sino en el espejo de la creación». El simbolismo medieval va a tener así una continuación por esta segunda vía que se hará preponderante hasta que llegue una época en que «ella se olvidará de conducir hacia Dios» [23].

En ese momento de plenitud del Gótico que representa el siglo XIII, como bien decía Pevsner, «todos —obispo, monje, caballero o artista— creían que no existe nada en el mundo que no proceda de Dios y derive su significado y exclusivo interés de su contenido divino» [24]. Pero diríamos, siguiendo un pensamiento del antes citado Focillon, que el humanismo gótico renuncia a las escrituras cifradas y contempla al hombre y el mundo sin enrejados que se interpongan entre la vista y el objeto [25]. Se contempla así la creación toda en su infinita diversidad, pero al mismo tiempo en su profunda unidad. Es el momento de plenitud de la cristiandad, en que como en ninguna otra época el pensamiento cristiano experimenta la nec. ·dad de poseer el universo. Tanto el pensamiento como el arte se hacen universales y enciclopédicos. El universo viene, así, a expresarse en perfecto paralelo en las

[23] *L'Art et l'Homne. (Le Moyen Age gothique.* Capítulo XII: «Formas vie et pensée»), t. II. París, 1958, págs. 279 y sigs.
[24] *Ob. cit.,* pág. 84.
[25] *Ob. cit.,* págs. cits y sigs.

síntesis del saber y del arte; en la *summa* y en la catedral, pues ésta, como más de una vez se ha dicho, se ofrece como una *summa* o enciclopedia en piedra. Lo mismo el historiador que el teorizante del arte o el filósofo, todos insisten en esta perfecta identificación del pensamiento escolástico medieval y la creación artística síntesis que representan las catedrales. Panofky, en su magistral análisis sobre *Arquitectura gótica y Escolástica*, afirma: «como la *Suma* de la alta escolástica, la catedral del alto Gótico perseguía ante todo la 'totalidad'». «Con sus imágenes —añade— ... trató de incorporar la totalidad del conocimiento cristiano, tanto teológico como moral, natural e histórico, poniendo cada cosa en su lugar» [26]. Desde otro punto de vista, Romano Guardini, al precisar, en segura síntesis, la *imagen del mundo en la Edad Media,* afirma que «el contenido de tales *summas* es un mundo producto del pensamiento; un universo cuya infinita diferenciación y grandiosa unidad puede compararse con la imagen de la catedral, en la que todo tiene carácter simbólico, además de su sentido real inmediato, y que proporciona al hombre la posibilidad de una vida y de una visión religiosa» [27]. Si repasamos el contenido de las grandes enciclopedias de la época, como el *De propietatibus Rerum,* del dominico inglés Bartolomeus Anglicus, o los más extendidos *Espejos* de Vicente de Beauvais, veremos cómo en su ordenada construcción se incluye con toda su importancia, junto a lo sobrenatural e histórico, el mundo de la Naturaleza. Y lo mismo lo refleja en plástica corporeidad la imaginería y decoración de la catedral. Es natural que, como otro reflejo de pensamiento y arte, también la poesía, sobre todo la poesía de los clérigos asentada en el mundo del saber, incorpore y cante toda la variedad de la naturaleza. Por eso no será tampoco extraño que si el mundo del pensamiento y literatura de la antigüedad queda incorporado —según veía Guardini— como un *auxiliar de la Revelación, como una verdad natural, como algo simplemente dado,* también en la creación puramente literaria puede mantenerse la visión de la Naturaleza que ofrece la tradición poética latina, que lega la Antigüedad.

Pero antes de que se produzca ese momento de plenitud del Gótico tenemos que recordar en nuestra historia literaria la obra maestra de la épica medieval correspondiente a una fecha anterior: el *Poema de Mio Cid.* Aunque se trate de un poema narrativo, de un cantar de gesta, centrado, pues, en lo humano, cuyos hechos levantan al héroe hasta la altura de lo mítico, sin embargo,

[26] Erwin Panofsky: *Arquitectura gótica y Escolástica.* (Trad. E. Revol.) Buenos Aires, 1959, pág. 38.
[27] *Ob. cit.*

también cuenta, aunque sea como complemento, algún rasgo descriptivo cargado de expresividad y un hondo sentimiento de la Naturaleza. La madurez de mentalidad y sobria y segura técnica que acusa su autor —o autores— al expresarlo nos harían creer que nos encontrábamos en una fecha más avanzada y no hacia 1140, en que, según el maestro Menéndez Pidal, se compuso. Aunque sea un poema correspondiente a la corriente popular del Mester de juglaría, sin embargo, acusa un saber poético que obliga a suponer no ya sólo la existencia de una etapa anterior de cultivo literario, sino también un contacto con otras formas poéticas en lengua romance y latina. En cuanto a este tema de la descripción paisajística se refiere, también Curtius lo ha puesto en relación con el tipo de paisaje ideal, tópico que lega a la Edad Media la tradición latina [28]. Sin embargo, ello sólo ha podido precisarlo en un pasaje: la visión del robledal de Corpes. Pero aun ahí no todo se explica por la influencia literaria. Como en otros casos del poema, la rápida anotación paisajística quiere sugerir un ambiente que impresione, puesto que en él ha de desarrollarse la terrible escena de la afrenta de las hijas del Cid. No nos detenemos en este punto porque la visión de paisaje y el sentimiento de la Naturaleza de nuestro gran cantar de gesta lo hemos tratado ya hace años en un ensayo; pero sí queremos recordar aquí su especial significación [29]. Las anotaciones o rapidas visiones de paisaje son brevísimas y repetidas en sus rasgos y están esparcidas a lo largo del poema. Como decía Azorín, aparecen en la *llanura* del poema, dándole esa *vida profunda* que unos olmos o unos álamos tienen en la llanura castellana [30]. Por eso, como hombre de llanura, lo que el juglar anota en especial es la visión de las sierras y montañas, que son para él *fieras o maravillosas e grands*. Es lo que le impresiona y con lo que quiere impresionar. También esas expresiones ponderativas de lo asombroso de las montañas puede responder al sentimiento de miedo o pánico con que en general reaccionan ante ellas los poetas medievales. Lo inmenso, sin cultivar y desconocido, hace que, en general, como símbolo del desierto y del pecado original, mantenga en su representación en la pintura un convencionalismo —chocante en su coexistencia con otros elementos realistas— que hace se

---

[28] ERNST ROBERT CURTIUS: *Literatura europea y Edad Media Latina.* (Traducción M. Frenck Alatorre y Antonio Alatorre), México, 1955, t. I, página 288.

[29] Vid. «Sobre el sentimiento de la Naturaleza en el Poema del Cid». En *Clavileño,* año 6.°, núm. 31, Madrid, 1955, que se incluye a continuación en este mismo libro.

[30] «El Paisaje en la poesía». En *Clásicos y Modernos* (1913), pág. 100. También trató el tema Guillermo Díaz Plaja en «Las descripciones en las leyendas cidianas». En *Bulletin Hispanique,* t. XXXV, núm. 1, 1933, pág. 7.

venga repitiendo su esquema plástico hasta el siglo XV, aunque su origen esté en la pintura helenística [31]. Pero además el poeta acusa un hondo sentimiento de la Naturaleza, aunque sea elemental y primario, como sentimiento de continuidad vital: la repercusión de los ritmos vitales del cosmos; la exaltada y a veces exultante emoción del amanecer, de la salida del sol y también la de la llegada de la noche o incluso la de la entrada de la primavera. Una y otra vez el juglar nos recordará el paso del día a la noche y de la noche al día; algo que lógica o racionalmente nada cuenta en la narración, pero que desde un punto de vista expresivo coopera a la emoción del relato, a la visión de una escena. Esa es la función expresiva que desempeña el canto de los gallos en la narración: el anuncio del amanecer. Pero el juglar también ofreció una completa descripción al presentarnos desde lo alto del alcázar de Valencia la visión de la ciudad con la huerta y el mar. Se trata de una visión diríamos integral del paisaje, con sus varios términos, y trasladándonos a la emoción de bienestar que experimenta, como hombre de tierra adentro, al asomarse a las tierras fértiles del Mediterráneo. Siempre se ha destacado —desde Menéndez Pelayo— como punto culminante; pero se suele olvidar el verso con que cierra la descripción —*el invierno es exido, que el março quiere entrar*— con que el poeta deja escapar esa emoción vital de sentir la entrada de la primavera.

Tras el poema del Cid, obra cumbre de nuestra juglaría épica, tenemos que considerar ya en el siglo siguiente, en el pleno Gótico, la obra de los poetas del Mester de clerecía, esto es, la poesía de los doctos, que en competencia con los juglares componen también para el pueblo, pues, como precisó Menéndez Pidal, sus poemas estaban también destinados a ser recitados en público. El arte y saber de estos clérigos responden todavía a una cultura literaria monacal. Ello explica, en parte, la valoración del tema de la Naturaleza que ofrecen sus creaciones.

Era natural que en el ambiente monástico se desarrollara un mayor amor y atracción hacia la Naturaleza. Y no sólo por razones de estudio del saber de la Antigüedad. La vida en la soledad de los campos establecía una continuidad en su contemplación y trato —incluso en el aspecto práctico del cultivo y laboreo de los campos— que forzosamente les llevó a una unión o relación espiritual con ella. Así, con un carácter general, ya Vedel —en sus *Ideales de la Edad Media*— lo subrayó: «La atmósfera de los campos y de los obradores —dice— penetra muchas veces hasta los escritos de los monjes. Crónicas, sermones y tratados dogmáticos acuden

---

[31] En el citado libro de Kenneth Clark se comenta con acierto el desarrollo de este motivo a través de la pintura medieval, págs. 25 y sigs.

en busca de imágenes a la agricultura y al pastoreo, a la caza y aun a la cocina, para aclarar materias elevadas y difíciles» [32]. Y anotemos, además, que esos monasterios tienen junto a sí huertos donde se cuidan también las más variadas plantas y flores, que si por una parte prestan sustancias a la botica y a la cocina, por otra ofrecen los más bellos modelos para el adorno de la iglesia. Podemos afirmar que los artistas en sus decoraciones atendieron no sólo a la tradición artística cristiana y oriental; también desde esa viva y cuidada Naturaleza de los huertos monacales pasaron plantas y flores a los pórticos y capiteles del templo y asimismo a las iniciales de los manuscritos y libros de horas y hasta dejaron su huella en los cantos y poemas de los monjes.

No es, pues, casualidad que si consideramos nuestra poesía medieval sea entre la obra de los clérigos donde encontremos los más bellos y sentidos trozos descriptivos en que presentan los hermosos lugares de la Naturaleza y se utilizan con especial recreo las comparaciones con toda clase de elementos de la misma. En nuestros poetas del Mester de clerecía, cuya personalidad y cultura literaria queda profundamente unida a la vida monacal, es donde encontramos los más bellos trozos de poesía de la Naturaleza, así como esa utilización de sus elementos como término de comparación para hacer más vivas y claras sus expresiones. Nos referimos en primer lugar al *maestro* Gonzalo de Berceo, que si no fue monje, sí vivió como tal, adscrito al monasterio de San Millán de la Cogolla, en la Rioja. También nos referimos al anónimo autor del *Libro de Alexandre* —ya que no parece ser debido ni al citado Berceo ni tampoco a Juan Lorenzo, natural de Astorga, que aparece en uno de los manuscritos del poema—, obra de gran ambición que desborda por todas partes una cultura literaria de origen monástico. Aunque los trozos descriptivos de la Naturaleza que nos ofrecen las obras de ambos autores respondan a una pintura de paisaje ideal que —como demuestra Curtius— enlaza con una tradición literaria que viene de la Antigüedad —especialmente de la tardía latinidad—, sin embargo, no deja de tener un especial interés no sólo como muestras señaladas de la creación artística paisajística en nuestra poesía medieval, sino también por acusar una sensibilidad que se recrea ante las bellezas y seducciones de la Naturaleza. Nos referimos en concreto a pasajes que han merecido pasar a las antologías de la poesía española: la ya citada *Introducción a los Milagros de Nuestra Señora*, de Berceo, y las descripciones de los meses, de un *lugar ameno* y de la primavera en el *Libro de Alexandre*. Es indiscutible que

---

[32] Valdemar Vedel: *Ideales de la Edad Media*, t. IV, «La vida monástica». (Trad. J. Ruiz Monent), Barcelona, 1931, págs. 187 y sigs.

las principales responden en su origen al tema del *locus amoenus,* el lugar hermoso y umbrío que, con generales antecedentes como ambiente bucólico en la poesía de Teócrito y Virgilio, se desprende después como tema retórico-poético independiente y persiste a través de la poesía latina y después de la Edad Media hasta el siglo XVI. Los elementos esenciales que ofrece esta pintura tópico retorizante son, según el gran investigador citado, «un árbol (o varios), un prado y una fuente o arroyo; a ellos pueden añadirse un canto de aves, unas flores y, aún más, el soplo de la brisa»[33]. Ahora bien: sin negar ese influjo hay que reconocer que los poetas españoles desarrollan y matizan esa visión ideal, y no lo ofrecen como puro ejercicio retórico de adorno de estilo. Un sabor más libresco ofrece una más breve descripción de otro *prado* ameno con *fuente perenal, yerbas que bien olien* y bellas flores, como *salvia, rosas, lirio y violas* —que aparece en fecha inmediatamente anterior en la *Razón d'Amor* que entronca con la misma visión señalada por Curtius.

Añadamos que también en la pintura —como anotó Kenneth Clark—, aunque con cierto retraso con respecto a la poesía, se comienza por la representación de elementos aislados de la Naturaleza, como flores, plantas y árboles, tratados simbólicamente y que van combinando, como modelos expresivos con sentido decorativo, desarrollo inevitable de la repetición de los objetos con carácter alegórico. «En el curso de este desarrollo —comenta el citado crítico— el concepto de paisaje cambia de cosas a impresiones»[34]. La más expresiva representación de este paisaje simbólico la podemos ver en el *jardín del Paraíso* y el *huerto cerrado* que ofrece la pintura en los fines de la Edad Media. Esa visión de composición artificiosa y encantadora emoción en la pintura de flores, árboles y frutas constituye el más perfecto paralelo de la visión de paisaje ideal y simbólico antes comentado —el *locus amenus* de la poesía estudiado por Curtius—, que ya en el siglo XIII nos ha ofrecido Berceo en ejemplo culminante en sus *Milagros de Nuestra Señora.*

Desde el punto de vista paisajístico se trata en realidad de un tema común central del arte y de la literatura medieval éste del Paraíso, que recoge también los rasgos del *locus amenus* y que se repite como visión ideal en el obsesivo pensar en las delicias de la vida del cielo. Así, A. Rollin Patch, en su libro sobre *El otro mundo en la literatura medieval,* descubría reminiscencias del jardín paradisíaco en el *prado* alegórico de los *Milagros de Nuestra*

---

[33] *Ob. cit.,* tomo cit., págs. 280 y sigs.
[34] *Ob. cit.,* pág. 141.

3

Señora, de Berceo [35]. Por la misma razón, para ponderar las bellezas de un lugar se acude a la comparación con el Paraíso. Así ocurre con el *lugar ameno,* ya citado en el *Libro de Alexandre.* Como decía María Rosa Lida, «el poeta mismo revela cuál era el arquetipo que tenía presente al exclamar al final: *semeiaua que era huerto del Criador»* [36]. Este tema e ideal paradisíaco lo ha visto, en un sugestivo ensayo, Seedlmayr, tan esencial en el arte francés que llega a considerar «la estética francesa como la estética del paraíso». «Los momentos culminantes del arte francés ... pueden considerarse como plasmaciones de la idea del paraíso... La Catedral gótica como sensibilización del paraíso celestial, del segundo paraíso...» «Versalles —dice en otro punto— es una trasposición *secular* de la idea del paraíso que primero se realizó en la Catedral» [37].

Es verdad que en los elementos más característicos que integran la descripción del *locus amenus,* estudiado por Curtius, está el germen de la citada pintura del *prado* que hace Berceo en la *Introducción* de sus *Milagros.* El encuentro de la variedad de sensaciones —visual, táctil, auditiva y olfativa— pudo ser la base de la compleja emoción de sentimiento integral del paisaje que nos ofrece el poeta riojano; pero es indiscutible que no se redujo en sus versos a la simple repetición, sino que todo ello se vivifica y además se desarrolla, armoniza y funde hasta conseguir la más plena eficacia. Como ya decía Isaza: «El propósito, no hay duda, está conseguido artísticamente. Nada desentona en ese cuadro apacible, escrito con íntimo deleite, como para expresar sentimientos de la mayor elevación y pureza» [37]*. Así, el poeta consigue por la vía sensorial la intención perseguida. Lo concreta bien otro buen comentador de los *Milagros:* «El lector —dice— experimenta efecto parecido al del buen romero riojano con quien simpatiza: *Refrescaronme todo, e perdí los sudores»* [37]**. Todo ello, repetimos, supone en Berceo la valoración y sentimiento de la concreta realidad y asimismo la conciencia artística de su efecto sobre el oyente o lector. Y no se anula su efecto, sino que se enriquece y profundiza al asociarse el oculto sentido alegórico. Como con-

[35] H. ROLLIN PATCH: *El otro mundo en la Literatura medieval.* (Trad. J. H. Campos), Méjico, 1956, pág. 197.
[36] MARÍA ROSA LIDA: *La visión de trasmundo en las literaturas hispánicas.* En ob. cit., «Apéndice», págs. 374 y sigs.
[37] HANS SEEDLMAYR: *Epocas y obras artísticas.* (Trad. R. Estavriol), Madrid, 1965, t. II, págs. 374 y sigs.
[37]* BALTASAR ISAZA CALDERÓN: *El retorno a la Naturaleza. Los orígenes del tema y sus direcciones fundamentales en la Literatura española.* Madrid, 1934, pág. 47.
[37]** CARMELO GARIANO: *Análisis estilístico de los «Milagros de Nuestra Señora», de Berceo.* Madrid, 1965, pág. 65.

creta el citado crítico: «El paisaje ameno se convierte en símbolo; la apariencia, en esencia; lo sensible, en espiritual» [37] ***.

A conclusión análoga llega otro buen conocedor del poeta riojano. Tras comentar la significación alegórica destaca el *sentimiento del paisaje,* precisando: «Pero no se crea por eso que Berceo no siente el paisaje; por debajo de aquella corteza de alegoría de la *Introducción* de los *Milagros* vigilan bien despiertas las antenas finísimas de sus cinco sentidos, atentas a todo el repertorio sensorial de la naturaleza» [37] ****. La variedad de sensaciones que nos envuelven y calan nuestros sentidos en ese *verde e bien sentido* prado no puede ser más completa e intensa: ojos, oídos, olfato, tacto y gusto son insistentemente estimulados. Indiscutiblemente que en el poeta —que no es ingenuo como muchos críticos creen— hay conciencia del poder de repercusión sensorial que ha de producir con su descripción; de ahí esa eficacia antes aludida. Pero si hay conciencia del goce que con ella ha de producir a sus lectores u oyentes es porque, previamente, él mismo ha experimentado análogo goce ante las seducciones de la naturaleza. Recordemos las cinco estrofas en que especialmente se concentran estos estímulos sensoriales:

Daban olor soveio las flores bien olientes,
Refrescavan en omne las caras e las mientes,
Manavan cada canto fuentes claras corrientes,
En verano bien frías, en yvierno calientes.

Avie hi grand abondo de buenas arboledas,
Milgranos e figuresa, peros e manzanedas,
E muchas otras fructas de diversas monedas;
Mas non avie ningunas podridas nin azedas.

La verdura del prado, la olor de las flores,
Las sombras de los arbores de temprados sabores
Refrescaron me todo, e perdí los sudores:
Podrie vevir el omne con aquellos olores.

Nunque trobé en sieglo logar tan deleitoso,
Nin sombra tan temprada, ni olor tan sabroso.
Descargue mi ropiella por iazer mas viçioso,
Poseme a la sombra de un arbor fermoso.

Yaziendo a la sombra perdí todos cuidados,
Odí sonos de aves dulces e modulados:
Nunqua udieron omnes organos más temprados,
Nin que formar pudiessen sones más acordados

El que un tema se recoja en la tradición no impide que un poeta lo recree o reexperimente con auténtico deleite ante la rea-

[37] *** *Ob. cit.*
[37] **** JOAQUÍN ARTILES: *Paisaje y Poesía en la Edad Media.* La Laguna, 1960.

lidad que canta. Sobre todo cuando se trata, como en esos casos citados, no de un algo lejano o exótico, sino de unos elementos de Naturaleza que ha podido contemplar. De la misma manera que las historias y figuras que ofrecen en su relato los poetas del Mester de clerecía —en una consciente tendencia a la humanización y aproximación a la realidad contemporánea— las presentan viviendo en el mundo concreto que les rodea —de ahí esos anacronismos que sorprenden como ingenuidades, siendo sobre todo algo consciente debido a una voluntad artística—, también estas visiones de paisaje se reexperimentan en su intimidad de hombres que han sentido —no sólo a través de las páginas literarias, sino también ante la realidad— y quieren comunicar la atracción por los encantos del mundo de la Naturaleza. No son, pues, estos trozos una creación puramente retórica ni abstracta construcción alegórica; son también expresión o desahogo de la sensibilidad de unos poetas que se recrean física y espiritualmente ante los goces que ofrece la naturaleza, aunque les ayudaran a gozarla esos modelos literarios a los que a su vez se acogen en parte para expresar su propio sentimiento.

Dejando aparte los trozos en que de una manera decidida se entregan ambos poetas a la descripción, hay muchas ocasiones en que en versos aislados descubren la complacencia en la observación de la Naturaleza, y no sólo en un sentido didáctico para ser claro, sino incluso a veces con un puro afán de belleza para ponderar un rasgo expresivo. Cuando Berceo en la *Vida de Santo Domingo de Silos* nos pinta e insiste en los varios aspectos y trabajos de la vida de pastoreo o cuando se refiere a la vid y a los sarmientos, demuestra no sólo conocer esta vida campesina que tan plenamente pueden comprender sus oyentes, sino asimismo un gusto en su observación. Ya Cirot destacó como rasgo de su estilo el desarrollo en sus expresiones de estas referencias a la realidad próxima que le rodeaba en una identificación con el medio humano al que se dirigía en su deseo de hacerse sentir y comprender por todos en su *romance paladino* [38]. Y la misma emoción de realidad que en esos realistas pasajes de la niñez de Santo Domingo vemos resplandece en otras comparaciones de más puro deleite visual, como cuando en dicha obra ofrece la visión impresionante de un río «Tan fuerte commo mar» del que salían otros dos: «blanco era el vno commo piedras christales, / el otro más vermeio que uino de parrales», o cuando, elogiando la blancura incomparable de las palomas que llevan Santa Oria y las santas que le acompañan en su ascensión a los cielos, nos dice que son

[38] G. Cirot: «L'expresion dans Gonzalo de Berceo». En *Revista de Filoloigía Española*, 1922.

«más blancas que las nieves que non son coceadas». Anotamos aquí que una expresión análoga se ha dado antes en *La Razón d'Amor*, pues dice —también de una paloma— que «tan blanca era como la nieve del puerto»; pero hay que reconocer que la expresión de Berceo tiene un sabor más concreto y vívido.

Con respecto al autor del *Libro de Alexandre* es indiscutible que se acusa en él una general complacencia en la descripción. Ya Menéndez Pelayo afirmaba que «donde más poeta aparece es en las descripciones». «Su fantasía —agrega— era más brillante y pintoresca que la de Berceo» [39]. Y dentro de esas descripciones, junto al citado trozo en que pinta un paisaje ideal, destaca su morosidad y finura de observación precisamente en la pintura de las labores del campo. Ni los modelos literarios ni los relieves de los muros de las catedrales pueden explicar todos los detalles de fina observación que ofrece su verdadero retablo con la pintura alegórica de los meses. Aunque Menéndez Pelayo señalaba su posible fuente en Ausonio, decía muy bien que «estaba tratado con un realismo enteramente español y una exacta poesía serrana y confortante que anuncia ya la franca manera del Arcipreste de Hita» [40]. El pasaje que al pintar las maravillas del Palacio de Poro dedica a la descripción de la viña acusa una riqueza, un deleite prebarroco en la caracterización y enumeración de las viñas y de las varias clases de uvas cual corresponde a un desarrollo personal del motivo literario. Y no falta tampoco en él el toque rápido de la comparación evocadora de la belleza natural, como cuando le recuerda al héroe Alejandro lo fugaz de su *principado*: «como la flor del lirio que seca privado», o cuando pondera la belleza de Calectrix, la reina de las amazonas, y acude como términos de comparación a los elementos de la Naturaleza:

> Blanca era la dueña, de muy fresca color,
> la rosa del espino no es tan genta flor,
> el rocío a la mañana non parece mejor.

Enlazada con esa descripción de los meses que hizo el autor del *Alexandre* se ofrece casi un siglo después un más amplio pasaje del *Libro de Buen Amor*. Si la comparación de la obra del poeta anónimo supone una variante y enriquecimiento del tema que recibe de la tradición artística y literaria —precisamente por la huella de la directa observación de la realidad que refleja—, también el pasaje del Arcipreste, que tiene presente en este caso el *Libro de Alexandre,* supone no ya sólo un amplio desarrollo de su modelo, sino la reexperimentación del tema, de acuerdo con el

[39] *Antología de Poetas líricos castellanos.* (Ed. Nacional), Santander, 1944, tomo I, pág. 198.
[40] Idem., pág. 199.

concreto ambiente de las tierras en que ha vivido: el paisaje de la sierra y el de la meseta toledana; y lo mismo cabe decir con respecto a los pasajes del *Libro* en que Juan Ruiz narra sus viajes a la sierra y su encuentro con las serranas. Si en estos pasajes y en las serranillas que intercala el arcipreste demuestra conocer los antecedentes cultos y populares del género, también el ambiente que se nos evoca responde plenamente a la realidad: la figura real y la figura literaria se superponen. Pero el fondo geográfico y paisajístico corresponde a la realidad vivida y gozada, y esa realidad nos la hace sentir aunque no la describa. Estos extremos de la realidad geográfica los ha precisado bien Criado de Val, que señala las referencias concretas a la vida y costumbres agrícola y ganadera de las sierras y campos de Castilla la Nueva, que fueron escenario de las andanzas del genial Juan Ruiz [41]. Como ha podido comprobar el citado investigador, las costumbres de la vida ganadera aludidas por el Arcipreste aún perduran en parte de las comarcas en que las sitúa el autor. Estos análisis vienen a demostrar una vez más que no es posible comprender esta temática medieval apoyándose sólo en la tradición libresca o literaria. El auténtico artista recrea y vivifica aun cuando esté siguiendo literalmente un modelo. La creación literaria en estos casos no arranca sólo de la tradición libresca, sino también de la vida. Y esto es rasgo distintivo de nuestro arte y de nuestras letras: el anteponer la vida a lo literario y artístico. Precisamente en el Arcipreste —y antes en los citados autores del Mester de clerecía— se llegará casi a la traducción, y, sin embargo, consciente e inconscientemente, penetra en sus creaciones por todas partes la viva realidad concreta y próxima, haciendo que el modelo literario, rígido y arquetípico, se convierta en un ser humano vivo y concreto; tanto que hasta se nos confunde con la propia persona del autor.

Ahora bien: la concepción artística del Arcipreste, aunque demuestra una capacidad extraordinaria para sugerir el mundo exterior, sin embargo, dentro de ello, le atrae siempre lo externo expresivo. Lo humano, pleno de vitalidad, anima sus relatos y visiones, a veces penetrando hasta en el animal e incluso en las cosas como los instrumentos musicales que se caracterizan como seres vivientes. De aquí que la Naturaleza, como todo lo inanimado, sea aludido sólo con el rasgo breve, pero certero, individualizador e inconfundible. Le interesa el vivir en toda su plenitud de emoción; de ahí que tienda a concretar. Nunca deja nada en lo indefinido y abstracto. Concreta en el espacio y concreta en el tiempo. Sus personajes, pues, viven como él en lugares concretos

[41] MANUEL CRIADO DE VAL: *Teoría de Castilla la Nueva. La dualidad castellana en los orígenes del español*. Madrid, 1964, págs. 184 y sigs., 195 y sigs., y 239 y sigs.

de Castilla. Así cuando viaja por la sierra no sólo alude a los pueblos, puertos, caminos o veredas —que hasta hoy se pueden identificar—, sino que también nos dice en qué día en concreto fue cuando emprendió su viaje, incluso las horas en que se encontró en la sierra con la serrana. La emoción del tiempo y la emoción del lugar, del paisaje y vida del campo, es siempre intensa en su relato. Cuesta trabajo pensar, como quiere Casalduero, que sólo una intención alegórica fundamente estas andanzas por la sierra del Arcipreste de Hita.

Como ya indicamos en el comienzo, interpreta la sierra de Hita como «el paisaje natural al pecado»; «primavera de nieve con hielo, cansancio, temor, miedo —concluye—, éstos son los elementos con los que se crea la naturaleza desapacible del hombre que se pierde» [42]. Hay que reconocer, desde luego, junto al general alegorismo medieval, el particular y extraordinariamente complejo que ofrece el libro del Arcipreste, con su intencionalidad contradictoria y cambiante, y la consecuente confusión de alegoría y realidad. Esto, en otro aspecto temático, ya llevó a Spitzer a negar la existencia real de la prisión de que habla el poeta en el comienzo, pidiendo a Dios le libre de ella. Ello no sería más que la repetición tópico a la Edad Media cristiana de considerar alegóricamente el mundo como prisión. La interpretación es muy discutible y hasta podría darse en ello la superposición de sentido alegórico y experiencia real. De la misma manera los pasajes de la visita a la sierra se prestan a análoga interpretación alegórica total. Podemos recordar que con cierta generalidad —según apuntamos al referirnos a las montañas— la Edad Media consideró con el sentido alegórico de pecado original la visión impresionante de paisaje desnudo sin cultivar. Algún crítico lo ha señalado. Así nota Jean Leclercq en su precioso libro de *Iniciación a los autores monásticos medievales*: «La Naturaleza desnuda —dice— no embellecida por el trabajo y el arte provoca entre los ilustrados cierto horror; les asustan los abismos y las cumbres que nosotros gustamos de contemplar. Un sitio salvaje que no esté santificado por la oración y la ascética, y que no sirva de marco a vida espiritual alguna, se halla como en estado de pecado original» [43]. Que ese sentido alegórico general actuara sobre el Arcipreste en esos episodios de la sierra creemos hay que admitirlo; pero a ello hay que superponer la concreta realidad de las sierras pisadas por Juan Ruiz, vividas y sentidas como caminante. También en la complejidad de su creación poética está actuando el modelo literario de la *pastorela* que monstruosamente deforma con sentido paródico-

[42] *Ob. cit.*, pág. cit.
[43] *Ob. cit.*, pág. 165.

humorístico. Si ficción poética y realidad se funden también en este caso, de la misma manera ocurre en las alusiones o referencias geográficas y ambientales: una realidad vivida que se acomoda en el desarrollo del *Libro del Buen Amor* a una resonancia de sentido alegórico. También en el Renacimiento veremos a Garcilaso superponer a la visión convencional del paisaje eglógico grecolatino el perfil, elementos y color de la Naturaleza contemplada por él en las orillas del Tormes; en la *espaciosa vega* siempre verde, que tiene a su fondo la ladera coronada por las torres del castillo de los duques de Alba.

Aunque no se pueden aceptar todos los juicios de Lillo Rodelgo referentes a este tema, creemos acertaba parcialmente, en las breves conclusiones con que comentaba las muchas *descripciones incipientes y justas de la abundante Naturaleza* que ofrece el *Libro del Buen Amor*. Refiriéndose a las serranillas, decía: «Ya no hay ahí alegoría. Es descripción directa y desinteresada. Cierto que hay en el libro una gran cantidad de apólogos; pero aun en ellos abundan extraordinariamente las pinceladas, las alusiones, las descripciones autónomas de elementos de la Naturaleza... Se desentiende tanto, el Arcipreste, de lo alegórico —concluía—, con ser su libro una total alegoría, que hasta hallamos en él referencias y descripciones de tipo geográfico»[44].

Una vez más repetimos que no es incompatible el sentido alegórico y la visión y el sentimiento directo de la Naturaleza. E igualmente la utilización del modelo literario fundido o reexperimentado con la visión directa y concreta de la realidad. La pintura medieval nos hace ver más claramente cómo se realiza esta superposición. Nos ofrece un paisaje ideal —apoyado en convencionalismo— o claramente simbólico —como el frecuente *jardín del Paraíso* y el *hortus conclusus* de tantas Vírgenes de tablas y miniaturas cuatrocentistas—, pero en él aparecen elementos como fuentes, árboles, flores y frutas, que están cuidadosa y amorosamente observados en la realidad. En la composición con figuras, como después en el bodegón, conservará incluso dentro de un fuerte naturalismo el valor del objeto con sentido alegórico y trascendente[45]. No olvidemos que incluso ese fondo o significado trascendente religioso puede ser una poderosa razón para contemplar y amar la Naturaleza. Buen ejemplo nos lo darán después nuestros místicos, sobre todo San Juan de la Cruz[46].

[44] J. LILLO RODELGO: *El sentimiento de la Naturaleza en la Pintura y en la Literatura española. Siglos XIII al XVI.* Toledo, 1929, pág. 112.

[45] Sobre este aspecto en la pintura es interesante el trabajo de Ingvar Bergström: «Disguised Symbolism in "Madonna" Pictures and Still Life». En *The Burlington magazine*, XCVII, 1955, págs. 303-308 y 342-349.

[46] Vid. nuestro libro *Poesía y Mística. Introducción a la lírica de San Juan de la Cruz*, Madrid, 1959.

En los finales de la Edad Media las visiones de paisaje que prefieren nuestros poetas, esto es, el ambiente en que sitúan sus figuras, no son las descripciones o referencias realistas a ese mundo de naturaleza agreste, abierta y natural, sino, como en la pintura, el cuadro artificioso, rico y recargado del huerto, vergel y jardín. Hay, pues, en la lírica culta de los cancioneros más descripcionismo y creación paisajística que sentimiento de la Naturaleza. El alegorismo, concebido ya como forma o género literario preferido, refuerza con su sentido culto alejado de lo natural ese gusto por la brillante anotación paisajística artificiosa. Tanto el más lejano influjo del alegorismo francés —sobre todo del *Roman de la Rose*— como el de la lírica provenzal o el más inmediato y fuerte de procedencia dantesca —y los repetidos ecos del *paraje ameno* de la Antigüedad— favorecen en ese sentido de lo artificioso; pero —subrayemos— que dando preferencia en general a ese cuadro limitado del jardín y huerto —que por otra parte inspira la propia realidad de la época—, mientras queda más en segundo lugar la visión más natural e impresionante de la selva dantesca que ofrecía el gran modelo de la *Divina Comedia*. Son cada vez más escasos los rasgos descriptivos que acusen el sentimiento vivo y espontáneo sugerido por la Naturaleza en su visión natural, libre y agreste. Las *serranillas* del marqués de Santillana son en su momento casi una excepción; incluso dentro de su propia obra. Aunque con sus toques de estilización culta y cortesana, y respondiendo a una tradición literaria culta y popular, se apartan del cuadro fijo de un paisaje ideal.

Entre la variada obra poética de Santillana, tan rica en elemento ornamental artificioso cultista, destacan, pues, en contraste por su frescura y directo sabor de naturaleza y realidad, las serranillas. Si, por una parte, se entroncan con la más convencional tradición literaria de la *pastorela* provenzal y galaico portuguesa, por otra, acusa la huella de la *serranilla* realista española. Pero sobre ambos influjos literarios penetra con fuerza el recuerdo de la emoción viva y directa del ambiente amplio y agreste de la libre Naturaleza. Su inspiración arranca del variado paisaje por donde anduvo don Íñigo; el más amplio itinerario geográfico que ofrece la poesía española medieval. De ahí que éstas *serranillas* sean composiciones que —como las del Arcipreste— quedan concretamente localizadas en el paisaje español, y precisamente en los puntos más varios y distantes: desde las tierras de Alava —*entre Gaona y Salvatierra*—, y las aragonesas —*al pie del Moncayo*—, hasta los olivares de la Andalucía alta —*entre Torres y Canena*—.

Sin que haya detenidas descripciones, sin embargo, el paisaje queda sugerido con viva emoción de realidad. De aquí que la visión del paisaje que ambienta la escena del encuentro con la serrana no sea el cuadro ideal del paisaje típico de la tradición literaria ya aludida, sino la más varia y libre, correspondiente a los concretos lugares por él recorridos; sobre todo con la realista referencia al camino, según anotó Ferrero.

Dejando aparte la concreta referencia a los nombres de pueblos y lugares que da sabor de realidad a la escena, importa anotar esa variedad de paisaje, fuera del cliché literario. Así la serrana del Moncayo se aparece *al pie del otero,* a otra la sorprende *en ese camino que va a Loçoyuela;* a la vaquera de la Finojosa:

> En un verde prado
> de rosas e flores
> guardando ganado
> con otros pastores.

A la andaluza mora de Bedmar la encuentra haciendo el camino:

> por coger e varear
> las olivas de Ximena;

A otra, la descubre al pie de una gran montaña —*la que dicen de Verçosa*— donde *guardaba muy gran cabaña de vacas;* y también guardando ganado encuentra a la *moça lepuzcana:*

> Entre Gaona e Salvatierra
> en ese valle arbolado
> donde se aparta la sierra.

Otra *moza lozana* descubre:

> allá suso en la montaña
> (...)
> camino de Trasomares
> poco más acá de Añón
> riberas de una fontana.

El paisaje, pues —como anotó Menéndez Pelayo—, «no está descrito, pero está líricamente sentido, cosa más difícil y rara todavía». Además, a veces también coadyuba a acentuar esa emoción de realidad, la anotación temporal. Así, el encuentro con la serrana de Moncayo, fue cuando *ya se pasaba el verano;* y la mora de Bedmar, ya hemos visto que la encuentra hacia diciem-

42

bre o enero, cuando se *varean los olivos.* A análogo sentido respondía al decir otra vez que se encontró con la serrana al salir de madrugada.

Pero hay algo más sutil en la expresión del sentimiento de la Naturaleza en estas serranillas del marqués de Santillana. Es un recurso poético, diríamos, de efecto indirecto; que actúa sobre nosotros como por repercusión para dejarnos la sensación de lo vivo y fresco de la Naturaleza. Consiste este recurso —que en parte parece consciente—, en hacer el elogio de la belleza y atractivos de la serrana, no acudiendo a la metáfora, adjetivo o comparación de los bellos rasgos y encantos femeninos, con elementos del mundo de lo artificial y abstracto, sino siempre con elementos de la Naturaleza; con flores y frutas o con fenómenos naturales. De la atractiva belleza de la vaquera de la Finojosa, dice, como extremo elogio:

> Non creo las rosas
> de la primavera
> sean tan fermosas
> nin de tal manera.

La moza lepuzcoana se le aparece *tal como el alvor del día;* y la del Moncayo resplandece ante él *más clara que sale en mayo/el alba nin su lucero.*

En otra serrana se le ofrecen *las mejillas como rosas,* y sus pechos como *dos pomas del paraíso.* Y con análoga transmutación de fina sensualidad, expresa el atractivo incitante que le despierta la contemplación de la joven pastora:

> De guisa la ví,
> que me fizo gana
> la fruta temprana.

Isaza ante estas serranillas de Santillana habla de poesía primaveral contraponiendo esta *manera poética* a la *prosaica* del Arcipreste y viendo en ellas el «anuncio de un nuevo sentido de la vida y del arte; en la Vaquera de la Finojosa —concluye—, hay, evidentemente, destellos de aurora». Por otra parte, al considerar la *Loa de los oficios bajos e serviles* que inserta en la *Comedieta de Ponza,* creía descubrir en ella la expresión de una crisis de la concepción providencialista del mundo, algo también enlazado con inquietudes renacentistas; un sentimiento de incertidumbre y desconfianza de lo humano, «el hombre mira con desconfianza cuanto podía halagar sus ambiciones y se refugia en la morada del pobre a donde no llega el furor de la borrasca»[46]*.

En los fines del siglo xv irán penetrando con más fuerza las oleadas de la vida rústica en la poesía cortesana. Con Juan de la Encina se intensificará la presencia del rústico, en el teatro cortesano, levemente compensada en su rusticidad por la lectura y traducción libre de las Bucólicas virgilianas. No es extraño que, como ya anotó Artiles, nos ofrezca la novedad de que la Naturaleza no sea en sus *Eglogas* sólo aludida como fondo o ambiente, sino también confidente. Así, adelantándose a Garcilaso y a fray Luis de León, vemos a su pastor Fileno dirigirse a la Naturaleza toda para que escuchen sus penas:

> ¡Oh, montes; oh, valles; oh, sierras; oh, llanos,
> Oh, bosques; oh, prados; oh, fuentes; oh, ríos;
> Oh, yerbas; oh, flores; oh, frescos rocíos,
> (...)
> Oíd mis dolores si son soberanos [46]**.

Todo ello nos anuncia la plena entrada de la libre naturaleza en el arte y en la literatura que se producirá en ese siglo xvi, en cuyo primer cuarto muere Encina.

Fuera de éstos y algún otro caso, la poesía del siglo xv dará la preferencia al paisaje artificioso, rico y seductor de los sentidos, constituido por el vergel, huerto o jardín [47]. Recordemos en los comienzos de la poesía alegórico-dantesca el *Decir de las siete virtudes,* de Imperial. La visión alegórica tiene lugar en un gracioso jardín rodeado de un muro de jazmín, tal como lo pudo ver y gustar en Sevilla. En un huerto deshecho tendrá lugar más tarde el *Diálogo entre el Amor y un viejo.* Y huertos y jardines los utilizará la poesía alegórica a lo divino. Hasta la poesía popular del *Romancero* gustará ambientar la escena de amor en huertos y jardines bajo cipreses, laureles y rosales. Y este ambiente excitante y adormecedor del huerto en las noches de primavera es el escogido por Fernando de Rojas para ocultar los amores de Calisto y Melibea.

Paralelamente a esa creciente aparición de elementos paisajísticos, como ambiente de la escena, en lo literario, vemos también valorarse en la pintura de los fines de la Edad Media, los fondos de paisaje. Aunque no surja todavía el tema con plena

---

[46]* *Ob. cit.,* pág. 74 y 82.
[46]** *Ob. cit.,* pág. 89.
[47] Vid. nuestro ensayo: «El huerto de Melibea». (Para el estudio del tema del jardín en la poesía del siglo xv.) En *Arbor,* núm. 65, mayo 1951, páginas 47-60. Se incluye en este mismo libro.

independencia, cuenta, sin embargo, como un aspecto importante que se cuida y atiende con sabiduría y amor. Ante esos trozos, un pintor teorizante como Andre Lhote se detiene y los destaca con valor sustantivo, aunque sus autores «no son considerados como paisajistas puros». «Su ciencia, empero —nos dice— era tan completa y tan profundo su conocimiento del universo, que esos fondos en apariencia sacrificados al tema principal —la acción de los héroes y de los mártires— constituyen verdaderos cuadros en sí. Forman un todo perfecto, un mundo que se basta a sí mismo, y la mayor parte de esos detalles son a tal punto completos y vastos que, por su ordenación, su poesía, su verdad, aplastan literalmente las más famosas y ambiciosas construcciones de los pintores modernos» [47] *. Y la deducción que hace ante esos trozos de paisaje es convincente: «Si se elaboraban tanto, no era probablemente por desplante ni por exceso de humildad, sino porque encontraban un público capaz de prestarles atención después de haberse interesado por los detalles principales. La multiplicidad de esos motivos muestra no sólo la riqueza de imaginación de los artistas, sino el poder de atención del espectador.» La conclusión es clara: si los artistas prodigaban estos cuidados fondos de paisaje, era no sólo porque ellos se complacían observando e imitando a la Naturaleza, sino también porque amplios sectores del público igualmente gozaban al contemplarlos en sus cuadros; la sensibilidad de unos y otros no era indiferente a los temas de la naturaleza.

Por otra parte, un gran historiador de la pintura, Friedländer, en su interesante estudio sobre el paisaje, el retrato y el bodegón, aunque nos diga que ese tipo de pintura como género independiente no se logra hasta el siglo XVI, sin embargo, afirma categóricamente que «el comienzo del siglo XV vio las primeras excitaciones de alegría y gozo en la contemplación del campo, especialmente en el Norte» [47] **.

La plena entrada del Renacimiento, con el platonismo que exalta lo natural e impulsa el sentimiento de añoranza de la edad dorada, trae a la poesía el predominio del bucolismo y con ello la preferencia por el cuadro de paisaje de Naturaleza libre y abierta, aunque su elaboración acuse convencionalismo en la elección y empleo de sus elementos que lo liga a los modelos de la tradición bucólica grecolatina. Así se ofrecerá en Garcilaso, aunque superponiendo al cuadro ideal y literario la visión y emoción de la concreta realidad del paisaje contemplado en las orillas del

---

[47] * *Tratado del Paisaje*, versión J. E. Payró, Buenos Aires, 1943, páginas 7 y sigs.
[47] ** MAX J. FRIEDLÄNDER: *Landscape, Portrait, Still-Life. The Origin and Development.* Nueva York, 1963, pág. 20.

Tajo, del Tormes y del Danubio [48]. Con el Manierismo los temas de la Naturaleza aumentan tanto en la literatura —recordemos la novela pastoril— como en la poesía. En nuestro más destacado manierista —y prebarroco—, Fernando de Herrera, el cuadro de naturaleza libre que centra el género de la égloga, se hace más recargado, florido y deslumbrante, y no olvida tampoco nunca los modelos de la Antigüedad al contemplar en concreto el *alto monte* de Gelves, en la orilla del Guadalquivir. El eco profundo de la emoción de la Naturaleza se acusará en doble proyección de realidad viva y sentido trascendente en la visión esencial, armónica y equilibrada que nos ofrece la poesía de fray Luis de León. Aún más intenso será el goce sensorial que acusan los versos de San Juan de la Cruz, quien, por otra parte, en sus visiones de paisaje cósmico, pleno de emoción espacial de aire, anchura y libertad, nos hace remontarnos hasta el espacio infinito en que vuela la garra de su alma enamorada. Nunca una poesía alegórico-simbólica alcanzó mayor profundidad en su alcance trascendente, manteniendo al mismo tiempo la emoción viva y encendida de la experiencia y goce de la Naturaleza.

Con un sentido paralelo al proceso de artificiosidad y recargamiento del cuadro de paisaje que hemos visto producirse en el desarrollo del tema de la Naturaleza en la poesía medieval, también a través de la evolución psicológica, temática y estilística que lleva del Renacimiento al Manierismo y al Barroco encontramos análogo cambio. El paso de esa evolución lo marca el citado Herrera, que nos ofrece, como decíamos, una visión artificiosa y recargada de elementos, luz y color. La complejidad y contraposición de arte y naturaleza típica del Barroco extremará esta visión exaltada de las bellezas del mundo visible, que quedará así reducido a rasgos incomparables de goce sensorial, especialmente de los ojos, perdiéndose en la trasmutación metafórica e hiperbólica todo lo neutro o inexpresivo. Además, paralelamente a ese cambio de visión y estilo, el cuadro de paisaje que hasta entonces ha constituido esencialmente el fondo y plano de resonancia de la figura humana —que es la que destaca y centra el cuadro y el poema— va adquiriendo una mayor importancia, pasando de ser fondo a actuar como ambiente y término próximo hasta constituirse en tema central e incluso independiente. La pintura marca bien ese proceso en los cuadros con asunto, en los que las figuras se achican dejándose envolver por el paisaje. Así en la poesía impulsada por la tendencia hacia lo pictórico que orienta a todas las artes en el Barroco, se impondrá —como

---

[48] *Vid.* nuestro ensayo: «De lo humano a lo divino. (Del paisaje de Garcilaso al de San Juan de la Cruz.)» (*Rev. de la Universidad de Oviedo*, 1946), que se incluye en este volumen.

en los demás temas— el descripcionismo, la plena creación paisajística en la que los colores, luces y sombras se emplean como en un lienzo, si bien todo dentro de la más violenta trasmutación metafórica. La Naturaleza ha quedado reducida a las más seductoras e hiperbólicas sensaciones. Como decía Dámaso Alonso de las *Soledades,* todas las bellezas se estilizan y reducen «a bien deslindados contornos, a escorzos ágiles, a armoniosas sonoridades, a espléndidos colores» [49]. Surge así de todo ello un halago de los sentidos, especialmente el de la vista, que desde Herrera se viene considerando como *el más amado de todos los sentidos,* y que le hará a Góngora exclamar: *goza el color, la luz, el oro* [50].

Por esta orientación se llegará a la creación de un nuevo género, cual es el poema descriptivo, una de cuyas primeras muestras —de plan y estructura cíclica relacionable con la pintura manierista, pero de estilo barroco— lo constituye las *Soledades* gongorinas, de amplias e importantes consecuencias en el período inmediato de pleno barroquismo. Aunque la elaboración artística de trasposición metafórica descriptiva de las sensaciones sea aparentemente lo fundamental, sin embargo, a través de esa vía de los sentidos —propia y esencial de la creación artística barroca— late muchas veces un profundo sentimiento, incluso la más grave lección ascética [51].

Si en las *Soledades,* bajo la diamantina corteza de sus pulidos planos verbales late un sentimiento pánico de la Naturaleza, de exaltación de sus fuerzas, y una honda emoción de desengaño y menosprecio de la vida cortesana que le impulsa a la soledad de los campos en añoranza de una edad dorada [52], en otro poema posterior —donde ya no se canta la Naturaleza libre, sino la rica y recogida de los jardines— del granadino Soto de Rojas —*Paraíso cerrado para muchos, jardines abiertos para pocos*—, al describir con la más refinada delectación sensual todos los encantos de su propia mansión y retiro solitario, surge de su fondo y se impone al final la más elevada actitud trascendente de admiración y devoción al Creador [53].

[49] Prólogo a la edición de las *Soledades.* Madrid, 1935, pág. 20.
[50] Sobre esta orientación pictórica del estilo barroco véase la Introducción de nuestro libro, *Temas del Barroco,* Granada, 1947.
[51] Además de la Introducción ya citada, véanse nuestros libros, *Granada en la poesía barroca,* Granada, 1963, y *Lección permanente del Barroco español,* Madrid, 1951 (2.ª ed., 1956).
[52] Vid.: «Espíritu y vida en la creación de las "Soledades" gongorinas». En *Papeles de Son Armadans,* núm. LXXXVII, junio 1963, Palma de Mallorca, págs. 227-252.
[53] Vid. nuestro libro *Introducción a un poema barroco granadino. De las «Soledades» gongorinas al «Paraíso» de Soto de Rojas* (Granada, 1955), que se incluye en este mismo volumen.

El asunto de este poema es expresivo de la preferencia del Barroco en cuanto al tema de la Naturaleza, por qué el jardín es el cuadro y ambiente preferido en la poesía y en el teatro [54]. Estéticamente se fundamenta esa especial valoración en esta época por la complejidad de la superposición del Arte a la Naturaleza que entraña de por sí la realidad artística del jardín. Por eso, como tema paralelo contrapuesto —Naturaleza superpuesta al Arte—, se gusta también del tema de las ruinas. En líneas generales vemos, pues cómo el cambio que se observa en la poesía medieval pasando de la visión amplia de un paisaje de Naturaleza libre a la visión limitada, rica y artificiosa del huerto y jardín, se cumple igualmente en la evolución del tema desde el Renacimiento al Manierismo y el Barroco.

Universidad de Granada, 1965

---

[54] Vid. nuestro ensayo: «Ruinas y jardines. Su significación y valor en la temática del Barroco». En *Escorial*, núm. 35, Madrid, 1943. Incluido con ligeras adiciones en *Temas del Barroco*, Granada, 1947, págs. 119-176.

SOBRE EL SENTIMIENTO
DE LA NATURALEZA
EN EL POEMA DEL CID

Publicada en la revista *Clavileño*, núm. 13. Madrid, enero-febrero 1955.

Es verdad que, como viene señalando la crítica, no es lo mismo la visión estética del paisaje que el sentimiento de la Naturaleza. Pero también es verdad que no es posible la existencia de un auténtico paisaje artístico sin que su concepción la aliente un algo de sentimiento de la Naturaleza; otra cosa sería parar en un puro decorativismo de formas o colores, en la pintura, y en una fría enumeración de elementos o de abstracta creación de imágenes en la poesía. Y sabemos bien que en la obra de valor, ni en el más cerebral y hasta científico impresionismo —pensemos en Seurat—, ni en la más antirrealista descripción de la poesía barroca —pensemos en las *Soledades* gongorinas— deja de existir un aliento de emoción y sentimiento de la Naturaleza. Y ello reside no sólo en el impulso inicial que llevó al artista a erigirla en objeto central de su obra, ni tampoco en el gozar de los ojos con la luz y colores —que hasta la embriaguez se alcanza en las citadas obras—; sino también en algo más íntimo: en la emoción de la vida ante los impulsos y cambios del vivir de la Naturaleza.

Ahora bien, como insistía Unamuno, rectificando la opinión de que el sentimiento estético de la Naturaleza fuera un sentimiento moderno, no es necesaria la prolija descripción para comunicar un sentimiento. «Virgilio —decía— describió pocos pai- 51 sajes, pero la sensación íntima, profunda, amorosa, cordial del campo nos la da como nadie»[1]. Sabemos que cuenta en ello no sólo razón de época, sino, sobre todo, de temperamento y estilo. El paisaje como plena creación artística, será esencialmente una aspiración y logro del barroco. Hasta entonces el paisaje ha ido pasando desde simple fondo a verdadero ambiente de lo humano, en el que resuena y se funde el sentir del artista; y por último ha terminado imponiéndose sobre las figuras que significativamente se achican. Tras de ello tenemos el paisaje erigido en tema central e independiente. No es extraño que esa actitud contemplativa que lleva a la creación del poema descriptivo, género característico del Barroco, fuera condenada por la crítica clasicista y académica. No le pidamos a un temperamento clásico la franca actitud descriptiva ante la naturaleza y menos aún, ante el mundo de lo inanimado.

Un temperamento como el del juglar del poema de *Mío Cid*, en cuya actitud ante la vida y el arte resplandece como rasgo esencial, según señaló Menéndez Pidal, la tendencia a la mesura, si huyó de la prolijidad en la descripción y caracterización de lo humano, ¿cómo iba a entregarse a la morosa descripción del paisaje? Nos encontramos, así, incipientes cuadros de paisajes, y, junto a ello, lo que creemos hay que destacar, un auténtico sentimiento de la naturaleza. Esas descripciones —como decía Díaz Plaja siguiendo a Azorín[2]— serán, sí, «vislumbres de paisaje» o, para emplear las palabras de éste, el poema «de tarde en tarde... con un verso, con una indicación sumarísima, nos hace columbrar un paisaje»[3]. Y agregaba, con acierto: «Pero como en la llanura castellana, monótona y calcinada, tienen un valor extraordinario, una vida profunda, unos chopos, unos olmos o unos alisos que la vida divisa en la extensión inmensa, así en la *llanura del Poema del Cid*, sacando estos paisajes de su lugar apropiado pierden su trascendencia; preciso es para gustarlos en todo su valor, irlos separando a lo largo de los broncos versos.» Esta misma limitación que señalan las últimas palabras de nuestro gran prosista descubren al mismo tiempo un valor positivo de la técnica del poema; porque no es ya sólo que *a lo largo de los broncos versos le den vida profunda,* estos asomos de paisaje; es que en la íntima concepción del conjunto vienen a desempeñar una función expresiva inseparablemente unida a la emoción

---

[1] «El sentimiento de la Naturaleza» (1909). En *Por tierras de Portugal y de España*, Madrid, 1930, pág. 291. Citamos siempre los versos por la edición de don Ramón Menéndez Pidal.

[2] «Las descripciones en las leyendas cidianas». *Bulletin Hispanique*, tomo XXXV, núm. 1, 1933, pág. 7.

[3] «El paisaje en la poesía», en *Clásicos y modernos* (1913), pág. 100.

del suceder de los personajes y a la propia emoción del juglar ante los hechos y ante la realidad toda. Con este sentido aparecerá siempre el esbozo paisajístico en el poema, aunque en algún caso —como en la descripción de Valencia— también con positivo valor de creación artística, de visión integral, anticipo de actitudes modernas. Pero lo esencial será ese agudo sentimiento de la Naturaleza que en parte inconsciente, mas otras veces conscientemente, demuestra.

Este sentimiento de la Naturaleza que nos ofrece el juglar no es, ni podía ser, un sentimiento complejo de índole intelectual ni de religioso sentido cósmico trascendente. Se trata de algo elemental y primario de lo humano, de la expresión de una reacción instintiva y espontánea ante la visión y vida de la Naturaleza [4]. Corresponden a un aspecto de los llamados sentimientos de continuidad vital: la repercusión de los ritmos vitales del cosmos, la exaltada y a veces exultante emoción del amanecer, del salir del sol, de la llegada de la noche o de la entrada de la primavera.

Ahora bien, la capacidad de expresión literaria, que no es sólo simple reacción de instinto ante estímulos sensoriales, sino, además, algo más impalpable y profundo, supone ya por sí un agudo sentido artístico. Esta capacidad de expresión supone, pues, arte y madurez. Porque los momentos en que cobra una mayor presencia esta emoción ante los ritmos de vida de la Naturaleza, este sentimiento actúa como ambiente o fondo de la narración, subrayando o profundizando, incluso, la emoción del relato. Pensemos, para valorar esta capacidad de expresión literaria de dicho sentimiento, que quienes más aguda e intensamente lo han acusado en nuestra lírica fueron fray Luis de León y San Juan de la Cruz. Ello está indicado no ya sólo en que vivieron una vida en próximo contacto con el vivir de la Naturaleza y el que sintieron hacia ella un más íntimo y profundo amor, sino además, el que tuvieron el don extraordinario, como poetas, de hacer comunicativa con la palabra la íntima emoción que ellos experimentaron. Una chispa de ese sentir y de ese don expresivo alentaba en el alma rural del sobrio narrador de los hechos de *Mío Cid*. Es esto para nosotros como una muestra más de una esencial característica del poema: su apoyo directo y profundo en la vida. Lo que mide y señala los distintos momentos, en lo que queda en nuestro recuerdo como medida o referencia de los instantes de gozo o de dolor, no es, ni aun hoy, lo marcado por el

[4] Sobre este aspecto del sentimiento de la Naturaleza, véase: MARIANO IBÉRICO: *El sentimiento de la vida cósmica*, Buenos Aires, 1946 (cap. II de la primera parte), y J. M. SÁNCHEZ DE MUNIAIN: *Estética del paisaje natural*, Madrid, 1945 (párrafo III del capítulo primero).

compás del reloj o por el número del calendario, sino lo que quedó unido y señalado por ese ritmo de los días y de las noches o del cambio de las estaciones: el triste o luminoso amanecer, el melancólico entrar de la noche, el clarear de la aurora o la excitante impresión de esos días en que percibimos el· resurgir de la primavera.

Lo externo y material —lo sabemos bien tras el certero análisis de Dámaso Alonso [5]— no es, ni aun en lo humano, lo que se recoge en la realista visión que de la vida nos ofrece el poema. Esos inolvidables personajes que nos presenta el juglar, se nos imponen con la fuerza de la más viva humanidad; pero sin acudir a la definición ni a la acumulación de rasgos externos. Son las almas —como con término unamunesco decía el citado maestro— las que se nos desnudan hablando: es el *realismo de las almas.* En este rasgo el juglar está de acuerdo con la más moderna técnica de caracterización de personajes; la que exigía del moderno novelista Ortega, en su certero ensayo sobre la novela. Por esto, si observamos bien los momentos en que estos personajes se nos presentan, nos encontramos con que hay, sí, algunos rasgos externos que no ha olvidado el juglar de anotar. Y no sólo en las actitudes que podríamos llamar simbólicas, de costumbres o maneras convencionales de época, que en determinados momentos podían adquirir un fuerte sentido y expresividad para los oyentes; el juglar no olvida lo externo cuando es expresivo de la intimidad de lo humano, cuando es gesto o expresiór de lo individual. Por análoga razón se entrega incluso a la prolija descripción de lo material e inanimado. Como uno de los casos importantes recordemos cómo nos presenta a los judíos Raquel y Vidas: «...en una estavan amos, en cuenta de sus averes, de los que avien ganados», o la alusión al *sombrero nuevo* de Félez Muñoz, cuando acude con él a darle agua a sus desfallecidas primas, pasaje finamente comentado por Dámaso Alonso. Lo mismo se podrían recordar actitudes y gestos de Alvar Fañer, Pero Vermúdez y el mismo Cid.

Dejando aparte las descripciones de batallas y actitudes de lucha, que en lo que tienen de cliché y de variedad ya han sido objeto de estudio por parte de la crítica, destaquemos un caso de morosa descripción de lo externo y material que demuestra cómo el juglar es consciente en la utilización de sus recursos estilísticos.

Quizá sea la única ocasión en que se entrega a esta pintura de lo externo de un personaje, con verdadero recargamiento de

[5] «Estilo y creación en el Poema del Cid», incluido en *Ensayos sobre poesía española,* Madrid, 1944.

objetos, notas de color y pormenores que nos hace pensar en las prebarrocas descripciones deslumbrantes de los romances fronterizos. Nos referimos a la forma en que nos presenta al héroe en el momento culminante en que se dirije a las Cortes de Toledo:

Nos detiene por nada   el que en buen ora nasçió:
calças de buen paño   en sus camas metió,
sobrellas unos çapatos   que a gran huebra son.
Vistió camisas de rançal   tan blanca como el sol,
con oro e con plata   todas las presas son,
al puño bien están,   ca él se lo mandó;
sobrella un brial   primo de çiclatón,
obrado es con oro,   pareçen por o son.
Sobresto una piel vermeja,   las bandas d'oro son,
siempre la viste   mío Cid el campeador.
Una cofia sobre los pelos   d'un escarín de pro,
con oro es obrada,   fecha por razón,
que nol contalassen los pelos   al buen Cid Campeador
la barba avie luenga   e prísola con el cordón,
por tal lo faze esto   que recabdar quiere todo lo so.
De suso cubrió un manto   que es de grant valor,
en elle abríen que veer   quantos que i son.
Con aquestos çientos   que adobar mandó,
apriessa cavalga,   de San Serván salió;
assí iva mio Cid   adobado a lla cort.

(V. 3.084-3.103.)

No hay que extrañarse ante esta descripción, de que parezca alterada la característica sobriedad de la técnica del juglar. Recordemos que, como estudió Menéndez Pidal, en la unidad de desarrollo del poema procuró, apartándose de lo histórico, un progresivo engrandecimiento del héroe. La exaltación apoteótica del Cid en ese momento exigía levantar su figura al plano de lo solemne, hierático y rico para impresionar, grandioso, con sólo su marco y atuendo. Es un algo equivalente a la visión y sentimiento heroico de lo humano que destacaba y estudiaba Weisbach como rasgo característico del Barroco. Se trata también de un levantar la figura humana, por su gesto, atuendo y actitudes, sobre el plano de lo natural y cotidiano. Así, el Cid entra en la corte imponente, magnífico de brillos de oro, plata y colores, en medio de todos los suyos que lo rodean, para sentarse, triunfal, en el torneado estrado. Lo accesorio, pues, era absolutamente necesario destacar en este caso para poder impresionar sensorialmente con una imagen triunfal cual le correspondía al héroe en esas cortes que marcan el sumo de su ascensional engrandecimiento.

En el comienzo del poema vemos con igual sentido expresivo, aunque no en la figura, sino en el fondo, que le presta su resonancia, otra más rápida anotación de elementos inanimados y materiales. En su triste salida de Vivar el héroe desterrado se vuelve llorando para contemplar sus abandonadas heredades:

> Mío Cid movió de Bivar   pora Burgos adeliñado
> assi dexa sus palacios   yermos e desheredados.
> De los sos ojos   tan fuertemientre llorando,
> tornava la cabeça   e estávalos catando.
> Vió puertas abiertas   e uços sin cañados,
> alcándaras vázias   sin pielles e sin mantos
> e sin falcones   e sin adtores mudados.

(V. [13-14] y 1-5.)

Esta descripción le era necesaria para dejarnos la imagen de desolación y abandono de los lugares, precisamente para reforzar la impresión del estado de dolor e inasistencia con que partía el héroe camino del destierro.

A un sentido paralelo obedece la forma e intención con que se describe la Naturaleza. En general, sólo encontramos la escueta y directa referencia a los lugares; pero algunos a los que califica, aunque sobriamente y en su mayor parte repitiendo unos mismos adjetivos, con el deseo de caracterizarlos en su rasgo más impresionante. La intención expresiva entraña una doble aspiración en su voluntad artística: traducir una personal emoción y sugerir o impresionar con su cuadro a sus oyentes.

No voy a repetir lo ya dicho sobre las descripciones del poema; de la realista exactitud con que menciona cada lugar por donde pasan los personajes. En general, en estos casos, el juglar no se dirige a la sensibilidad de sus oyentes, sino a su inteligencia, a su memoria, para que, con la referencia a lo concreto y próximo puedan seguir con mayor emoción de realidad el caminar de sus personajes. Pero en algún punto el juglar subraya con uno o dos adjetivos, incluso con la desmesurada hipérbole, porque entonces va en busca de la sensibilidad, quiere impresionar a sus oyentes. Así, el hombre de llanura, como veíamos apuntaba Azorín e insistía Díaz Plaja, siempre se sentirá conmovido, como ante lo desacostumbrado e impresionante, al hallarse frente a las sierras y montañas. Por eso, respondiendo a análogas impresiones, los adjetivos que emplea son casi siempre los mismos: «...passaremos la sierra que fiera es e grand» (v. 422); «En medio d'una montaña maravillosa e grand» (v. 427); «Passan las montañas, que son fieras e grands» (v. 1.491); «en un otero redondo, fuerte e grand» (v. 554); «alto es el poyo, maravilloso e grant» (v. 864). No es que estas rápidas visiones de paisaje 56 contenidas en uno o dos versos tiendan a hacerse independientes;

siguen siendo fondo, pero fondo imprescindible para sugerir la emoción del hecho culminante que narra.

Lo más destacado en este sentido es la visión impresionante del robledal de Corpes. El juglar, para poder sugerir toda la angustiosa emoción de la soledad y terror del lugar en que quedaron abandonadas las hijas del héroe, necesita describirlo con rasgos hiperbólicos. Así, tras la seca y precisa enumeración de pueblos, sierras y montes por donde van pasando, el juglar se para, nos para, mejor dicho, en el selvático lugar:

> Entrados son los infantes   al robredo de Corpes,
> los montes son altos,   las ramas pujan con las nuoves
> e las bestias fieras   que andan aderredor.
> Fallaron un vergel   con una limpia fuont.

¡Qué impresionante espesura y magnitud la de ese robledal sobre esos *altos montes,* con las copas de los árboles perdidas entre las nubes!

La emoción de este hombre de tierra adentro acrece aún más, hasta el extremo, al asomarse al luminoso y sensual paisaje mediterráneo. El goce experimentado por el juglar y el deseo de comunicarlo, alcanza su punto culminante. Por esto nos ofrece aquí su más logrado cuadro de paisaje artístico, junto a un agudo sentimiento de la naturaleza. Es un momento que la crítica ha señalado más de una vez; pero que creo no se ha valorado debidamente como visión integral del paisaje, ni incluso se suele destacar completo, lo que hace se escape lo más hondo del sentimiento que lo anima:

> Adeliño mio Cid   con ellas al alcáçer
> alla las subie   en el más alto logar.
> Ojos vellidos   catan a todas partes,
> miran Valençia   cómmo yaze la çibdad,
> e del otra parte   a ojo an el mar.
> miran la huerta,   espesa es a grand,
> e todas las otras cosas   que eran de solaz;
> (...)
> alçan las manos   pora Dios rogar,
> desta ganançia   cómmo es buena e grand.
> Mio Cid e sus compañas   tan a gran sabor están
> El ivierno es exido,   que el março quiere entrar.

(V. 1.610-19.)

El juglar, con su característica técnica, siempre mesurada, con pocas palabras, pero con plena eficacia, comienza por sugerirnos una emocianda visión de anchura y lejanía. Así nos coloca en ese punto de vista alto, dominante, de la torre del Alcázar: «Allá las subie en el más alto logar, ojos vellidos catan a todas partes.» El adverbio *allá* que, incluso con la fuerza del acento, parece empujarnos más en su sentido de distancia y altura; y, seguidamente, acentuando la misma idea, el subir a lo más alto. Tras de ello la mirada desciende hacia el inmenso panorama y se va parando en distintos planos; el cuadro del paisaje se nos presenta completo: la luminosa ciudad —Valencia *la clara*— *yace* a sus pies; en plano distinto, la huerta, *espesa y grand* y, por último, en otro plano distante, *a ojo an el mar*. El poeta ha conseguido trasladarnos la emoción de algo tan impalpable y tan pocas veces recogido en las descripciones, como es el sentimiento del espacio. La visión amplia, inmensa, de un cuadro de paisaje que tiene por fondo el mar.

Pero este luminoso y amplio cuadro de paisaje de la costa levantina cobra toda su fuerza halagadora de los sentidos en el verso final de la serie. Con él se completa la visión integral del paisaje; porque incluso quiere sugerirnos las sensaciones táctiles y las olfativas: nos hace pensar en la fresca brisa de primavera que trae aromas de los frutales en flor. Es el desbordarse del bienestar del castellano sediento de color, verdura y mar que, al mismo tiempo, y reforzado por ello, siente agudizarse y expresa su profundo sentimiento del ritmo de la vida de naturaleza: la entrada de la dulce estación; *el invierno es exido, que el março quiere entrar.*

Si las alusiones al paisaje están como esparcidas, según recordaba Azorín, a lo largo de todo el poema, igualmente están esparcidas las alusiones al ritmo temporal del paso del día a la noche y de la noche al día; alusiones que en su mayoría resultan innecesarias desde el punto de vista lógico argumental. Y en muchos casos coinciden las anotaciones descriptivas con las de alusión al momento. Subrayemos a este respecto que, a nuestro juicio, ése es el valor que en el poema tienen las referencias al canto de los gallos. Aunque con otro sentido, destacó Azorín, en otro de sus libros, este insistente cantar de los gallos que descubre el poema [6]. Y en su fina evocación del poeta, lo imagina *viviendo con cierta holgura,* en un pueblecillo castellano, escuchando *continuamente, a lo largo del día, el estridente cacareo* de sus gallos —«una de las aficiones de este señor»— «los más espléndidos gallos del pueblo». Pero el valor expresivo que tienen en el poema creemos no es ése. Son índices, sí, de un ambiente rural, aldeano, de hombre en contacto con la vida de la Naturaleza; pero si escucha los gallos y no deja de anotar su canto

[6] *Al margen de los clásicos,* Madrid, 1915.

en el poema, es como expresión de su agudo sentir del paso de las horas, sobre todo, de la llegada del amanecer. Por esto el canto que se escucha no es el de la tarde en calma ni aun en el de los primeros gallos, los de la noche, sino los *mediados gallos,* los de la tres de la madrugada, y, sobre todo, los del amanecer; los que *cantan apriessa,* cuando *quieren crebar albores.* Aunque nos inclinásemos a ver en esos mediados gallos una expresión del lenguaje cultural, según propone Terlingen, ello también supondría una alusión temporal [7]. Sin embargo, en general, esas expresiones parecen traslucir una más elemental, directa y viva alusión a la realidad.

He aquí entresacados algunos de los versos en que se destacan las citadas alusiones:

El día es exido,   la noch querie entrar. (V. 311.)
Passando va la noch.   viniendo va la man:
a los mediados gallos   pienssan en ensellar. (V. 323-324.)
Aun era de día,   non puesto el sol. (V. 416).
De noch passan la sierra,   vinida la man. (V. 425).
Ya crieban los albores   e vinie la mañana
ixie el sol.   Dios, que fermoso apuntaba! (V. 455 y 456.)
Otro día mañana,   el sol querie apuntar. (V. 583).
Passada es la noche   venida es la mañana. (V. 1.540.)
El día es salido   e la noch es entrada.

A los mediados gallos,   antes de la mañana
el obispo don Jerome   la missa les cantava. (V. 1.699-1.700.)
El día es passado,   e entrada es la noche,
otro día mañana,   claro salie el sol.
(...)
al otro día mañana,   assi commo salio el sol.
el obispo don Jerome   la misa cantó. (V. 2.061 y 2.062, y 2.068 y 69.)
Entre noch e dia   salieron de los montes. (V. 2.810.)
Otro día mañana   pienssan de cavalgar
(...)
otro día mañana   metense a andar. (V. 2.870 y 78.)

Son, como vemos, rápidas y a veces repetidas anotaciones; pero dentro de la simplicidad de la forma verbal casi hecha, aparentemente simple referencia a una hora o momento, el juglar sabe con ella matizar en la expresión para sugerirnos la emoción inolvidable de unos instantes decisivos de la vida del héroe, y, como siempre, con su sobria técnica siempre magistral. Así, observemos cómo la mayoría de las escenas de más honda emoción humana están no sólo precisadas en lo que se refiere a la hora de su acontecer, sino que, además, en algunas interviene este

---

[7] «Uso profano del lenguaje cultural en el Poema de Mío Cid», en *Estudios dedicados a Menéndez Pidal,* t. IV, Madrid, 1953, págs. 265-294.

elemento tiempo como un determinante de la emoción del hecho. Así, la inquietud del momento en que Félez Muñoz encuentra a sus primas *amortecidas* en el robledal de Corpes, está avivada en su inquietud por el aproximarse de la noche. En su angustioso llamar, gritándoles para que vuelvan en sí, no deja de exclamar: «Despertedes, primas, por amor del Criador, mientras es el día, antes que entre la noch.» Y cuando, al fin, reanimadas y echadas sobre el caballo, cubierta su desnudez con el manto del joven primo, se ponen los tres en marcha, el juglar completa la emoción del cuadro subrayando, junto a la soledad, esa emoción de la hora:

> Todos tres señeros,   por los robredos de Corpes
> entre noch e dia   salieron de los montes. (V. 2.809-10.)

Subrayemos también en contraposición, entre los casos ya citados, la salida del sol de esa luminosa mañana de la victoria de Alcocer, esa batalla cuyo recuerdo debía conmover al juglar y le haría estremecerse cuando pasara y repasara los campos que fueron su escenario. Ha sido de los pocos pasajes que ha destacado la crítica; es un grito incontenido que se le escapa de lo más hondo:

> Ya criaban los albores   e vinie la mañana
> ixie el sol,   Dios, qué fermoso apuntaba! (V. 456-57.)

Y recordemos por último, junto a estos pasajes, y especialmente, esa terrible noche de despedida que pasa el héroe en el monasterio de Cardeña. Percibimos bien, tras los versos del juglar, cómo siente el Cid la entrada de la noche —última noche junto a su mujer y sus hijas—, y cómo piensa en este próximo amanecer en que ha de separarse de ellas ignorante si las volverá a ver en esta vida o en la otra. Antes de que escuchemos al héroe avisar a sus caballeros que estén preparados para partir al amanecer, el juglar subraya la triste emoción de este anochecer: «El día es exido, la noch querie entrar.» Pero lo extraordinario es cómo nos sugiere lo angustioso del paso de las horas de la noche y la proximidad de ese amanecer de la partida: «Passando va la noch viniendo la man». Imaginamos el verso recitado lentamente, ahondando en el expresión continuativa de esos dos gerundios, cuyo sentido refuerza el verbo ir. Para la racional inteligencia de la narración el verso no es necesario; pero para la sugerencia de la angustiosa inquietud de esa noche de despedida es imprescindible. Con un solo verso el juglar logra llevar a cada uno de sus oyentes al presente de aquella noche de salida para el destierro, al mismo tiempo que les revuelve su propia experiencia y sentimiento con el personal recuerdo del estado de ánimo de la víspera de un amanecer de despedida. Tras la rápida anotación de estos matices expresivos del sentido de la descripción y del sentimiento de la Naturaleza en el poema de *Mío Cid,* que estimábamos no habían sido suficientemente destacados, se impone una consideración: no es algo externo y circunstancial en la construcción del poema: responde a lo más íntimo de su concepción. Si lo esencial de la narración está profundamente enraizado en la vida toda, no nos extrañará que quien contó, en consecuencia, con el tiempo como factor que actúa en el desarrollo de los hechos y en el cambio de los personajes, sintiera y acertara a comunicarnos esa emoción de los ritmos de la vida de la naturaleza como elemento cooperante, como factor expresivo.

EL HUERTO DE MELIBEA

(PARA EL ESTUDIO
DEL TEMA DEL JARDIN
EN LA POESIA DEL SIGLO XV)

Publicado en La Torre, Año III, núm. 9, Madrid, 1955.

Publicado en la revista *Arbor,* núm. 65. Madrid, 1951.

A Dámaso Alonso, que, con su evocación del pomar de Flérida vicentino, me ayudó a pensar en el huerto de Melibea.

Ya en otra ocasión hemos escrito en torno al tema del huerto y jardín en nuestra poesía [1]. Explicábamos entonces su íntimo sentido estético por el cruce y superposición de elementos naturales y artificiales que representa su misma realidad. Este encuentro de contrarios —naturaleza y artificio— era, a nuestro entender, la más profunda razón que explicaba su predominio como fondo, ambiente y tema central en la poesía y en la pintura del Barroco. Precisamente, éste fue en concreto el objeto de nuestro ensayo.

El paralelismo que —pese a ciertas diferencias— existe, por su psicología y, en parte, también estilísticamente, entre los fines de la Edad Media y el Barroco, nos lleva hoy a destacar en *La Celestina,* como expresiva valoración de dicho tema en esta época, ese jardín de Melibea, escena de sus amores. Porque aunque se haya destacado la belleza de su acto decimonono —de interés fundamentalísimo a este respecto—, no se ha precisado, sin embargo, ese papel esencial que juega el jardín en el desarrollo de la famosa tragicomedia. Es, en realidad, la primera dramatización de la Naturaleza que ofrece la literatura española.

[1] «Ruinas y jardines. Su significación y valor en la temática del Barroco». En *Escorial,* 1943. Incluido en *Temas del Barroco,* Granada, 1947.

5

Esta participación del paisaje artificioso del jardín como confidente y testigo de la escena de amor pertenece, pues, esencialmente a las épocas—llamémoslas así— barroco-románticas. Es verdad que la Naturaleza se valora y vivifica, e incluso se potencializa hasta lo divino, en el Renacimiento; pero es, precisamente, en su visión amplia y desnuda del artificio, respondiendo a la platónica exaltación de lo natural. El paisaje de las églogas y, en general, del género pastoril, aunque apoyado en lo literario y convencional, es siempre una visión de pura y libre Naturaleza [2].

Dentro del lugar más secundario —en general simple alusión— que el paisaje ocupa en nuestra poesía de la Edad Media, es bien expresivo observar cómo la visión amplia de la Naturaleza se va limitando y recargando progresivamente al mismo tiempo que se le superpone el artificio. Desde el *Poema de Mío Cid*, con su intenso y emocionado sentir del ritmo de la vida de la naturaleza, con su visión de Valencia desde lo alto del Alcázar —visión inmensa, de términos lejanos, que despierta la emoción de lo espacial y en la que se alcanza prematuramente la sensación integral del paisaje—, hasta el triunfo de la visión recogida artificiosa y recargada de los paisajes de la pintura y de la poesía del siglo xv.

No sólo por su sentido simbólico-alegórico —superposición, aunque sea en contenido, de lo espiritual sobre lo natural— el *prado de los milagros* de Berceo supone ya un primer paso hacia esa visión; también su decorativismo de ordenación, recargamiento y colorido señala una insinuación de tránsito o enlace con lo artificioso. Igualmente el *lugar ameno* que se nos describe en el *libro de Alexandre* se presenta en visión recogida y recargada en sus halagos: «semejava que era huerto del Criador».

La visión limitada, rica y artificiosa —dentro de la brevedad de lo descriptivo— termina por imponerse; incluso de la Naturaleza más libre, es la floresta y el prado lo elegido; esto es, lo más cercano por su recargamiento al vergel, huerto o jardín. Esa preferencia se acusa igualmente fuera de España, sobre todo en la pintura, y en aspecto tan fiel eco de lo real y tan ligados a la vida y a lo literario, como la miniatura, el grabado y las tapicerías. Pero concretándonos a nuestra poesía —y no es que pretendamos sólo limitar la influencia de lo italiano— es bien expresivo que en los poetas de la corriente alegórica la visión de la selva dantesca se sustituye muchas veces por la del vergel o jar-

[2] Véase nuestra conferencia «De lo humano a lo divino. Del paisaje garcilasiano al sanjuanista», pronunciada en la Universidad de Oviedo en 1944, editada en la *Revista* de dicha Universidad en 1946 y que se reproduce con adiciones a continuación.

dín. Lo vemos ya en el fino paisaje que Imperial nos pinta en su *Dezir de las siete virtudes.* Es un *jardín gracioso* rodeado de un claro *arroyo, cercado todo de muro de muy alto jazmín* —por el que se atraviesa «entre flores y flores»—, de tan fina alfombra de *yerba* que recoge el rastro de las *pisadas,* y embalsamado todo de *dulces olores:*

> Era cercado todo aquel jardín
> de aquel arroyo a guisa de cava,
> e por muro muy alto jazmín
> que todo a la redonda lo cercava:
> el son del agua en dulçor passava,
> harpa ducayana, vihuela de arco
> e no me digan que mucho abarco.
> que non se si dormia o velava [3].

Sin esta exquisitez y lentitud descriptiva, como simple alusión de ambiente, abunda esta visión de floresta y jardín en los poetas cultos de los cancioneros, desde este momento hasta Juan del Encina. En el mismo cancionero de Baena podemos encontrar algún otro expresivo ejemplo. Así la visión alegórica de la Soberbia y la Mesura, de Páez de Ribera, tiene lugar «en un deleitoso vergel espaciado, estando folgando a muy grant sabor» [4]. Y lo mismo en otros poetas del dicho cancionero más ligados a la tradición galaico-portuguesa. Recordemos el gracioso *dezir* de fray Diego de Valencia, *En un vergel deleitoso.* No hay sentido que no goce en este *cercado* vergel. Todo es *dulce, sabroso y adormecedor;* en particular, el concierto de las aves:

> Calandrias e rruyseñores
> En el cantan noche e dia,
> E facen grant melodia
> en deslayos e discores,
> E otras aves mejores,
> Papagayos, filomenas,
> En él cantan las serenas,
> Que adormecen con amores [5].

Ante la obra de Imperial y fray Diego de Valencia, hay que admitir, como piensa Le Gentil —en su reciente e interesante libro—, que en la visión de este tema del vergel primaveral, sobre todo en su ficción alegórica, actúa la influencia del *Roman de la Rose* [6]. Pero no creemos pueda darse la influencia francesa

[3] *Cancionero de Baena,* Madrid, 1851, pág. 245.
[4] *Ibidem,* pág. 293.
[5] *Cancionero de Baena,* pág. 50.
[6] LE GENTIL, PIERRE: *La poésie Lyrique espagnole et portugaise à la fin du Moyen Age,* Rennes, 1949, págs. 246 y sigs.

como único determinante de la aparición del tema; si a un lado y otro del Pirineo y en el mismo momento, *se multiplican y desempeñan en las composiciones alegóricas exactamente el mismo papel* —aunque el citado crítico lo niegue—, hay mucho en ello, estimamos, de *coincidencia.* Creemos hay razones psicológicas y estéticas más complejas y profundas que dan el porqué de la frecuencia del tema en España sin necesidad de justificarlo íntegramente en que «procedan de una tradición verdaderamente indígena y antigua». El hecho mismo de que sea entonces —a distancia en el tiempo— cuando se imite el poema francés es ya un índice, creemos, de que el esencial determinante hay que buscarlo en el espíritu de la época; y la presencia del vergel y jardín en la corriente popular del Romancero viene a confirmar que el tema, en su misma realidad —sin la complicación alegórica—, era gustado en general por la sensibilidad de la época.

También hemos de recordar aquí nombres tan representativos como los de Mena y Santillana. Destaquemos en la *Coronación,* obra del primero, cómo la visión amplia que contempla «en las mayores alturas de la selva», se concreta y recarga:

> Vi los collados monteses
> plantados por los resguardos
> de sus faldas y traueses,
> altas palmas y cipreses,
> e cinamomos y nardos:
> e vi cubiertos los planos
> de jacintos y platanos,
> e grandes linaloeles
> e de cedros e laureles
> los oteros soberanos [7].

Y dentro de este recargado y oloroso paisaje, nos pinta la floresta, esto es, un trozo de naturaleza recargado, pero, además, con elementos artificiales. Así, ésta tiene *en medio, una muy clara fuente, circundada* «de gran estrado de rosas», «e de sillas muy hermosas». Acorde con este sentido se le *muestran* los rostros de las musas «como flores de rosales/mezcladas con blanca nieve».

Recordemos del marqués de Santillana su poemita *El sueño,* con su delicada pintura —todo halago sensorial— de la estrofa octava:

> En este sueño me vía
> un día claro e lumbroso,
> en un vergel muy fermoso
> reposar con alegria:

[7] *Cancionero Castellano del siglo XV.* Ordenado por R. Foulché Delbosc, Madrid, 1912, t. I, estrofa 33, pág. 212.

> el qual jardin me cobria
> con sombras de olientes flores,
> do cendraban ruiseñores
> la perfecta melodia [8].

Después, cuando una ninfa le lleva ante Diana, no deja de destacar la floresta con sus *calles fermosas,* «las quales mirtos e rosas/cubren odoriferando».

Encontramos también algún caso —en Diego del Castillo— en que el vergel, aunque como puro pretexto alegórico, se convierte en motivo central de una composición. El poeta caminando «por la muy áspera vía de pasiones», encuentra el *vergel del pensamiento:*

> en el qual fué edificado
> para quien ama sin tiento:
> sus árboles son: porfía,
> e las flores: esperança,
> el fructo, grand alegría,
> y el hortolano: andança [9].

También don Alfonso Enrique, bisabuelo del Rey Católico, cantó en otro alegórico poema el *vergel del pensamiento* [10]. Pero el caso más expresivo dentro de la poesía culta, por ser la visión compleja y matizada del tema, nos lo ofrece Rodrigo de Cota en su famoso *Diálogo entre el amor y un viejo;* lo más próximo a su dramatización, por su alegórico sentido, que tan íntimamente lo enlaza con la acción, reforzando así el fondo y ambiente la esencial intención expresiva. El diálogo «se figura en una huerta seca y destruida, do la casa del placer derribada se muestra». Es la visión melancólica del jardín abandonado, de la que también se gustará en el Barroco y, sobre todo, en el Romanticismo. El doble sentido de lo alegórico no enfría la nostálgica descripción que de los perdidos encantos del jardín hace el viejo al Amor:

> Quanto más qu'este vergel
> No produce locas flores,
> Ni los frutos y dulçores
> Que solies hallar en él.

---

[8] *Ibídem,* pág. 535.
[9] *El Cancionero de Roma,* E. de M. Canal Gómez, Florencia, 1435, t. I, página 63.
[10] Véase MENÉNDEZ PELAYO: *Antología de poetas líricos castellanos,* tomo I, pág. 392.

Sus verduras y hollajes
Y delicados frutales,
Hechos son todos saluajes,
Convertidos en linajes
De natios de eriales.
La beldad de este jardín
Ya no temo que la halles,
Ni las ordenadas calles,
Ni los muros de jazmín;
Ni los arroyos corrientes
De biuas aguas notables,
Ni las aluercas ni fuentes,
Ni las aues produzientes
Los cantos tan consolables [11].

Ya más tarde, en unas coplas de Llanos —incluidas en el *Cancionero General*—, en la descripción alegórica que un mensajero hace a su amigo de su *posada,* no falta tampoco la visión de la recogida huerta:

Vi en el medio una ventana
Labrada de cantería,
(...)
Vi por ella a man derecha
Vna huerta de pesar,
Para su descanso hecha,
Con árboles de sospecha
Do nasce el desesperar.
La qual vi toda cercada
D'una muy alta passión,
De piedra negra labrada,
De todas partes cerrada
Y una puerta al corazón;
Y en el medio vi qu'estaua
De pena d'amor cubierta
Vna fuente que manaua
Firmeza, do se regaua
Los árboles y la huerta [12].

La alegoría del huerto referida a lo religioso encuentra su expresión culminante —tanto en la pintura como en la poesía— en la visión de la Virgen María como el *hortus conclusus.* Como tantas supervivencias de medievalismo se nos ofrece en el mismo *Cancionero* de Hernando del Castillo, en unas glosas de Diego Luzero. Tras el símbolo de *fons hortorum,* glosa el *hortus conclusus:*

[11] *Cancionero general de Hernando del Castillo,* Madrid, 1882, núm. 125, tomo I, pág. 297.
[12] *Cancionero general de Hernando del Castillo,* t. II, pág. 31.

Huerto precioso sagrado,
Do mora la Trinidad;
Donde el Hijo fue plantado
Por la Santa Humanidad,
Y el huerto siempre cerrado
Fué plantado por la mano
De Espíritu soberano;
Y la tierra fuiste vos
Donde fue plantado Dios
Por hazerse nuestro hermano [13].

Y enlazado con este sentido se ofrece también la ficción alegórica de Juan Ochoa, donde Cristo aparece como *sagrado ortelano* y la Iglesia como *sagrado vergel* que él *hizo de su mano* [14].
En lo popular, la más libre expresión del sentir que alienta en el Romancero —tan dentro de la espiritualidad de fines de la Edad Media— nos ofrece esa misma preferencia por el ambiente de jardín o vergel.

Cuando, por el mes de mayo, el hijo del rey Carlos se *holgaba* en el *huerto de su padre*, fue hecho cautivo y llevado al otro lado del mar. E igualmente Julianesa, *la hija del Emperante,* fue *tomada por los moros,* «cogiendo rosas y flores, en un vergel de su padre» [15].

También estaba «paseando en su vergel» la *gentil dama* que llama al rústico pastorcillo para ofrecerle sus encantos [16]. Esta aparición del tema como marco de la escena de amor es lo especialmente preferido. En su *jardín florido* deseará tener la enamorada infanta al paje Gerineldo [17]. El Vergilio de nuestro romance también se *lleva a un vergel* a su dama [18]. La ardorosa Melisenda goza de su amor con el conde Airuelo «a la sombra de un laurel» [19]; y en otro vergel se ocultan el conde Claros y la infanta Claraniña:

A la sombra de un aciprés,
Debajo de un rosal [20].

[13] *Ibídem,* pág. 316.
[14] *Ibídem,* pág. 348.
[15] «Romances del palmero y de la Julianesa». V. *Poesía española. Antología,* por Dámaso Alonso, Madrid, 1925, págs. 488 y 490.
[16] *Romance de una gentil dama y de un pastor rústico. Ibídem,* pág. 512.
[17] «Romance de Gerineldo y la infanta», en *Flor nueva de romances viejos,* por Ramón Menéndez Pidal, Buenos Aires, 1938, pág. 69.
[18] Antología citada, pág. 499.
[19] *Ibídem,* pág. 488.
[20] *Cancionero de Romances,* impreso en Amberes. Edic. R. Menéndez Pidal, 1945, folio 84 vuelto.

Como cierre de esta rápida cita del Romancero y como expresión clara de lo que la época gustaba del jardín, recordemos el romance de Abenamar. ¡Con qué pasión y nostalgia los cristianos, desde la vega granadina, veían relucir, al sol de la tarde, sobre la colina roja, los ricos palacios moros!: La Alhambra, los Alijares y el Generalife, «huerta que par no tenía».

Aunque por su brevedad e intimismo no predomine lo descriptivo en la temática del Cancionero popular, recordemos sólo un delicioso ejemplo del cancionero musical de Palacio, publicado por Barbieri:

> Dentro de un vergel
> Moriré.
> Dentro de un rosal
> Matarme han.
> Yo m' iba, mi madre
> Las rosas coger;
> Hallé mis amores
> Dentro en el vergel.
> Dentro del rosal
> Matarm' han [21].

En la dramática, como casos análogos, y uno de ellos hasta equiparable al de la Celestina, en cuanto a la valoración del tema, hay que señalar, ya en fecha posterior, pero empapados y enraizados en lo medieval la *Aquilana* de Torres Naharro, y, sobre todo, el *Don Duardos,* de Gil Vicente.

Ya Menéndez Pelayo destacó de la primera la escena del jardín en la que Aquilano se expresa con unos versos de una finura y vaguedad que se elevan en muchos sobre el tono dominante en el autor de la *Propaladia* [22]:

> Si m'entiendes,
> ¿Cómo luego no desciendes
> A mis voces soberanas?
> ¿Y me sueltas, o me prendes,
> ∪ me matas o me sanas?
> Di, cruel,
> ¿Sientes tú deste vergel
> Ningún árbol menear?
> Cuantas yerbas hay en él
> Todas están a escuchar.
> Pues las fuentes,
> Detuvieron sus corrientes
> Porque pudieses oírme;
> Las aves que son presentes

[21] Número 237.
[22] «Naharro y su Propaladia (1900)», en *Estudios y discursos de crítica histórica y literaria,* Madrid, 1941, t. II, pág. 369.

No cantan por no empedirme;
Pues el cielo,
Todo está qu'es un ronsuelo;
Todas las gentes reposan,
Las aves no hacen vuelo,
Los canes ladrar no osan.

Estos *lozanos versos* le hacían pensar a don Marcelino, aunque la vibración de esa cuerda fuese menor, en los *misterios del estilo lírico*, de Gil Vicente.

El cuadro recogido de paisaje primaveral —«en el mes era de abril/de mayo ante un día»— se animará aún más en el *Don Duardos* del portugués, y con un penetrante sentido dramático insinuante y evocador en el alma de los protagonistas. Tan aguda y bellamente precisó Dámaso Alonso esta participación de la huerta en la deliciosa tragicomedia vicentina, que creemos imprescindible repetir sus palabras: «Pero el pomar, la huerta —dice— no es sólo el sitio de vagar de Flérida y sus damas, el lugar de las largas lamentaciones amorosas de don Duardos, el punto de cita de las semideclaradas entrevistas; no es sólo el sostenimiento y placer de Julián y su buena Constanza ni tampoco fondo luminoso y aromado de la trama simple y deliciosa. La huerta es más: es esencial a la concepción vicentina del *Don Duardos*. Es un personaje mudo que está en las mentes y en los corazones de todos, que preside la acción, y —muy lejos de candilejas y tramoya, o, si queréis, de la tela del vestuario— transforma la escena en encantada y encantadora criatura de arte. A la huerta narran sus cuitas Flérida y don Duardos; a la huerta requiebran a lo popular, los hortelanos, Julián y Constanza Roiz»[23]. El poder y acción de la huerta en el idilio es tan fuerte y está tan unido al amor de la princesa que don Duardos llega a tener plena conciencia de ello. Así —como al final añade el mismo crítico—, «cuando don Duardos quiere que el amor despierte en Flérida un recuerdo desvelado», no tiene más que pedirle —¡con cuánta suavidad, con cuánta ternura!— que le susurre al oído la memoria de la huerta de sus amores:

Amor, amor, más te pido:
que cuando ya bien despierta
la verás,
que le digas al oído:
«Señora, la vuesa huerta. »,
y no más... [24].

[23] *Tragicomedia de Don Duardos*, editada por Dámaso Alonso, Madrid, 1942, pág. 22.
[24] *Ibídem*, pág. 32.

73

A lo dicho agreguemos sólo, como aguda expresión de ese valor y vida que para Flérida tiene la huerta —y como índice de lo que representa de aspiración de la época— cómo consuela don Duardos a la princesa, ante las emocionadas palabras de despedida que dirigía ésta a la huerta de su padre, a los árboles y a las flores, *su gloria que ser solía:*

> No lloréis, mi alegría,
> que en los reinos de Inglaterra
> más claras aguas había
> y más hermosos jardines,
> y vuesos, Señora mía [25].

Pero volvamos a *La Celestina.* Todas las escenas de amor de los protagonistas se desarrollan en el huerto de Melibea. Allí surge ese amor, cuando Calisto entra persiguiendo su halcón; allí esa invencible atracción se consume y satisface. Desde el momento en que en él se encuentran los amantes, se convierte en su único mundo posible: la vida de ambos está allí. Para Calisto «en toda la tierra no hay igual que en este huerto» [26]. No es, así, puro acaso el que haya de encontrar la muerte al salir de él, al pie de sus tapias.

Quizá hubiera sido más lógico, mediando Celestina, el que los amantes se hubiesen encontrado en otra parte, incluso en la misma casa de la vieja; pero fuese por instinto o por reflexión, el autor evitó decididamente el que se encontraran fuera del ambiente excitante y adormecedor de este rincón de naturaleza. Fuera de él, sólo hablan unos instantes una primera noche; pero a través de una puerta cerrada, sin verse, para avivar más las ansias de ese encuentro, que Melibea anuncia entonces a Calisto será «por las paredes del huerto» [27], lugar que desde ese momento queda clavado, obsesionante, en la imaginación de aquél. Y fijémonos, además, que ese ambiente de nocturno entre la bella naturaleza —que sombrea idealizando su fuerte sensualidad— acentúa aún más el contraste entre el amor de los protagonistas y el de los criados y mozas. La atracción puramente carnal de todos éstos se satisface en el prosaico y crudo ambiente del interior de la desnuda cámara.

El cuadro de naturaleza y artificio del huerto exigía para la plena exaltación de sus encantos y seducciones el ambiente primaveral; ésa es la estación escogida por Rojas. Hay que pensar que sería entre abril y mayo, cuando florecen los lirios y las azu-

---

[25] *Tragicomedia de Don Duardos,* pág. 108.
[26] Acto XIX. Edición Cejador, Madrid, 1939.
[27] *Ibídem,* acto XII, pág. 87.

cenas, cuando los días se alargan, tanto, que hacen desesperar a Calisto, que sueña con la noche del huerto. Es el mismo momento que Gil Vicente escogerá para los amores de don Duardos y la princesa Flérida.

Con ese mismo sentido —pues no es sólo por mantener en secreto los amores— el autor escogió las horas de la noche. He aquí el segundo elemento activo que como otra realidad envolvente y adormecedora acompaña e impulsa a los amantes: la noche; la hora en que la seducción sensorial del jardín se exalta, el ambiente embriagador que después también preferirán el Barroco y Romanticismo. El cantar de Lucrecia destaca bien los elementos esenciales de la tragicomedia: un amor sin igual, el huerto y la noche:

> Nunca fue más deseado
> Amado de su amiga
> Ni huerto más visitado
> Ni noche más sin fatiga.

Es verdad que lo humano lo invade todo en la tragicomedia; y tan *descubierto* y tan fuerte que sentimos la presencia de los personajes tan real y tan próxima que no necesitamos de ningún complemento de paisaje. De tal manera es así que, a veces, el escritor, fuera de ese recinto, ni siquiera concreta el ambiente que los rodea. Los dos espíritus y los dos cuerpos se aíslan de todo; pero el huerto sí vive con ellos; desempeña aquí un papel esencial, como otro personaje. Nos costaría trabajo representarnos a los protagonistas sin ese fondo de jardín en el que se funden y confunden. No podemos olvidar que los placeres y coloquios de amor pasan sobre las *frescas yerbas* del huerto, *ocultos* bajo las *quietas sombras* de sus *altos cipreses,* embriagados por el olor de sus *viciosas flores,* oyendo *correr el agua y cantar el ruiseñor* y sintiendo *en sus rostros el templadito viento* primaveral que impulsa a la Naturaleza toda a que se aproxime y enlace. Ni lo olvidamos nosotros ni lo olvida ningún personaje. El huerto se ha convertido en una realidad que vive en la mente de todos, Calisto, en el lento pasar de las horas del día, pensará en Melibea, sí; pero no aisladamente, sino en aquel *paraíso* de su huerto: «De día estaré en mi cámara, de noche en aquel parayso dulce, en aquel alegre vergel, entre aquellas suaves plantas e fresca verdura» [28]. Un paraíso será también para los criados que, tras sus tapias, escuchan envidiosos las vehementes palabras de su amo y adivinan sus atrevidas acciones. Cuando Elicia, rabiosa por el triste final de Celestina y de su amigo, maldice los amores de

[28] Acto XIV, pág. 127

75

Calisto y Melibea, «causadores de tantas muertes», piensa también, como algo obsesionante, en ese huerto primaveral donde gozan de su amor: «Las yerbas deleitosas —dice maldicente— donde tomaya los hurtados solares, se conviertan en culebras, los cantares se os tornen lloros, los sombrosos árboles del huerto se sequen con vuestra vista, sus flores olorosas se tornen de negra color»[29].

Junto a las tapias del huerto se le quiere preparar la muerte a Calisto. Y, así, avivado con esta inquietud en torno, colmados los trágicos presagios, se nos ofrece esa deliciosa e incomparable escena del huerto, en el acto decimonono, justamente elogiada por la crítica. Es noche de luna llena, las estrellas *relumbran,* un *templadico viento menea* suavemente los *sombrosos árboles* y *cipreses,* se oye el *suave murmullo* del agua *por entre las frescas yerbas,* los lirios y las azucenas *derraman* sus frescos olores. Todo se prepara para el gozar de los amantes. Melibea espera cantando con Lucrecia; después canta sola, e, inconsciente, nos dice, con sombrío presentimiento, que *con ronca voz de cisne.* Dirige sus palabras a los árboles, a las estrellas, a los pájaros; porque todo se ha penetrado de vida y es testigo y parte inseparable de sus amores. Así, cuando llega Calisto le señala ella cómo todo se goza en el huerto con su venida. «Mira la luna —le dice— quán clara se nos muestra, mira las nuves cómo huyen. Oye la corriente agua desta fontezica, ¡quánto más suave murmurio su rio lleva por entre las frescas yervas! Escucha los altos cipreses, ¡cómo se dan paz unos ramos con otros por intercessión de un templadico viento que los menea! Mira sus quietas sombras, ¡quán oscuras están e aparejadas para encobrir nuestro deleite!»[30]. Sabiamente Rojas hizo breve esta última escena de amor que aviva esa excitante noche de primavera. Tras el deleite de los sentidos la muerte acecha al pie de las mismas tapias del huerto. De un salto —permítasenos el doble sentido— se pasa del supremo gozar sensorial y sensual, al supremo horror de la muerte sin confesión.

Hasta el último instante en que Melibea se despide de su padre, se le impone el recuerdo del huerto; su honor, su vida toda, está fundida con él. Así se lo declara en rotunda expresión, contándole sus amores con Calisto: «Quebrantó con escalas las paredes de tu huerto, quebrantó mi propósito»[31]. Y, por último, no olvidemos que es forzoso imaginar el cuerpo de Melibea, caído y destrozado sobre las frescas hierbas y viciosas flores de su huerto, dando savia y olor con su propia sangre a los lirios y azucenas.

[29] *Ibídem,* acto XV, pág. 139.
[30] *Ibídem,* acto XIX, pág. 190
[31] *Ibídem,* acto XXI, pág. 202.

DE LO HUMANO A LO DIVINO

(DEL PASAJE DE GARCILASO AL DE SAN JUAN DE LA CRUZ)

Publicado en la *Revista de la Universidad de Oviedo*. Oviedo, 1946. Se reproduce con algunas ligeras adiciones.

Es cosa sabida de todos cómo en la temática del arte y de la poesía, la plena incorporación del paisaje es cosa que se produce en el Renacimiento. Desde lo humano, tema inicial y central, el arte va incorporando progresivamente a su campo todos los elementos del mundo viviente hasta terminar en lo inanimado y artificial. El Renacimiento incorpora la visión de la Naturaleza; el Barroco, en una actitud de aproximación hacia la realidad toda, hará aparecer, además, no sólo los temas del árbol, las flores y los pájaros, sino también el bodegón.

No son motivos puramente estéticos sino vitales e intelectuales los que determinan esta aparición del paisaje en la poesía renacentista. A la general aspiración del humanismo a un orden mejor, apoyada en la sobrevaloración de la cultura y el raciocinio, se une la fatal añoranza de la vida pastoril que trae una época de hipercultura. Ello, fundido al ideal neoplatónico de exaltación de lo natural, explica cómo surge esta visión del paisaje apoyada como creación en lo intelectual y literario, pero construida con elementos naturales. Es la visión amplia de naturaleza libre y tranquila, convencional, sí, pero sin el recargamiento y artificio que representa la visión del Barroco y, en un lugar más secundario, también preferida por la poesía del siglo xv. Porque, aunque sin valorar con sentido de tema o realidad aparte la visión de paisaje, 79 como alusión circunstancial, fondo o ambiente, ha aparecido en lo medieval. Y aquí, en un plano secundario, podemos descubrir un esquema de evolución análogo; desde lo amplio, sencillo y natural, hasta lo limitado, recargado y artificioso.

Nuestro intento hoy es hacer un comentario del tema de la Naturaleza a través de la poesía de nuestros más grandes líricos del siglo XVI: Garcilaso, Herrera, fray Luis de León y San Juan de la Cruz. Con ellos se nos marca un claro proceso de espiritualización revelador de lo más íntimo de su sentir. He aquí el camino a recorrer; desde las *deleitosas riberas* de los ríos de Garcilaso al espacio infinito en que *vuela* la *garza* de San Juan de la Cruz.

Siempre que el crítico se enfrenta con la obra poética de Garcilaso ha de plantearse, fatalmente, la interrogante de la sinceridad o insinceridad de su sentir. Lo real y vivido se confunde con lo ficticio y literario. Pero las múltiples influencias de poetas latinos e italianos que se acusan en sus versos, llevan equivocadamente, muchas veces, a ver en primer término insinceridad y pura belleza literaria. Se olvida, no sólo la actitud renacentista que busca con sentido vital más que erudito la imitación de los clásicos, sino, además, el hecho de que cabe, incluso, en la traducción, infundir un propio sentir. Pensemos en cómo fray Luis da expresión honda y vibrante a su dolor, traduciendo el Salmo XXVI. De la misma manera la suprema aspiración y goce de su alma mística la expresará en gran parte San Juan de la Cruz con las imágenes, símbolos y alegorías del *Cantar de los Cantares*. Es cierto que, sobre todo en el segundo caso, el poeta llega a la imitación como un recurso inevitable; pero ello no es obstáculo para que su sentir y su voz sean no sólo algo distinto y único, sino también de una elevación inigualada.

A Garcilaso es un doble impulso lo que le lleva a la imitación de los clásicos; de una parte su concepto de la poesía, propio del hombre del Renacimiento, que hace gala de inspirarse en los antiguos; de otra, el encontrar en ellos su ideal de vida; un paisaje todo paz, serenidad y calma.

Aunque, en general, todo el Renacimiento suponga esta vuelta a la Naturaleza, en visión amplia y natural, y aunque todos los poetas encuentren el modelo en la poesía clásica, Garcilaso tiende al paisaje virgiliano por una íntima necesidad que se apoya a su vez en una cierta afinidad temperamental. La idealidad y ternura virgiliana es, pues, en parte, producto de un común sentir. El poeta de Toledo buscaba —y ansiosamente —este paisaje sereno, de líneas tranquilas, de sombras, verduras y humedad. Lo violento y desmesurado —en esto sí es puro clásico— es cosa opuesta a su sentir; lo mismo que todo gesto o actitud descompuesta.

Así, la igualdad y limitación de elementos de su paisaje, coincidente además con el recuerdo del poeta latino y, para mayor contraste, descrito y cantado por un hombre entregado a la vida de las armas, puede llevar fácilmente a explicar esta visión de Naturaleza plácida y serena como algo insincero, puramente literario. Pero precisamente ese mismo apartamiento de la vida tranquila del campo es lo que, paradójicamente, puede explicarnos su íntima y profunda emoción. Garcilaso es el caballero entregado a las armas, pero su espíritu no es de guerrero. Acepta la espada y la misión política como un deber, como una necesidad ineludible; pero su ilusión, su ideal de vida, está en otra parte. En este consorcio de armas y letras nos ofrece la contraposición violenta al tipo de guerrero poeta que representa Jorge Manrique. Este lo encontrará todo en la vida de las armas. Su poesía se invade de imágenes y símiles que le proporciona su vida guerrera; entre todo ello no falta el obsesionante pensar en la muerte. Pero él se entrega por entero, con fe ciega, a este camino de las armas que a ella le lleva, porque sabe que en su final encuentra la suprema aspiración de creyente y de guerrero: la vida eterna y la vida de la fama:

> El vivir que es perdurable
> no se gana con estados
> mundanales
> ni con vidas deleitables
> en que moran los pecados
> infernales;
> mas los buenos religiosos
> gánanlo con oraciones
> y con lloros;
> los caballeros famosos,
> con trabajos y aflicciones
> contra moros.

Garcilaso, en cambio, no sólo considera a las armas como algo a lo que se debe sólo con su cuerpo, sino que, además, reniega de ellas y hasta duda de su poder. Cuando habla del fiero Marte pierde su tono de mesura, la adjetivación se recarga y hasta tiende a lo violento, apartándose de las suaves sensaciones medias características suyas:

> ¡Oh, crudo; oh, riguroso; oh, fiero Marte,
> de túnica cubierto de diamante,
> y endurecido siempre en toda parte!

El poeta que por *su mal* se encuentra *ejercitando su oficio,* cansado de guerra, con escepticismo y angustia se pregunta por la finalidad del esfuerzo:

> ¿A quién ya de nosotros el eceso,
> de guerras, de peligros y destierro
> no toca, y no ha cansado el gran proceso?

> ¿Quién no vio desparcir su sangre al hierro
> del enemigo? ¿Quién no vio su vida
> perder mil veces y escapar por yerro?
> (...)
> ¿Qué se saca de aquesto? ¿Alguna gloria?
> ¿Algunos premios o agradecimientos?
> Sabrálo quien leyere nuestra historia.

Por esto, caído en desgracia con el Emperador, y mientras mira correr las aguas del Danubio, se lamenta de que en *un hora* haya sido deshecho *todo aquello* «en que toda su vida fue gastada». Pero nos afirmará rotundamente esa íntima independencia de su sentir, su verdadera vida, la de su espíritu; aunque le anima sólo la ilusión y la nostalgia:

> Y sé yo bien que muero
> por sólo aquello que morir espero.

Así Garcilaso, a la general nostalgia ·de la época por la vida de la Naturaleza, funde esta íntima y profunda necesidad suya de paz y reposo. De igual manera en la atmósfera de idealidad amorosa que crea el petrarquismo, él infunde la emoción temblorosa de un amor real, imposible e insatisfecho. Esta doble ansia de lo apenas gustado viene, así, por la fuerza de la añoranza, a penetrar estos dos temas centrales de su poesía, con la suprema intensidad de vida de lo que es a la vez recuerdo e ilusión. En la poesía bucólica, el género poético en el que el Renacimiento concretó su aspiración de edad dorada, Garcilaso, con íntimo y lógico sentido, enlaza así sus dos imposibles amores. De este fondo nostálgico de lo terreno y lo humano arranca la penetrante y general melancolía garcilasiana.

Así crea Garcilaso su paisaje; en su primer impulso halla la visión ideal en el modelo virgiliano. Recordemos cómo repite el cuadro de atardecer pintado por Virgilio:

> Recoge tu ganado, que cayendo
> ya de los altos montes las mayores
> sombras, con ligereza van corriendo.
> Mira en torno, y verás por los alcores
> salir el humo de las caserías,
> de aquestos comarcanos labradores.

Pero a este paisaje convencional y literario el poeta superpone el recuerdo concreto de lo real y vivido: del lugar de paz que fue ocasión de felicidad y goce. Son los recuerdos distantes, depurados ya en su lejanía, en los que ha quedado sólo lo poético esencial: la esencialidad de lo visual y de la emoción experimentada. La *espesura de verdes sauces* de las orillas del Tajo; la suave frescura de *eterna primavera,* de las márgenes del Danubio, y la *verde vega, grande y espaciosa,* de las riberas del Tormes.

Si las referencias a los lugares de las riberas del Danubio, en la Canción III, son más vagas e imprecisas, no ocurre así con las descripciones de Toledo y de las cercanías del Tajo en la Egloga III, o la del conjunto de la *espaciosa* vega limitada por la ladera que corona el castillo de los duques de Alba en las orillas del Tormes, en la Egloga II. En este caso, el poeta toledano nos pinta uno de los primeros cuadros de paisaje real que ofrece la poesía española; visión, con sus varios términos o planos, trasladable a la realización pictórica. Y hasta sabe impresionarnos, en este sentido, con la intensa nota de verdura de su inmensa vega con una triple, directa y sabia adjetivación que rompiendo la mecánica repetición o anáfora, intensifica aún más la nota de color al hacer que el adjetivo verde del segundo verso del terceto coincida con el acento fundamental del mismo:

> En la ribera verde y deleitosa
> del sacro Tormes, dulce y claro río,
> hay una vega grande y espaciosa,
> verde en el medio del invierno frío
> en el otoño verde y primavera,
> verde en la fuerza del ardiente estío.

> Levántase al fin della una ladera
> con proporción graciosa en el altura,
> que sojuzga la vega y la ribera.
> Allí está sobrepuesta la espesura
> de las hermosas torres, levantadas
> al cielo con extraña hermosura.

En cuanto a la *espesura de verdes sauces* que nos pinta en la *soledad amena,* de *cerca del Tajo,* se ve igualmente que se trata de un lugar real y preciso, incluso de un momento en concreto de esa hora silenciosa del mediodía que quedó grabada en su recuerdo. E igualmente es real —pese a los ecos literarios— la observación que hace de la extrema *mansedumbre* con que *camina* el Tajo *por aquella parte.* Tan real es todo ello como la visión que pocas estrofas después nos presenta del mismo río —con *su monte casi al rededor* en *áspera estrecheza reducido...* con ímpetu *corriendo* 83 *y con ruido,* al pie de *aquella ilustre y clara pesadumbre/de antiguos edificios adornada.* Esta visión de Naturaleza, tanto en lo real como en lo literario, está centrada en lo humano. No hay en ella el menor asomo de un sentido cósmico trascendente. No es una realidad aparte que actúe sólo con su dulce halago sensorial. Tiene su vida; pero esa vida es esencialmente comunicación de lo humano. Así, todos los elementos que constituyen su convencional cuadro de paisaje, participan íntimamente de las secretas inquietudes del poeta. Serán, no sólo testigos de sus íntimos secretos:

> Los árboles presento
> entre las duras peñas
> por testigo de cuanto os he encubierto,

sino que incluso toda la naturaleza hará suyo el dolor del poeta:

> Con mi llorar las piedras enternecen
> su natural dureza y la quebrantan;
> los árboles parece que se inclinan;
> las aves que me escuchan, cuando cantan,
> con diferente voz se condolecen,
> y mi morir cantando me adivinan.

Por esto continuamente les dirigirá la palabra, aunque con una preferencia; las aguas de las fuentes y ríos serán sus íntimos confidentes. Las primas quejas de Nemoroso serán para las «corrientes aguas, puras, cristalinas». Albanio, en la Egloga segunda, hablará también a las *claras ondas* de la fuente en que se mirara su pastora y de una manera especial, en su despedida, tras las *montañas* y *verdes prados,* se dirige a los *corrientes ríos, espumosos.* No olvidemos cómo el poeta, en la soledad de su destierro, dialoga y confía sus *razones* a las claras ondas del Danubio, en cuyas aguas dejará *morir* su canción.

Es claro que conforme a esta proyección del sentir del poeta sobre el paisaje, el goce de sus encantos se elevará con la alegría y se anulará con la tristeza; sus sentidos se agudizarán hasta el extremo para percibir la emoción del paisaje de soledad, umbroso, fresco y florido, cuando se siente correspondido en su amor:

> Por ti el silencio de la selva umbrosa,
> por ti la esquividad y apartamiento
> del solitario monte me agradaba;
> por ti la verde hierba, el fresco viento,
> el blanco lirio y colorada rosa
> y dulce primavera deseaba.

Y aunque también ante la Naturaleza quiere el poeta declarar la independiencia de su dolorido sentir, a pesar de su obstinación ante las seducciones del paisaje, le penetrará lo suficiente como para que le parezca estar en *lugar escogido* o rodeado de *bienes*. A pesar de esta comunicación de la Naturaleza con el sentir del poeta, nunca este paisaje tiende a espiritualizarse; es, sobre todo, el goce sensorial refinado y matizado. Ni en el paisaje real y concreto, recuerdo del contemplado, ni en el ideal y literario que crea su añoranza de paz y serenidad, se rebasan nunca los límites de lo terreno, y decimos de lo terreno en el doble sentido de la palabra. El poeta mira casi siempre hacia abajo; la verdura del valle, las flores, las peñas, la corriente del río, y cuando levanta los ojos su vista se detiene en las copas de los árboles y en los perfiles de los montes. Rara vez se fija en las nubes, y, cuando es así, son las nubes bajas y corpóreas del atardecer. Si su pastor Albanio en la Egloga segunda queda tras la huida de la pastora *tendido boca arriba, una gran pieza*, «fijos los ojos en el alto cielo», esto ni le lleva a reflexionar ni le produce la menor alteración. Es indudable que no se detienen sus ojos en el cielo con esa fijeza que le vemos mirar la suave corriente de las aguas del Tajo. Ni el sol, ni las estrellas, ni la luna cuentan como elementos activos de su paisaje. Serán los efectos del sol, la luz, el calor, pero no el astro como una realidad aislada; y aun así, en general, será lo preferido el sitio umbroso, sombrío, el paraje como aquel de la Egloga tercera en el que los árboles entrelazados por la hiedra impiden que el sol halle paso a través de la verdura. Por esto no es de extrañar que al hacer el recuento de sus adjetivos de color —como ha hecho Margot Arce— sólo una vez aparezca el azul.

Si por el sentimiento se ha podido afirmar que la poesía de Garcilaso es esencialmente humana, su visión de la Naturaleza conduce a la misma conclusión. Su paisaje es esencialmente un paisaje terreno y terrestre. Podríamos decir empleando el término en su significado más concreto y matemático, que no existe en él lo supraterreno. De la misma manera su concepción del mundo sobrenatural tiende a concretarse en los perfiles y colores de su paisaje idílico terrenal. Cuando su voz, avivada por la doble e imposible nostalgia de amor y de paz, se dirige a la amada muerta pidiendole libre de la esclavitud del vivir, no puede soñar otro fondo de Naturaleza en que contemplarla eternamente que este paisaje apacible, florido y sombrío:

> Divina Elisa, pues agora el cielo
> con inmortales pies pisas y mides,
> y su mudanza ves, estando queda,
> ¿por qué de mí te olvidas y no pides

que se apresure el tiempo en que este velo
rompa del cuerpo y verme libre pueda,
y en la tercera rueda
contigo mano a mano
busquemos otro llano,
busquemos otros montes y otros ríos,
otros valles floridos y sombríos,
donde descanse y siempre pueda verte
ante los ojos míos,
sin miedo y sobresalto de perderte?

Como vemos, hasta su visión de lo sobrenatural se concreta
en lo terreno y terrestre; una mansión que se *pisa* y se *mide* por
los pies de su divina Elisa.

El general proceso de espiritualización de las formas y motivos de la poesía renacentista que supone el paso del primero
al segundo Renacimiento se cumple igualmente en el tema del
paisaje. La gradación de este sentido ascendente nos la marcan
los nombre de Herrera, Fray Luis de León y San Juan de la
Cruz. La misma espiritualidad de sus temas e incluso sus distintos estados en religión vienen a acentuar claramente este proceso
de superación de lo puramente humano que representa Garcilaso.
Del caballero cortesano pasamos a Herrera, modesto beneficiado
de una iglesia sevillana que vive independiente, consagrado a las
letras, pero encadenado a lo terreno con su platónico amor; tras
de él, Luis de León, fraile agustino que, aunque ha tenido que
luchar más consigo mismo que con el mundo, le impulsa sólo
la añoranza del más allá; por último, San Juan de la Cruz, religioso en una orden contemplativa, que trascendiendo la noche
de los sentidos y del entendimiento alcanza el supremo goce de
unión con la Divinidad.

Aunque el paisaje en la poesía de Herrera no sea tema central como en la de Garcilaso, sin embargo, cuenta de una manera
decisiva en su mundo espiritual. Porque en él, como es general
en su poesía, lo visual y lo ideológico a veces se superponen y
confunden. Su concepto y visión de la Naturaleza deriva claramente de lo renacentista, muchas veces con el recuerdo intencio-
nado y sentido de Garcilaso. Si comparamos sus églogas con las
de éste veremos que hay mayor abundancia y variedad de árboles,
plantas y flores en las de Herrera. En lo externo, pues, como en
tantos otros aspectos de su poesía, nos ofrece el claro paso a lo
barroco. Es un paisaje más recargado de elementos, más artifi-

cioso, enriquecido en su parte ornamental y deslumbrante por su luminosidad y color, y con la luz cegadora de Andalucía. Su descripción del Betis, en la Canción al Santo Rey Don Fernando —el trozo tan admirado por Lope— es equiparable, por su sentido decorativo y colorista, a cualquier descripción de pleno barroquismo; indiscutiblemente lo más cercano al estilizado y brillante paisaje de Pedro de Espinosa.

> Cubrió el sagrado Betis de florida
> púrpura y blandas esmeraldas llena
> y tiernas perlas la ribera ondosa,
> y al cielo alzó la barba revestida
> de verde musgo, removió en la arena
> el movible cristal de la sombrosa
> gruta, y la faz honrosa,
> de juncos, cañas y coral ornada.

Frente a esa naturaleza estilizada, todo halago y goce de sentidos —en especial de la vista, que es para el poeta el *más amado* de todos— Herrera se complace a veces —como viva representación plástica de un estado psicológico— en pintarnos —como ya vio Bourcier— un paisaje inhóspito. desértico y tempestuoso por el que atraviesa con su dolor. Aunque algún pasaje del primer Garcilaso pudiera citarse como antecedente, en general son paisajes irreales, imaginados, que sólo en algún momento nos hace pensar en la sequedad y ardor de la tierra sevillana. Son cuadros extraños y fantásticos como si los hubiera creado en un delirio febril de su alma ardiente de enamorado; pero que se levantan con extraordinaria fuerza plástica, con intensa concretez e hiriente impresión de viva realidad. Anotemos un ejemplo:

> Por estrecho camino, al sol abierto
> de espinas y de abrojos mal sembrado,
> el tardo paso muevo y voy cansado
> a do cierra la vuelta el mar incierto.
>
> Silencio triste habita este desierto;
> (...)
> a un lado empina inmensa cumbre
> el monte hórrido opuesto al alto cielo;
> corta un despeñadero la otra parte.
>
> Crecer la sombra y anublar la lumbre
> siento, y no hallo sólo en mi recelo
> a do pueda valerme alguna parte.

Pero nos interesa aquí, más que el precisar la transformación de los motivos renacentistas en barrocos, señalar los nuevos ele- 87 mentos de la Naturaleza que incorpora a su paisaje y, más aún, la actitud ante él. Componen su cuadro —como en lo renacentista garcilasiano— montes, valles, bosques, prados, ríos, árboles, peñas y flores; pero, aunque en general todo sea construcción literaria y convencional, reelaborada por un supremo artífice del verso, hay como un Garcilaso, si bien más oculto, la superposición de la visión real y concreto del paisaje sevillano, en particular del Betis: «el alto monte» el *vago y sereno río* y la *fuente abundosa,* del pueblecito de Gelves.

Pero la vista de Herrera no se detiene en lo terreno; el cielo y los astros —además de ser términos comparativos preferidos en la ponderación de los bellos rasgos de su dama— cuentan por primera vez en su paisaje como elementos activos y cambiantes que acompañan al poeta en su sentir. Es clara esta actitud contemplativa del mundo celeste; pues los efectos cambiantes del cielo que nos ofrecen sus versos, aunque, fundamentalmente, sean variaciones debidas a la proyección del íntimo sentir del poeta sobre la Naturaleza que le rodea, es indiscutible, por otra parte, que esas imágenes corresponden inicialmente a una observación de la realidad. Así, cuando lo ilumina su estrella verá el cielo *purpúreo* y *abierto,* lo observará otra vez, mientras escucha el ruiseñor, *sereno* y *limpio;* pero en un momento de angustia y soledad sentirá que le cubre como un *manto frío,* imagen en la que le hará insistir su continua tristeza:

> El cielo, antes quieto y sosegado
> turbar veo, y trocarse en hielo frío.

Esta proyección de lo interior es la que nos explica que teniendo la imagen de doña Leonor —su luz— fijada en sus entrañas, la vea aparecer en todas partes. Lo mismo le dice al Guadalquivir:

> En tu cristal movible, la belleza
> veo, Nereo padre, figurada
> de mi Luz, que, de rayos coronada,
> muestra alegre su gracia y su grandeza.

En realidad, la ve en todas partes, según nos declara en otro soneto:

> A do inclino los ojos, allí veo
> de mi ingrata enemiga la belleza.

88   Pero, sobre todo, la ve en el cielo:

> Si alzo al cielo los ojos, donde junto
> imitas su color, hallo presente
> mi Lucero, de llamas esparcido.

Al contemplar las bellezas del firmamento no puede, pues, olvidar aquella cuyo esplendor eclipsa a todo astro. El querría situarla en su centro:

> Yo entretejer quisiera
> su nombre esclarecido
> entre la blanca luna y el sol rosado.

De esta manera la verá sobre todo como el Lucero, la Estrella, cuya luz no sólo ilumina y caldea su alma, sino todo lo creado: la tierra y el cielo. Se lo dirá a ese venturoso rincón de Gelves, venturoso por «que de las bellas plantas fue tocado»:

> Siempre tendréis perpetua primavera,
> y del Elisio campo tiernas flores,
> si os viere el resplandor de la luz mía.

Igualmente se lo dirá al sol y a la luna invitándoles a que recojan fuego y luz de su Estrella:

> Rojo sol, que el dorado
> cerco de tu corona
> sacas del hondo piélago, mirando
> el Ganges derramado,
> (...)
> si tú llegares cuando
> esta serena Estrella
> alza al rosado cielo,
> dándole alegría al suelo,
> los ojos, do está Venus casta y bella,
> de aquellos rayos ciego,
> arderás, en tus llamas hecho fuego.
> Luna, que resplandeces,
> sola, fría, argentada
> en el callado velo tenebroso
> (...)
> si el Lucero hermoso,
> do el puro Amor se alienta,
> mirares, encendida
> en llama esclarecida,
> que a limpias almas en vigor sustenta,
> correrás por la cumbre
> con grande y siempre eterna y clara lumbre.

89

Su Estrella es el *Sagrado Lucero, del sol guía,* cuyos rayos «abre ufano al puro cielo, al día y cielo y suelo dando gloria». El poeta insistirá una y otra vez en esta idea de hacer a la amada el centro de todo:

> Será, si esparce mi luciente Estrella
> su esplendor y su fuerza al frío suelo,
> más dichosa la tierra y siempre bella
> más hermoso el purpúreo abierto cielo.

Consecuentemente, esa íntima comunicación con el aire y los astros hará que al dolor de la amada todo le acompañe:

> A la armonía y llanto atento estaba
> el aire, suspendido el alto cielo.

Como vemos, el poeta termina confundiendo lo terreno y terrestre con lo aéreo y sobrenatural. En su mirar hacia arriba arrastra su terrena pasión, y su luz, su Estrella, se confunde en el firmamento. Será preciso en esta confusión que en sus versos la letra mayúscula lo distinga. Y fijémonos cómo en esta unión de suelo y cielo el poeta gusta de buscar el enlace de la rima y la asociación o contraposición de ambas visiones y conceptos. Lo hemos visto en los dos trozos últimos y más completo aún, aunque con motivo distinto, en su canción cuarta:

> ¡Oh, glorioso cielo en nuestro suelo!
> ¡Oh, suelo glorioso con tal cielo!

Por otra parte, la actitud garcilasiana de comunicación con la Naturaleza se amplía en lo que respecta al poeta con el mismo sentido. Han aumentado los testigos y confidentes que atienden o participan de su dolor y de su alegría. A Garcilaso le acompañaban en su llanto los montes, los ríos, las piedras, los árboles, las aves y hasta las fieras; pero a Herrera de ese mundo inanimado le acompañan además el sol, la noche y la aurora:

> Gime conmigo el sol, conmigo llora
> el Héspero, y la noche se lamenta
> y conmigo te quejas, roja Aurora.
> Cándida luna, que con luz serena,

Con gesto prerromántico necesita saber que los astros le escuchan y le acompañan en su gemir. Así en la soledad de la noche, a la orilla de su Guadalquivir, que llora con él, se lo pregunta angustioso a la luna:

> oyes atentamente el llanto mío,
> ¿has visto en otro amante otra igual pena?
> Mírame en este solo y hondo río
> lamentando mi mal con su rüido,
> y me cubre del cielo el manto frío.

Y es que, como venimos viendo, de todo lo creado el poeta llega a una más íntima comunicación, precisamente, con los astros. Se confía y se consuela con ellos, preguntándoles, en su constante dialogar, por sus más íntimas inquietudes:

> Rojo sol, que con hacha luminosa,
> coloras el purpúreo y alto cielo,
> ¿hallaste tal belleza en todo el suelo,
> que iguale a mi serena luz dichosa?
> (...)
> Luna, honor de la noche, ilustre coro
> de las errantes lumbres y fijadas,
> ¿consideraste tales dos estrellas?
> Sol puro, áurea luna, llamas de oro,
> ¿oíste vos mis penas nunca usadas?
> Vistes Luz más ingrata a mis querellas.

Y consecuente con esta visión de lo celeste, centrada e iluminada por el rostro de la Condesa, el sol servirá hasta de mensajero para llevarle «la triste voz doliente» del abandonado poeta:

> Cuando el hondoso claustro de occidente
> entrares, donde reina alegre Flora,
> si la Luz que este ausente amante adora
> vieres, lleva esta triste voz doliente:

Es indiscutible, tras lo dicho, que el paisaje herreriano —dejando aparte la transformación hacia lo barroco que representa en lo descriptivo— supone una visión no más íntima, pero sí más espiritualizada que la de Garcilaso. El poeta, en su amorosa contemplación de la Naturaleza, ha levantado su vista hacia el cielo. En su paisaje ha entrado lo aéreo y celeste; pero el centro de esta visión, a pesar de su elevación platónica, lo constituye algo humano y terreno: el rostro, todo blancura y resplandor, de la Condesa de Gelves.

El proceso de espiritualización del paisaje se acentúa decisivamente en Fray Luis de León. Se trata del sabio que mira la Naturaleza con los ojos aún cansados del estudio. Ello le da, de una parte, un conocimiento científico que le permite un más profundo gozo, y, de otra, le sirve de descanso y ocasión para que se desborde su lirismo. Porque Fray Luis, antes de reflexionar, canta. Así nos lo ha declarado él mismo en sus diálogos *De los Nombres de Cristo:* «Algunos hay a quien la vista del campo los enmudece, y debe ser condición de espíritus de entendimiento profundo; mas yo, como los pájaros, en viendo lo verde, deseo.o cantar o hablar.» Este gozar de las bellezas de la Creación supone en él un más profundo y completo amor. En gran parte es cierto, como dice Bell, que Fray Luis «trajo a la poesía española una nota personal subjetiva, y más íntimo amor a la Naturaleza». El bienestar físico y sensorial que le proporciona es algo que bien lo declaran sus anteriores palabras; pero, además, se siente atraído por un doble impulso: la curiosidad y ansia de saber y la emoción trascendente religiosa de ver el reflejo de la belleza y perfección del Creador. Porque él sabe bien que «en todas partes está Dios, y todo lo bueno y hermoso que se nos ofrece a los ojos en el cielo y en la tierra y en todas las demás criaturas es un resplandor de su Divinidad». Así, a Fray Luis le atrae la Naturaleza toda, porque en todas partes se encuentra un orden y concordancia sorprendentes puesto por el Creador, una *música acordada,* llena de maravilla. Su mirada se fija, pues, en todo lo creado en busca de la huella de la Divinidad, conocedor de que no sólo resplandece su imagen «en aquellas esclarecidas y eternas partes de la Naturaleza, el Cielo y los brillantes globos de las estrellas, mas también en aquellas especies de la Naturaleza que se tienen por ínfimas y despreciables».

Así, en sus descripciones, vamos a encontrar la visión amplia, de conjunto y lejanías, junto a la visión próxima detallada; ambas animadas por la doble atracción del gozar y del saber: del artista y del sabio.

Es innegable, a pesar de lo que se puede explicar por influencias literarias, cómo el poeta ha observado todo, a las aves, a los árboles, a las flores y hasta, como él dice, a las hierbas y las piedras, en los más distintos momentos, estaciones y horas. Bien expresiva es su descripción del manzano; cómo se detiene en señalarnos el color y la «forma muy elegante» de sus hojas y el bello aspecto de sus «blancos y dorados frutos con veladuras rojas». Ahora bien: en esa visión próxima y analítica no se detiene nunca nuestro poeta tan morosa y amorosamente como lo hace Fray Luis de Granada. El sabio agustino, a pesar de sus dotes y práctica de pintor, no podía acercarse a esa visión realista y detallada —de sentido de bodegón barroco y a veces casi de miniaturista— que resplandece en las descripciones del escritor dominico; su espíritu clasicista, siempre orientado hacia la visión de lo esencial, se lo impedía. Tampoco su pensamiento, puesto en el más allá, que, como vemos, se lo recuerda siempre la *celestial esfera,* le permite detenerse en las cosas.

Junto a esta visión próxima vemos a fray Luis cómo goza de la visiln amplia y de términos lejanos. Cuando nos habla de los montes vemos cómo el poeta ha gustado de seguir con su vista la línea movida del horizonte, sintiendo ya la emoción de lo espacial: «Hay unos montes que suben seguidos hasta lo alto y en lo alto hacen una punta sola redonda y otros que hacen muchas puntas y que están como compuestos de muchos cerros.» Precisamente mirando esa *sierra altísima que va al cielo* —de que nos habla en su oda «Al apartamiento»— sentirá el poeta envidia del sosiego de la altura y de lo eterno.

En general, fray Luis tenderá en lo descriptivo a lo equilibrado, a lo armonioso, a la descripción ordenada dentro de la amplitud de términos de una visión de naturaleza, anotando las sensaciones de acuerdo con su paisaje preferido, que nos describe en el amanecer de *La perfecta casada,* en el que todos los sentidos se gozan igual: «La vista se deleita con el nascer de la luz, y con la finura del aire, y con el variar de las nubes; a los oídos las aves hacen agradable armonía; para el oler, el olor que en aquella sazón el campo y las hierbas despiden de sí es olor suavísimo; pues el frescor del aire de entonces tiempla con grande deleite.»

Como vemos —y aunque en esta sencillez descriptiva haya más de reflexión que de espontaneidad—, el poeta ha sabido darnos las varias sensaciones que actúan sobre los distintos sentidos, dejándonos la visión equilibrada y sugeridora. Y es que su paisaje, como toda su poesía, tiene siempre el sentido de la sencillez y de la esencialidad. Recordemos una vez más la completa y evocadora visión del otoño que nos da con sólo una estrofa en su oda a Juan de Grial:

> Recoge ya en el seno
> el campo su hermosura, el cielo aoja
> con luz triste el ameno
> verdor, y hoja a hoja
> las cimas de los árboles despoja

Fijémonos en que, a pesar de su intención y sentido de lo equilibrado, la visión tiende a centrarse en la contemplación de lo aéreo y celeste. He aquí el centro para él de todo lo creado: el Firmamento. Su contemplación del cielo llega a lo obsesionante; en todos los tiempos y a todas horas el poeta gusta de ello. Observará los cambios de luz y color en las varias estaciones: la *luz* 93 *triste* del otoño; el cielo «nublado de invierno, sosegado e igual»; el «del estío súbito y tempestuoso y oscuro». Contemplará el cielo todos los días, hasta en las horas de pleno sol, cuando éste —como dice el poeta— parece «caminar solo, porque oscurece con su luz lo que le pudiera ser compañía». Desde la ladera de su monte ha visto avanzar la tarde y retirarse la luz; «cuando las sombras que al mediodía estaban sin moverse, al declinar del sol crecen con tan sensible movimiento que parece que huyen». Con más emoción aún nos describe el iluminarse del cielo en la hora del amanecer, ese momento de que tanto debió gustar; «cuando amanece, la parte del cielo que se viste de luz se colora con arreboles, y parece así, y se descubre una veta de luz extendida y enarcada y bermeja». Pero su hora preferida será la de la noche, cuando la belleza del cielo se exalta. Fray Luis será, sobre todo, el cantor de la noche serena. Es el momento en que llega a la más íntima comunicación con lo creado; cuando percibe su secreta armonía que penetra en su interior como una *música callada:* «en una cierta manera se oye su concierto y armonía admirable, y no sé en qué modo suenan los secretos del corazón en su concierto que le compone y sosiega». Insistirá siempre en el espectáculo de la noche serena; no sólo en la sublimidad de sus versos, sino también en su elegante prosa castellana y latina, reveladora de la misma emoción. Nos habla del plenilunio; de «la clara noche, cuando se camina a la luz de la luna, acompañado de su amistoso silencio». «La luna llena —nos dice en *La perfecta casada*— en las noches serenas se goza, rodeada y como acompañada de clarísimas lumbres; las cuales todas parece que avivan sus luces en ella y que la remiran y reverencian.» Consecuentemente de todo lo que percibe su espíritu es la noche estrellada lo que más le mueve a alabar a Dios: «Nadie alza los ojos en una noche serena y ve el cielo estrellado que no alabe luego a Dios con la boca o dentro de sí con el espíritu.»

El fundamento de esta actitud contemplativa de lo celeste está en su más íntima inquietud espiritual. Fray Luis vive en una continua y angustiosa añoranza del más allá; y, precisamente, del mundo visible son los astros los que se le ofrecen como lo más estable, lo menos cambiante y, en consecuencia, lo más próximo y vivo como reflejo de lo sobrenatural. De aquí que esa añoranza de lo eterno se la mantenga y avive la contemplación del cielo que se le ofrece como el *gran trasunto* de la mansión eterna celestial. Por esto, a pesar de su amor por todo lo creado, prefiere la noche, cuando todas las bellezas y atractivos de la naturaleza se ocultan y anulan. Nos lo dice en su *Exposición del Libro de Job,* con palabras que hasta nos hacen pensar en la *noche oscura* de San Juan de la Cruz: «El suelo y sus cuidados impiden menos entonces.

Que como las tinieblas le encubren a los ojos, así las cosas de él embarazan menos el corazón y el silencio de todos pone sosiego y paz en el pensamiento. Y como no hay quien llame a la puerta de los sentidos, sosiega el alma retirada de sí misma.» En sus mismas ansias de saber, que aumentan con su añoranza de lo eterno, contará en primer término el ver «los movimientos celestiales»:

> Quién rige las estrellas
> veré y quién las enciende con hermosas
> y eficaces centellas;
> por qué están las dos Osas
> de bañarse en la mar siempre medrosas.
> Veré este fuego eterno,
> fuente de vida y luz do se mantiene;
> y por qué en el invierno
> tan presuroso viene,
> quién en las noches largas le detiene.

Cuando insiste en esta contemplación el alma del poeta, que, en dura lucha consigo mismo, ha conseguido la serenidad, termina por descomponerse, atada en esta cárcel de lo terreno, y llorar, «los ojos hechos fuente», el destierro de esa morada de *grandeza,* de ese *templo de claridad y hermosura.*

De una parte, la contemplación del cielo le proporciona consuelo y lección, pero de otra, inquietud, desasosiego: «Quienes con el ánimo libre de cuidados, cuando miren al cielo y de allí vuelvan los ojos a la tierra y repasen todas las cosas de su alrededor, miren y empapen sus sentidos de lo que son los hombres, perciben tal placer en su alma que jamás de él saciarse pueden.» Mas en el momento en que el alma ansía liberarse de la prisión de lo terreno, la consideración de «el gran concierto de aquestos resplandores eternales» le lleva a su dolorosa contraposición:

> ¿Quién es el que esto mira,
> y precia la bajeza de la tierra,
> y no gime y suspira,
> y rompe lo que encierra
> el alma y destos bienes la destierra?

Supone, pues, esta visión del paisaje de fray Luis una íntegra espiritualización. De una parte, se ha incorporado y hecho centro la visión de lo celeste; de otra, lo terreno, aunque profundamente gozado como halago de los sentidos, lo ama y canta el poeta por lo que tiene de testimonio y reflejo de la grandeza y sabiduría divina: «Todo lo bueno y hermoso que se nos ofrece a los ojos en el cielo y en la tierra... es un resplandor de su Divinidad.» Pero cuando contrapone lo terreno a lo celeste se olvidará, incluso, de sus mismas palabras, de que «en todas partes está Dios». Sólo «la grandeza y lindeza del cielo y las estrellas (le dirá) a voces quien sea Dios». Por esto preferirá la noche; para ver el cielo en su esplendor y no ver la tierra en su miseria. El cielo se le ofrecerá no sólo como *morada de grandeza y templo de claridad,* sino como *trasunto* de la mansión eterna; la tierra, pese a todas sus bellezas, será en la extrema tensión de su sentir la *prisión,* la *cárcel,* el *valle hondo y oscuro.*

He aquí en esas tristes expresiones de desterrado una de las dimensiones que separa a fray Luis de León de San Juan de la Cruz. Cuando el santo carmelita desciende del alto vuelo de su contemplación, cuando acaba de ver el resplandor de la misma Divinidad, y vuelve sus ojos al suelo, verá en la Naturaleza, precisamente a esa misma Divinidad. Nos deja la emoción de lo real; pero se ha perdido la pura materia, la oscuridad, la miseria; ha quedado el espíritu del mismo Amado. No sólo está Dios en las criaturas, como ve fray Luis, sino que estas *criaturas son Dios.*

Esta plena espiritualización de la Naturaleza, verdadera divinización, aunque lejos de la divinización panteísta a que se había llegado en el primer Renacimiento, no supone la negación como realidad concreta y bella que se goza con los sentidos.

La vida en contacto con la Naturaleza es más íntima y continuada en San Juan de la Cruz. No son los breves instantes de Garcilaso, ni las tardes de Herrera en los jardines de Gelves, ni las temporadas de fray Luis en la huerta de la Flecha; San Juan de la Cruz vive, casi constantemente, en monasterios situados en plena naturaleza y, además, sabemos que gustaba pasarse casi todas las horas del día y de la noche fuera del convento. Sus oraciones prefería hacerlas en la huerta o en pleno campo, a la orilla de un arroyo o de una fuente y en especial durante las horas de la noche. También llevará a sus novicios a las riberas de los ríos o a la espesura de los montes para «aficionarlos a la soledad» y para «enseñarles a sacar el espíritu que hay encerrado en las criaturas y de que está lleno el orbe de la tierra».

Su emoción ante la Naturaleza se desborda aún con más ímpetu que en fray Luis de León. El sabio agustino ante el paisaje sentía el deseo de hablar o contar: el santo carmelita no es que lo desea, sino que canta. Según los testimonios de la época era su costumbre el ir cantando cuando caminaba por el campo. Otras veces irá haciendo pláticas espirituales a los que le acompañan, tomando motivo para ello del mismo paisaje que contempla. Cuando marcha a Granada acompañando a las monjas, que van a fundar —dice fray
Jerónimo de San José— que «de las cosas del campo, de los

ríos, montes, valles, del cielo que allí gozaban anchuroso y claro, tomaba motivo para tratar de las cosas celestiales y divinas». He aquí cómo todos los elementos de la naturaleza se convierten en representaciones de un mundo espiritual trascendente. Ello es la base —como ya en otra parte hemos analizado— de la complicada construcción de alegorías y símbolos que nos ofrecen sus versos, que nacen así, por surgir de una amorosa y continua contemplación, uniendo la emoción de la realidad concreta gozada y el doble sentido de lo espiritual místico.

Consecuencia de esta constante posición ante la Naturaleza es el hecho de que ésta, aunque gustada y observada detenidamente, sea vista siempre sólo por su lado trascendente y esencial. Disminuye así en su poesía el valor de lo externo y superficial. Permanece de la visión de la naturaleza lo esencial; el ser de las cosas, la sustancia; en cambio, el accidente, en cuanto mero accidente, apenas cuenta. Consecuencia fundamental de ello en lo estilístico es el predominio del sustantivo que llega a extremos inconcebibles, prescindiéndose hasta del verbo. Por otra parte, no sólo disminuye la adjetivación, sino que el epiteto, precisamente por ser su función esencialmente ornamental, no aparece con la frecuencia que es general en la poesía de su tiempo. Así, en lo descriptivo, a pesar de su sensibilidad y formación de pintor, que parece había de impulsarle a recoger todo lo visual, sin embargo, la adjetivación de color en sus versos es en realidad nula. Si se desprende de ellos algún efecto de coloración es más por la propia designación y sugerencia de los objetos que —como después en lo culterano— por buscar la sensación nítida de color. Esto es, se produce como resultante, tal como ocurre con las imágenes de la *llama* y de las *azucenas*.

Ahora bien: no cae por eso el santo en la designación fría y abstracta de las cosas, sino que siempre las anima la cálida emoción de lo real, de lo visto y amado. Fijémonos que no sólo hay predominio de sustantivos concretos, sino que, incluso de los abstractos, se da mucho menos el de cualidad que el de fenómeno. Y precisamente, cuando los elementos de la naturaleza pasan a designar en su poesía, no ya como reflejo, sino de por sí, al propio Amado, recurre el místico poeta al adjetivo; o sea cuando éste adquiere un valor de esencialidad; cuando, incluso, con el adjetivo antitético viene a crear como una nueva realidad:

> La noche sosegada
> en par de los levantes de la aurora,
> la música callada,
> la soledad sonora,
> la cena que recrea y enamora.

Es lógico y expresivo que quien supo descubrir y penetrar la Naturaleza de un contenido trascendente llegara a crear un paisaje todo animación y vida; un paisaje que, al mismo tiempo que nos sugiere y refleja todo un mundo sobrenatural, nos está hiriendo y calando como una viva realidad presente a través de todos los sentidos. Lo visual, como todas las sensaciones, queda reducido a lo esencial; de ahí su poderosa eficacia. Pero lo percibimos todo; hasta las sensaciones más complejas, lo perceptible incluso sólo por los sentidos interiores: el *fresco,* el *correr de los olores,* el *perfumear de las flores,* el *silbo de los aires,* el *canto de la dulce Filomena* y hasta la *música callada* y la *soledad sonora.* Ahora bien: se descubre en seguida que de todas las sensaciones modificativas de esa esencialidad, las que persisten predominando son las auditivas; y persisten porque para el santo desempeñan una función esencial: porque lo que percibimos por el oído «se allega más a lo espiritual». De aquí la preponderancia y matización de lo acústico en el paisaje sanjuanista.

Pero el porqué nos impresiona tan profundamente este paisaje se debe a algo tan sutil que no es explicable sólo por ese prodigioso encuentro de emoción de realidad y de contenido trascendente. Tay algo que no corresponde ni a la exactitud ni selección descriptiva, ni a la acumulación de sensaciones, y que, sin embargo, es algo real y esencial; algo que al sentirnos en plena Naturaleza percibimos en una sensación compleja, no exclusivamente visual. Es ello el sentimiento del espacio. El valor de lo espacial es cosa que rara vez lo sienten nuestros pintores y nuestros poetas; aunque con extraña y sorprendente madurez se nos acuse en el paisaje de nuestro más viejo poema.

Se comprende que el santo gustara del paisaje accidentado más que del de llanura, porque si bien en el segundo percibimos a veces la emoción de lo inmenso, sin embargo, la sensación de lo espacial se percibe más intensamente desde las grandes alturas. Es curioso ver confirmada esta tendencia a la visión abierta, no ya sólo en ese gusto señalado por contemplar y orar en plena Naturaleza, sino en el hecho de buscar, incluso en la construcción, el espacio abierto. Así —según nos cuenta el padre Francisco de Santa María— «fue el primero que disminuyó la altura de los claustros, porque juzgaba que demasiado altos son menos favorables al recogimiento».

No hay paisaje en toda nuestra poesía con más aire, con términos más lejanos ni más anchurosos y claros. Nos ofrece las cosas en toda su grandeza, en visión amplia y completa, sin poner límites e, igualmente, todas las sensaciones. Y ¡con qué sencillez de recursos! Pocos versos nos sugieren la sensación de lejanía y altura como los de la estrofa segunda del *Cántico:* «Pastores / los que fuérdes / allá por las majadas al otero.» En primer lugar, se dirige la palabra a un término distante; pero, además, de esos pastores, de esos ángeles, los que *fuérdes,* como si quisiera sugerirnos con este futuro que no todos pueden alcanzar la altura. Después un adverbio que recoge el primer acento del verso le basta para perdernos la vista en la distancia. Dentro de la pura elevación en la infinitud de lo espacial, nada igual a la glosa de *Tras de un amoroso lance;* sobre todo, la última estrofa:

Por una extraña manera
mil vuelos pasé de un vuelo.

Como ha dicho Dámaso Alonso: «¡Qué vertigo de altura! El neblí asciende como la saeta, tras la garza azul. No hay circunstancia: en torno, desnudez, de espacio infinito.»

Parece paradójico que esta sensación de gran espacio libre, de lo inmenso, claro e inabarcable haya conseguido su expresión verbal cuando el santo poeta estaba en una angustiosa y oscura prisión. Pero quizá por ello, por la fuerza de la nostalgia, por el recuerdo y el ansia de anchura y libertad, quedaron penetrados sus versos de esa sensación de espacio libre, de respirar ancho, e incluso de vuelo y elevación en el aire. Porque en evrdad —volvemos a erpetir— que no hay otro paisaje más lleno de aire en toda nuestra poesía. Hasta numéricamente la designación de este elemento es cosa que sorprende. Son «las aguas, aires, ardores; es «el aire de tu vuelo»; «el silbo de los aires amorosos»; «el aspirar del aire»; el aire de la *almena,* o el que envía *el ventalle de cedros.* Como vemos, no es una atmósfera quieta ni artificial, sino que se *aspira,* se oye su *silbar,* permite que corran los olores y que *vuelen* no sólo la paloma y la tortolica, sino hasta el alma. Bien sutilmente percibe el santo los dobles matices de la sensación que en nosotros produce este elemento; el *toque* y el *silbo* o *sonido,* ese silbo del aire que se entra agudamente en el vasillo del oído». Sobre todo en el tono dulce y suave, «cuando sabrosamente hiere satisfaciendo el apetito del que deseaba el tal refrigerio... entonces se regala y recrea el sentido del tacto; y con este regalo del tacto siente el oído gran regalo y deleite en el sonido y silbo del aire, mucho más que el toque del aire, porque el sentido del oído es más espiritual».

Unamos ahora ese sentido dinámico, ese impulso inicial de la v*Noche*» y del «*Cántico*», las dos composiciones que especialmente interesan en este aspecto de visión de Naturaleza. En las dos sale la esposa tras algo distante o perdido —«salí tras ti clamando, y eras ido»; «salí sin ser notada»—, lanzándonos a una   99 ascensión o carrera a través de un enorme espacio que se nos pierde en la distancia o en la altura. Con igual sentido de impulso o lanzamiento se inicia la glosa antes citada:

Volé tan alto tan alto
que le di a la caza alcance.

Y seguidamente, de *tanto volar,* se *pierde* de vista en la altura. Es asombroso el íntimo y profundo coincidir de esta sensación que se desprende de los versos y la idea de lo inmenso que a veces nos expone en sus tratados. Porque no es el contenido místico que se puede yuxtaponer o fundir en la palabra, sino algo que, esencialmente, se produce por su poder sugeridos, como una resonancia, aún más penetrante por el ritmo y musicalidad del verso.

La paralela y real coincidencia de la angustiosa y constante noche de la prisión toledana y de la noche del espíritu, trascendida y rota alguna vez con la libertad y anchura, no sólo nostálgicamente adivinada, sino, además, gozada en realidad con el supremo favor divino, es lo que puede fundamentar la fuerza de esa sensación de salida de la estrechez al espacio libre. Como decíamos, nada más descriptivo del sentimiento que determinan sus versos que sus mismas palabras. Parece que nos «colocan en una profundísima y anchísima soledad..., como un inmenso desierto que por ninguna parte tiene fin; tanto más deleitoso, sabroso y amoroso cuanto más profundo, ancho y solo». Es verdaderamente poner «en recreación de anchura y libertad (donde) se siente y gusta gran suavidad de paz y amigabilidad amorosa con Dios».

Se alcanza, con San Juan de la Cruz, lo mismo que en otros temas y motivos de lo renacentista, el máximo en la espiritualización del paisaje; llegamos con él a la alta cima de lo divino. Pero esta divinización —volvemos a repetir— no ha llevado a la negación de la Naturaleza como realidad que recrea a los sentidos. Ante el paisaje que nos evoca, todos los sentidos se sienten estimulados y con una complejidad de sensaciones superior a lo garcilasiano. He aquí el doble milagro de su poesía; nos atrae y exalta las bellezas de la Creación, y a través de ellas nos descubre a la Divinidad. La Naturaleza y el Amado se han unido en su hermosura:

Mi Amado, las montañas,
los valles solitarios nemorosos,
las ínsulas extrañas,
los ríos sonorosos,
el silbo de los aires amorosos.

100 · *Granada. Verano de 1944.*

INTRODUCCION
A UN POEMA BARROCO GRANADINO
(DE LAS *SOLEDADES* GONGORINAS
AL *PARAISO* DE SOTO DE ROJAS)

Publicado como libro por la Universidad de Granada, 1955. Se reproduce con algunas ligeras adiciones.

A Antonio Gallego Morell.

Sobre el fondo de una general revalorización del Barroco, se produjo en 1927 la reflexiva y entusiasta vuelta a la poesía de Góngora. Así, críticos y poetas —sobre todo críticos poetas— se unieron en esta conmemoración del tercer centenario de la muerte del gran cordobés. Tras de don Luis, como cortejo de homenaje que abrió una completa antología en su honor, fueron apareciendo una serie de ilustres nombres que la crítica académica igualmente había condenado al olvido. Así, en Granada, a la llamada de su más genial poeta, acudió el nombre del más ilustre gongorino, don Pedro Soto de Rojas. Caldeado de entusiasmo por Góngora, García Lorca, con su poderoso instinto de poeta y su hondo granadinismo, caracterizó la poesía de Soto como claro exponente de la estética de Granada. Junto a él, completando los pocos datos documentales que ofrecía la tradición erudita, otro granadino, Gallego y Burín, con acierto de inteligente barroquista, trazó el primer esbozo biográfico del fino poeta de nuestro Barroco. Soto dejó de ser el poeta olvidado y desconocido; las citas a sus obras se multiplican y su nombre queda incorporado a los manuales de literatura. Después, Gallego Morell, sobre más amplia base documental, perfiló con fino garbo la figura del canónigo poeta albaicinero y ofreció la edición bibliográfica de su obra completa.

Nació Soto de Rojas en Granada, en 1584, e inició su obra poética en 1608. Realiza sus estudios en la Universidad granadina, y muy pronto le vemos intervenir en certámenes y academias 103 *no sólo en su ciudad, sino también en la Corte. Esta obra juvenil, intensificada entre 1609 y 1611, vino a recogerse más tarde, con otras varias composiciones, en su primer libro,* Desengaño de amor en ruinas, *publicado en 1923. En lo esencial, riman estos versos no sólo un desengaño de amor, sino también sus primeros desengaños cortesanos; pues conseguida una modesta canonjía en la Colegiata del Salvador, en 1616, el poeta siguió aspirando, inútilmente, a mejores prebendas. Sólo consiguió, en 1624, que se le nombrase abogado del Santo Oficio. Así, nos ofrece este libro el fundamento psicológico de su «Paraíso». A pesar de sus tropiezos, la Corte no dejó de seducirle, y así, aprovechó todas las ocasiones que le proporcionó su Cabildo para marchar allá y permanecer el mayor tiempo posible. Estos viajes se cortaron violentamente en 1631. Soto, aunque sin perder su carácter altivo, violento y discutidor, se entregó por entero a la poesía y a la religión, en el tranquilo retiro de su carmen albaicinero, retiro sólo interrumpido por las diarias salidas a la próxima Colegiata. En 1639 publicó los* Rayos de Faeton *—aunque estaban escritos desde 1628—, y en 1652, el* Paraíso cerrado para muchos, jardines abiertos para pocos, *libro al que unió otra obra juvenil, los* Fragmentos de Adonis. *En ese paraíso de sus jardines, construido y cantado por el poeta para goce de sus sentidos y de su alma de contemplativo, le llegó la muerte un día de febrero de 1658.*

La vuelta y aproximación a Soto, el intento de penetrar en el «cerrado paraíso» de su poesía, había necesariamente que hacerla partiendo de Góngora y partiendo de Granada. Porque si para explicar su poesía juvenil no necesitamos, en lo esencial, acudir a Góngora, no ocurre así si intentamos comprender y valorar su poesía de madurez, su «Paraíso cerrado», que, por otra parte, es lo más expresivo de su granadinismo. Gongorismo y granadinismo son, pues, dos determinantes de la obra de Soto, en tan íntima fusión que la caracterización de los rasgos de esta poesía «cerrada, abierta para pocos», supone en lo esencial la simultánea caracterización de esta ciudad, también «cerrada para muchos». Por esto, al escribir este ensayo, procurábamos apoyarnos en lo esencial gongorino, al mismo tiempo que, volviéndonos hacia Granada, contemplábamos su perfil y escuchábamos en lo interior, para dejarnos penetrar del brillante sonreír de la luz y color de su paisaje, y del oculto sonllorar de sus aguas y sentires; porque teníamos la sensación de que, al escribir esta introducción al poema de nuestro gongorino Soto de Rojas, estábamos trazando, sin proponérnoslo, otra introducción a nuestra Granada, «paraíso cerrado para muchos», como la llamó su mejor poeta de hoy, Federico García Lorca, aplicándole el título de este poema de su mejor poeta de ayer, don Pedro Soto de Rojas.

Introducción

Regalo al alma, tiros al sentido.
(Desengaño de amor en rimas)

En su *Elogio del Islam español,* el poeta árabe Al-Saqunde cifra su alabanza de Granada en una frase que racionalmente se daría como una contradicción: «Granada —dice— es el Damasco de al-Alandalus, pasto de los ojos, elevación de las almas»; y líneas más abajo insiste en la misma visión al elogiar uno de sus panoramas: «Encantan ojos y corazones, sutilizando las almas» [1].

En la distancia de los siglos, Lope de Vega, por boca de uno de sus personajes, que contempla Granada en su visión de conjunto, dice que es «una pintura extremada, que el alma y la vista admira» [1*]. Sentía, pues, con su poderoso instinto, el goce del alma y el de los ojos. Soto de Rojas, al evocar a su Fénix en el Generalife, «sobre la elevada pesadumbre, reina de tanta vega», ante ese amplio paisaje en que la *vista se despliega,* lanza análoga expresión, reveladora de la misma duplicidad de goces contrapuestos: «regalo al alma, tiros al sentido» [2]. Pero lo sorprendente es que este mismo encuentro sea, en el fondo, lo que le queda pren-

---

[1] AL-SAQUNDI: *Elogio del Islam español.* Trad. por Emilio García Gómez. Madrid-Granada, 1934, pág. 108.
[1*] *El Hidalgo Bencerraje.* Acto I. Edición de la Real Academia Española. T. XI. Madrid.
[2] *Desengaño de amor en rimas.* Madrid, 1623. En *Obras de Don Pedro Soto de Rojas,* edición de Antonio Gallego Morell, Madrid, 1950, pág. 126. Citamos siempre por esta edición, modernizando ortografía y puntuación por tratarse de edición bibliográfica.

dido a Juan Ramón Jiménez, cuando lleno del *encanto*, la *satisfacción* y el *avivo* que llevaba de la ciudad le escribía a García
Lorca, hablándole «de su secreta Granada, fina y fuerte, recogida
y ancha, suma inmensa de misticismo lento y delicada sensualidad» [2*]. Este simultáneo gozar de los sentidos y levantar de las
almas no entraña, sin embargo, una contradicción para el musulmán; tampoco para el sentimiento barroco y, quizás por apoyarse
en esta doble razón, tampoco para el espíritu granadino. La expresión artística musulmana, como la del Barroco, como la que ofrece
la visión del paisaje de Granada, supone este halago y excitación
de los sentidos; pero sólo la superficial mirada se detiene en el
puro goce sensorial e incluso en el cosquilleo sensual. Por el contrario, son realizaciones deslumbrantes que entrañan un impulso
—a veces en profundo y complicado contenido— capaz de llevar
su contemplación, a través de esa vía de los sentidos, a la consideración de lo espiritual trascendente. Son tres aspectos de belleza
que apenas recrean intelectualmente como desnuda proyección de
orden y equilibrio, ni, en consecuencia, mueven al raciocinio;
impresionan los sentidos hasta el asombro; atraen, seducen y envuelven hasta la embriaguez; pero también elevan con un impulso
esencialmente afectivo y emocional. Lo hemos dicho otras veces:
el artista del Barroco quiere llegar al espíritu, sin intervención
de lo intelectivo, siguiendo ese camino de los sentidos; incluso la
más delicada consideración trascendente o la más grave lección
moral la dicta a través de esta vía, impresionando sensorialmente.
Hasta cuando sea preciso el raciocinio, como en la alegoría, primero sorprende, se mete por los ojos; siempre es el paso *de lo
aparente a lo profundo* [3].

Este proceso surge de la misma posición del artista y del poeta
barroco ante las bellezas del mundo; su actitud, como ya indicó
Pfandl, refiriéndose al poeta culterano, es de contemplativo; pero
se podría agregar que a veces no sólo contempla en el sentido
directo y real de la palabra, sino también en su significación
religiosa.

El paisaje de Granada, maravillosa conjunción de naturaleza
y artificio, donde las colinas se recortan en torres, murallas y
palacios, mientras el caserío envuelve en sus cármenes y patios,
árboles, frutas y flores; donde todo a su vez queda abarcado y

---

[2*] *Alhambra de «mírame y... tócame bien».* (Carta de 20 de junio de
1924. En *Cuadernos de Juan Ramón Jiménez*, Madrid, 1960, pág. 226.
[3] Véase el ensayo de introducción de nuestro libro *Temas del Barroco.*
Granada, 1947. Para el tema de la poesía descriptiva de Granada, véanse
nuestros libros, *Granada en la poesía barroca, En torno a tres romances
inéditos, Comentarios y edición*, Granada, 1963, y *El poema «Granada», de
Collado del Hierro*, Granada, 1964.

perfilado por una extensa vega y por la masa grandiosa de la Sierra Nevada, y donde todo se valora y contrasta, en la movida estructura de sus cuatro colinas, con la más brillante luz, es un paisaje que asombra y halaga —verdadero *pasto de los ojos*—, que exige ser contemplado, que pide galerías, barandales y miradores. Esto es, pide la continuidad en la contemplación y, en consecuencia, no la visión espectacular, sino la contemplación en intimidad, en la quieta soledad: atraer a lo próximo e interior las bellezas que atraen, incorporar a la intimidad del diario vivir la Naturaleza: el cielo y el paisaje todo lo que se contempla. Así, surgió el **carmen** sobre las laderas de sus colinas: cerrado por la tapia al exterior de la calle y abierto al paisaje, para incorporar a lo más íntimo, a la vivienda, luz, cielo y naturaleza, tras ventanas, cenadores, galerías, torres y miradores.

Porque además, si quisiéramos buscar en el conjunto de la visión del paisaje de Granada algo que se pueda ofrecer como cifra o síntesis de su sentido estético, quizá no encontremos nada tan expresivo de su característico sincretismo de arte y naturaleza como el carmen, esta agrupación de casa, huerto y jardín surgida en el movido terreno de las laderas de sus colinas. Por ser un conjunto íntimamente ligado a lo humano individual y a la naturaleza, no se vio sustituido ni alterado tan profundamente en su traza por la franca y briosa entrada del Renacimiento italiano, al que tan temprano se abrió gozosa Granada. Formas y recursos decorativos de la jardinería italiana quedan así fundidos con estructuras, elementos y espíritu de lo tradicional musulmán, resultando así el carmen granadino como una equivalencia de lo mudéjar y plateresco de lo arquitectónico. Ofrecía por esto en su complejidad amplias posibilidades a los artificios del período del Barroco, quizá la más esplendorosa época de los cármenes granadinos. Quedó así este conjunto recogido, de rica y cuidada naturaleza, fijado en una compleja visión que ofrece desde las formas y elementos más libres y humildes del huerto hasta los más sutiles y complicados artificios de jardinería y juegos de agua. Aquel deleite de sentidos del paisaje granadino se extrema en el carmen, al mismo tiempo que las limitadas y recogidas estructuras, siempre de pequeño módulo y cerradas al exterior, favorecen en sus moradores la actitud de contemplación y recogimiento en la penumbra y luz tamizada de cenadores, galerías y glorietas.

El carmen, en su complejidad de goces sensoriales y espirituales y en su complejidad estética de naturaleza y artificio, se ofreció así como el ambiente ideal para el hombre del Barroco; ese hombre en cuya alma latía un apasionado y doble impulso de atracción hacia el mundo y de huida de él; de goces sensorial y sensual junto a elevación y mística; de norma y geometría junto a **107** libertad e imaginación; de naturaleza unida al artificio; de enlace, en suma, de lo finito con lo infinito. Estas contradicciones, esta complejidad espiritual, vital y estética, raíz del sentimiento y de toda la cultura del Barroco, quizá no quede expresada en ninguna otra forma artística como se expresa en el jardín. Y ello no lo explica sólo las especiales características con que se transforma el jardín en esta época, sino el hecho mismo en sí de la importancia que adquiere como ambiente preferido por el hombre de entonces. Hay en aquella sociedad, según veía Mumford, como un «deseo de trasladar la campiña a la ciudad» [4]. Ello se expresa en la multiplicación de los jardines y en la aparición del parque incorporado a la ciudad, como un trozo de naturaleza que se encaja dentro o junto a lo urbano, junto a lo artístico y artificial. El hombre del Renacimiento, en su añoranza de edad dorada, se había vuelto hacia la Naturaleza, la había buscado, y su huella en el arte bien clara la muestra la poesía bucólica, la novela pastoril y los fondos de la pintura. Pero el hombre del Barroco lo que hace es incorporar esa naturaleza a la ciudad, traerla junto a sí, a lo íntimo y próximo.

Es bien significativo que desde campos distintos y desde puntos de vista ideológicos contrarios se haya llegado igualmente a destacar el jardín como la mejor expresión o símbolo del Barroco. «Después del libro simbólico —dice Watkin— la expresión más típica del espíritu Barroco fue el jardín, a un tiempo simétrico y fantástico [5]. Por otra parte, Mumford afirma también que «el símbolo más representativo del diseño barroco, tanto en su fase más débil como en la más creativa, es el parque o jardín del siglo XVII... una composición final... donde los crecimientos y las florescencias naturales se convierten en modelos subordinados a un diseño geométrico» [6].

Aunque sea un inciso, recordemos aquí una esencial característica del jardín musulmán, que finamente comentaba García Gómez: un «patio (que) se ha ensanchado para abrir paso a una fantasía vegetal, cuya técnica, ... —de acuerdo con la estética y hasta con la metafísica islámicas— se parece a la del tapiz: la máxima libertad en los cuadros y la máxima geometría en las líneas» [7].

Por nuestra parte, ya hace años estudiábamos el jardín como forma destacada de la temática del Barroco, y subrayábamos, junto al tema de las ruinas, su significación y valor en la poesía y la

---

[4] Lewis Mumford: *La cultura de las ciudades.* Buenos Aires. S. A. T. I., página 219.
[5] E. I. Watkin: *Catholic Art and Culture.* Londres, 1942, pág. 100.
[6] *Ob. cit.,* tomo cit., pág. 219.
[7] *Silla del Moro y nuevas escenas andaluzas.* Madrid, 1948, pág. 116.

pintura de la época [8]. El fundamento estético y psicológico del predominio de este tema, así como del de las ruinas, estaba —decíamos— en ser uno de los temas que suponen una íntima contraposición o superposición de lo bello de la Naturaleza y de lo artístico y artificial. Si en el caso de las ruinas la raíz de la emoción reside en la complejidad que supone la sensación de que lo artístico y artificial, lo humano, en suma, se incorpora o reincorpora a la Naturaleza, en el caso del jardín la visión y sentido estético es paralelo, aunque el proceso sea contrario. «Naturaleza y artificio —decíamos— se encuentran, pero aquí es éste el que se superpone y limita a la primera; el arte viene a incorporarse a los elementos naturales, ordenándolos, recortándolos, para llegar así a la construcción artística del paisaje. El jardín es el paisaje sometido a la espiritualidad formadora, esto es, lo contrario de lo artístico sometido, entregado a las fuerzas naturales. Hay, pues, un sentido vital y pintoresco, un equilibrio inestable, un encuentro de fuerzas que nos hacen sentir también la emoción de algo vivo y natural; pero con su crecer y desarrollo guiado y acotado por lo humano y artificial.»

El Barroco más tardío extremará el predominio del artificio sobre la Naturaleza. Buenos ejemplos ofrece la jardinería alemana del siglo XVIII, donde precisamente vemos algún ejemplo análogo a los jardines de Soto —una construcción, enlace y ordenación de elementos que entrañaba un sentido filosófico de concepción de la vida, que es objeto también del comentario interpretativo de otro escritor— cuyos artificios eran tales que fue blanco de la crítica de los escritores antibarrocos del neoclasicismo. Así, el poeta Cristian Félix Weisse, amigo de Lessing, tras enumerar en sus versos las múltiples hermosuras del jardín, en estatuas, cascadas, fuentes y enrejados, termina irónico: «¿Es posible que algo falte? Nada más que la Naturaleza» [9].

La complacencia en esta superposición y superación de lo artificial y la Naturaleza que representa el jardín es algo instintivo y espontáneo del sentimiento de la época, pero de lo que tiene conciencia el artista. Podríamos recordar versos de Lope y Calderón, pero interesa ahora destacar los versos del propio Soto de Rojas, que ya lo declara en su «Desengaño de amor en rimas», cantando al *jardín de Fénix vencido en su hermosura:*

En ti lo natural y el arte unidos,
lisonjeando encantan los sentidos;

---

[8] «Ruinas y jardines, su significación y valor en la temática del Barroco», en *Escorial,* núm. 35 (1943). Recogido con adiciones en *ob. cit.,* págs. 119-176.
[9] Véase PAUL ONTWIN RAVE: *Gärten der Barockzeit.* Stuttgart, 1951, páginas 210-211.

aunque el cuadro menor de tu pintura,
de oculta y sabia mano
produce corregida la verdura [10].

Claro es que para el poeta entonces todo se subordinaba a la belleza de su Fénix. Así, viendo la figura femenina como supremo jardín, juega con las palabras, plantas y flores, concluyendo su madrigal con una hipérbole de finura y gracia insuperables:

Si a ti, Fénix, sus plantas da ligeras
(a poderlo intentar) no pretendieras,
que tu belleza rara
fuera yerba en las flores de su cara.

Se explica que el carmen, en su reconditez tras las tapias, en su movida estructura de pequeños y varios espacios —paralela a la estructura que en el palacio y la casa crea el Barroco—, en su afán de intimidad e individualismo, en sus cambiantes y graduados efectos de luces y sombras, en su riqueza de color y en sus posibilidades de juegos de agua, en sus halagos sensoriales de flores, frutas y cantos de pájaros, y hasta en su mismo regusto de exotismo musulmán granadino, con ecos de literatura, historia y romances, se ofreciera a esta sensibilidad de la época como una de las realizaciones ideales del jardín. No es así extraño que sean los escritores del siglo XVII los que especialmente elogian estas mansiones paradisíacas. Así, se incluyen en el elogio de Granada hecho por Góngora en su famoso romance, e incluso un autor como Collado del Hierro le dedica uno de los cantos de su poema a *Granada,* distinguiéndolo como algo esencial de la ciudad [11]. Este autor, en otra parte de su poema, dedicará precisamente varias estrofas a la descripción de los jardines de Soto de Rojas, y para éste dichos jardines, construidos por él, se convertirán en el tema exclusivo de su más importante poema.

Y es que, repetimos, esa complejidad y variedad que estéticamente supone el jardín se extrema en el caso del carmen granadino. En parte, como veíamos, porque se apoya en un tipo tradicional que supone el enlace de formas y elementos que, en general, están separados en la concepción artística occidental: el jardín artificioso unido al huerto, a los frutales y verduras. Así en estos mismos de Soto, junto a las figuras de arrayán, esculturas de mármol y bronce, fuentes complicadas y los más ricos dibujos trazados con flores, encontramos acequias, parras, frutales y hortalizas.

[10] Ed. cit., págs. 105 y 106.
[11] Manuscrito inédito en la Biblioteca Nacional, cuya edición preparamos y cuyo estudio hemos hecho en el libro ya citado.

Los cármenes no responden, pues, a un estilo determinado; como decía Rusiñol, «no son clásicos, ni románticos, ni primitivos, ni modernos. Heredaron su carácter de los árboles, y tienen su tradición y estilo propios» [12]. A análoga conclusión llega también el arquitecto al intentar caracterizarlo. «El jardín granadino —dice Prieto Moreno— se produce como consecuencia de un peculiar modo de vivir, sin obedecer a normas previstas. Por ello la variedad de su planteamiento es extraordinaria, aun cuando permanezcan unas constantes de gran contenido» [13]. Ahora bien: esa mayor complejidad es la que explica esa gran atracción y desarrollo en la época del Barroco.

La superposición de goces de sentidos y espiritualidad que destacábamos como característica de lo granadino, de lo musulmán y de lo Barroco, resplandece en el *Paraíso* de Soto de Rojas como en pocas obras de la lírica gongorina; e impulsada no ya sólo por una sensibilidad en cuya intimidad latía esta lucha, sino impuesta por la misma realidad. La imagen de fina y penetrante sensualidad se enlaza en el poema con la recreación de los más elevados versículos bíblicos o la más grave consideración moral; como en el adorno de esas mansiones que describe se encontraba la estatua de una ninfa desnuda y la imagen del Supremo Creador, al que, precisamente, se glorifica y alaba, también, como autor de todas esas bellezas y goces del jardín.

Si ante su exaltado carácter de jardín individual —*paraíso cerrado para muchos*— tendemos a relacionar estas bellas mansiones de Soto de Rojas con jardines musulmanes como los del Generalife —en los que, como finamente subrayó Torres Balbás, se conserva este carácter «en sus paseos, en sus miradores, en sus estancias hechas para el reposo y la contemplación» [14]—, ante esta religiosidad pensamos, también, que en cierto modo el carmen granadino pudo incluso conservar un algo del sentido religioso que, como anticipo o visión nostálgica del Paraíso, tuvo siempre el jardín para el musulmán [15]. No olvidemos la relación estrecha en que

---

[12] «Los Cármenes de Granada», en *Arquitectura,* núm. 39, julio 1922, página 307.
[13] *Los jardines de Granada.* Madrid, 1952, pág. 15.
[14] *El Generalife.* Granada, 1953, pág. 13.
[15] Aunque, según se ha dicho, la palabra «karm» significara en el árabe dialectal español lo mismo que la palabra «viña», sin embargo, podemos afirmar que ello no suponía que correspondiera exacta y exclusivamente a una extensión de terreno plantada de viñas. Por lo menos en los últimos tiempos de la dominación musulmana no debió ser así, sino ya referida a un huerto de análogo carácter al carmen propiamente dicho. Es bien significativo que en la compra de propiedades en el pago de Ainadamar, hecha en los principios del siglo XVI para la fundación de la Cartuja, distingan los documentos entre viña, carmen y viña carmen. Parece que querían distinguir entre la viña propiamente dicha o viñedo y el carmen. Aún más claridad nos da

veían las palabras carmen y paraíso los escritores del siglo XVII. Así, Pedraza, al referirse a la principal zona de cármenes, la correspondiente al valle del Darro, nos dice: «Se llama valle del Paraíso desde el tiempo de los gentiles, y lo que éstos llamaron Paraíso tradujeron los árabes en su lengua cármenes, que es lo mismo»[16]. Esa identificación parece exaltarse precisamente en los jardines de Soto de Rojas: distribuidos en siete mansiones —ese número de valor simbólico para el oriental—; con la representación del paraíso terrenal y el Bautismo de Cristo colocados en alegórica construcción en la primera de sus mansiones; llamado por el mismo constructor y propietario *paraíso cerrado para muchos,* y descritas sus bellezas en ofrenda de gratitud y alabanza al Supremo Creador de todas ellas. Si, como se ha afirmado, «buscar un manantial, cultivar flores o trazar un jardín y plantarlo tiene para el musulmán el significado o sentido de un acto religioso»[17], también parece lo tenía para este canónigo poeta desengañado que buscó y encontró en sus jardines la *tabla de salvación* de las tempestades del mundo.

la referencia de un libro del siglo XVII: la obra de don JOSÉ DEL VALLÉS *Primer Instituto de la Sagrada Cartuja,* publicada en 1663. Al tratar de la vida de uno de los varones santos de la Cartuja de Escala Dei, dice incidentalmente que un día de recreación «entró con sus discípulos en una viña (assí se llaman los huertos en Escala Dei), donde había varios árboles frutales». Tratándose de zona levantina (Arzobispado de Tarragona) y en un lugar, como la Cartuja, donde toda tradición se conserva inmóvil, queda bien claro en qué sentido la palabra «karm» significaba viña, o sea identificada con un pequeño huerto de recreo.

[16] *Antigüedad y Excelencia de Granada, por el Licenciado Francisco Bermúdez de Pedraza...* Madrid, 1608, libro I, cap. III, fol. 6 v.

[17] SATTAR-KHEIRI: «Jardines de la India», en *Arquitectura,* núm. 52. Madrid, 1923, pág. 261.

Poema y cuadro

Con blanda pluma y mezcla de colores.

(Paraíso)

La obra de Soto que comentamos se nos ofrece como una de las más expresivas muestras de un género típicamente barroco: el poema descriptivo. Aunque dentro de la tradición clásica renacentista del poema narrativo podamos encontrar precedentes, sin embargo, como forma independiente, propia de la lírica, su creación corresponde totalmente al período barroco. Una mentalidad equilibrada clasicista no podía comprender el desarrollo de un largo poema sin un esencial apoyo argumental centrado en lo humano; de aquí el fundamento de una de las principales censuras de que fueron objeto las *Soledades* gongorinas. El ser esencialmente descripciones había impulsado al poeta a una diversidad de acción o, mejor dicho, a una acción pretexto para enlazar distintos cuadros. Era una nueva forma del poema lírico, como señaló certero el Abad de Rute en su *Examen del Antídoto*. Como paso a esta nueva concepción del poema lírico, Góngora mismo ofrecía en su *Polifemo* la transformación de un género renacentista, la fábula mitológica, mediante el desarrollo de todos los elementos descriptivos, incluido una especial sobrevaloración del paisaje. Y aun antes, en 1585, había cantado a Granada en su famoso romance, entregándose a la más brillante descripción panegírica, verdadero arranque del poema descriptivo de ciudades

La novedad del género con respecto a la tradición literaria 113

8

grecolatina la reconocía ya Lista en las páginas dedicadas al poema descriptivo en su *Ensayos literarios y críticos.* «Este género —dice en el comienzo— fue desconocido en la antigüedad griega y romana. Ni a Aristóteles ni a Horacio ocurrió que el pincel poético pudiese emplearse en formar cuadros sin más objeto que el de formarlos»[18]. Este aludir al pincel poético señala la esencial razón que determina el surgir del nuevo género: el actuar el poeta con una intención u orientación pictórica algo general y predominante en el desarrollo y orientación de las artes todas en el Barroco; lo que determina la sobrevaloración en la poesía de los elementos visuales: el recrearse con los efectos pictóricos de contrastes, matices y armonía de luces, sombras y colores[19].

Esta orientación favorece, y en parte fundamenta, la ampliación temática que caracteriza el Barroco: la entrada del cuadro de paisaje, de naturaleza, perspectivas e interiores y asimismo la visión próxima de los elementos de la Naturaleza como las frutas y flores e incluso de las cosas correspondientes al mundo de lo artificial e inanimado.

Podemos así señalar descripciones y poemas descriptivos independientes, de tema muy vario: desde la visión de la más libre naturaleza hasta la recreación poética de la obra de arte. Recordemos, por tratarse de una de las primeras muestras de amplia descripción, la que de Aranjuez hizo Lupercio Leonardo de Argensola en 1589, escrita con motivo del libro publicado por fray Juan de Tolosa con el título *Aranjuez del alma.* Como poemas extensos dedicados a ciudades —enlazando en parte con el afán de erudición local tan propio de la época— recordemos la *Grandeza mejicana,* de Bernardo de Balbuena, quizá el más antiguo en fecha (1604) que de este tipo nos ofrece nuestra lírica; y tras de él, el largo poema *Granada,* del gongorino Collado del Hierro, el más tardío dedicado a Málaga por Ovando Santarén, y la panorámica *Descripción Universal de España y en particular de la Coronada Villa de Madrid,* escrita por Miguel de Barrios[20].

Para elegir otros aspectos, como ejemplos expresivos de la va-

[18] *Ensayos literarios y críticos.* Sevilla, 1844, t. II, pág. 47. Sobre el poema descriptivo y el Barroco, véase la Introducción de nuestro libro *El poema «Granada», de Collado del Hierro.* Granada, 1964.

[19] Véase especialmente nuestro ensayo «El sentido pictórico del color en la poesía barroca», incluido en *Temas del Barroco.*

[20] La obra de don Agustín Collado del Hierro debió de escribirse hacia 1634 ó 1635; la del capitán don Juan de Ovando Santarén se incluye en su libro *Ocios de Castalia* (fols. 186-220), Málaga, 1663; la de Barrios corresponde al libro *Terpsícore, Musa geographa. Metros del Imperio y descripción de España: de las cosas más notables que sucedieron en tiempo de sus Reyes y Dominadores; desde la Genealogía Austríaca desde Adán hasta el ínclito Carlos II que al presente reyna.* Reeditado en Valencia, 1955.

riedad de poemas y descripciones, recordemos la *Silva topográfica*, de Manuel Gallegos, describiendo el Salón de Reinos del Palacio del Buen Retiro; las *Silvas* del cartujo Dicastillo —ampliadas por otro hermano de la Orden, Agustín Nagore—, también barroca descripción del templo, claustros y jardines de la cartuja de Aula Dei y de la vida de sus monjes; y, superando la descripción de realidades terrenas, destaquemos el extraordinario *Sueño* de Sor Juana Inés de la Cruz, con la encadenada visión nocturna del mundo astral, como corresponde a la sucesión de imágenes en el estado del sueño [21]. Podríamos agregar, como otro aspecto de la descripción de la Naturaleza que nos aproxima por su prolijidad de cornucopia a una enlazada serie de cuadros de bodegón, las famosas *Selvas del año* [22]. Por último, es forzoso destacar —retrocediendo en fecha— la serie de poemas descriptivos que con temprano gesto barroco ofrece la tradición poética granadina en momento en parte anterior a las grandes creaciones gongorinas. Las cuatro silvas a las *Estaciones del año* —dadas a conocer por Rodríguez Moñino—, así como algunos otros poemas del mismo manuscrito granadino, *Poética silva*, ofrecen una riqueza de elementos descriptivos cual no encontramos quizá fuera de Granada en esa época [23]. La obra de Soto viene, pues, determinada no sólo por razón de época, sino también por una inclinación y tendencia de escuela.

Aunque esta rápida relación represente sólo un breve índice de alguno de los más expresivos aspectos que ofrece este tipo de poema, sin embargo, en muy pocos de ellos se mantiene la exclusiva actitud descriptiva que nos ofrece Soto. Con la variedad de extensión que le va exigiendo cada uno de los siete recintos de su carmen, el poema se estructura en otras siete mansiones en las que va haciendo la pintura de todas sus partes y detalles. El sentido de la descripción es, pues, en el poema de Soto de una exactitud y precisión en su arranque que contrasta con la visión de las *Soledades*. Poemas cíclicos los dos, el de Góngora se estruc-

---

[21] El poema de Gallegos se incluye en *Obras varias al Real palacio del Buen Retiro* (fols. 1, 12 v.), Madrid, 1637 (reimpresión de Valencia, 1949); la obra del poeta cartujo se publicó con el título *Avla de Dios, Cartuxa Real de Zaragoza... por el padre Don Miguel Dicastillo Monje Cartuxo, hijo de esta Real Casa. Y aora nuevamente añadida y aumentada por otro Monje de la misma Cartuxa*, Zaragoza, 1679. Del conocidísimo poema de Sor Juana interesa especialmente la edición de la Universidad de Buenos Aires: *Primer sueño. Texto con introducción y notas*, Buenos Aires, 1953.

[22] *Selvas de todo el año en verso*, Barcelona, 1668; pero de fecha anterior.

[23] *Las estaciones del año. Cuatro poemas inéditos de la Academia Granadina, por Juan de Arjona, Gregorio Morillo, Gutierre Lobo y Juan Montero*, Valencia, 1949.

tura sobre las amplias e ideales líneas de riberas, campos, yermos y selvas, sin sujeción a un modelo —aunque existiera en su fondo un recuerdo de la ría de Pontevedra o de la sierra de Cuenca—; Soto parte de las siete próximas y reales *mansiones* de su carmen en el Albaicín. En consecuencia, Góngora nos lanza a una Naturaleza inmensa, libre y desordenada, en la más completa confusión y desorientación; el lector, como el *errante peregrino*, camina vacilante, *perdidos sus pasos en confusa soledad.* En el *Paraíso*, de Soto, reducido cuadro de jardines, huertos y patios, penetramos guiados por un documentado «cicerone» —Trillo de Figueroa, que escribe una complementaria guía en prosa—, quien nos precisa su situación —«en el Albaicín de Granada, Parroquial de San Gregorio»— y hasta nos indica la orientación al entrar en la primera de las mansiones: «yace entre el norte y oriente, viendo el sol, así que nazca, por la parte diestra». Claro es que, como buen culterano, la descripción no supondrá nunca la visión real, el simple traslado verbal; las palabras que aparecen como referencia directa a la realidad son las imprescindibles para no perderse en el fino arabesco de metáforas y figuras. Estamos ante la misma técnica de alusiones y elusiones características de lo gongorino. Además, también se interpone ese plano del saber, de la erudición —que anota marginalmente deseoso de exhibirlo— concebida como otro medio de embellecer, como uno de los hilos de oro que arman el rico tejido de estos deslumbrantes tapices de sus descripciones. Ya en esas citas marginales vemos que cuentan —como hasta entonces no había contado en ningún poema de su género— las referencias a las Sagradas Escrituras, Santos Padres y moralistas. Precisamente en este fondo religioso —que se impone brioso al final— se apoya el acento personal del poema, lo que impide que su obra quede ante nosotros sólo como objetiva creación de arte desligada de su autor. Por esto la voz del poeta interrumpe la mantenida actitud descriptiva no sólo para invocar al comienzo —en lo que podríamos ver sólo el hecho de una tradición literaria—, sino, sobre todo, al final, en el canto de alabanza al verdadero Creador de todas las bellezas descritas.

Desengaño y soledad

Busca la dulce soledad amada.
(Desengaño de amor en rimas)

Psicológicamente, las *Soledades* y el *Paraíso* se producen teniendo como impulso espiritual determinante —que les da un fondo, aunque oculto, de hondo calor humano— un análogo sentimiento; un sentimiento de desilusión y desengaño. Porque Soto, como Góngora, ante el desengaño se entrega a la poesía, a la poesía como suprema elaboración artística de su saber, con la doble aspiración de superar perfecciones y de lograr una expresión difícil, escondida, de solitario. Los dos poemas surgen en lo esencial de una huida y menosprecio de la vida de la corte; los dos recogen la ilusión de vida de soledad buscada en el rincón de la ciudad natal. Y ese fondo de desengaño sobre el cual se levanta la creación e ilusión poética de ambos tiene también, como subsuelo, en los dos, aunque algo lejano y vencido, la juvenil, pero triste, experiencia de un desengaño amoroso. Igualmente los dos poemas se escriben no sólo para recreo íntimo y escondido, sino, además, para ofrecerlo como alarde de depurada creación artística que quiere asombrar también hasta a esa misma Corte que les rechaza. De ese desengaño cortesano Góngora habló, con su característico tono entre grave y burlón, en sus famosos *tercetos*. Escritos en caliente, dijo todo lo que sentía, aunque con el freno que le aconsejaba la triste experiencia sufrida. Había llegado al agitado mar de la Corte demasiado confiado en ser *leño canoro* y en su *potro de dar tormento,* y tuvo que salir de prisa y echando maldiciones. Como decíamos en otra ocasión, el orgulloso poeta andaluz, que comprende ha empleado mal su musa, es, sobre todo, el que reacciona y, sintiéndose envejecer, con su característico ademán, entre burlas y veras —jugando con las palabras—, piensa en ver *pasar* los años rodeado de unos pocos libros, *paseando* por su huerta, mientras *se pasa como un higo* [24].

El apartamiento y retiro de Góngora en su huerta y en su patinejo cordobés no será definitivo, aunque marchara en su busca aún con más ansia y necesidad que el granadino. El pensamiento e ilusión de soledad venía germinando en el alma dolorida del joven Soto, desengañado de amor. Sin descomponerse, con fina voz, lo había expresado años antes:

A la quietud de tu silencio santo,
rindo el lozano corazón devoto
que di a los vanos gustos del sentido;
las orejas entrego al dulce canto
(Ya no a mentiras) que en la vega y soto
dan las aves al sol recién nacido.

Y sin que faltara el pensamiento del poeta culto despectivo para el vulgo y que busca la minoría, le dice a su propia canción:

Busca la dulce soledad amada
lejos de la vulgar y ciega gente [25].

No ocurría así en el alma más entera y amante del vivir todo del poeta cordobés. A pesar de haber sufrido también un fuerte contratiempo amoroso, su reacción entonces fue violenta, sí, pero sin perder su humor ni su extraordinaria capacidad de goce de la vida. Siguió amando, aún más, el bullicioso ir y venir de fiestas, saludos y ceremonias, de una parte, y de músicas, coplas, toros y naipes, por otra; sin que faltara tampoco el gusto por el chismorreíllo en el patio o en la sacristía. Adquirió sólo un gesto de escepticismo con respecto a lo amoroso, pero sin amargura. Claro es que tampoco perdió su humor en el tropiezo sufrido en la Corte —hubiera dejado de ser quien era—; salió, sí, bien escarmentado, maldiciendo de los señores de Madrid, del tiempo y de los dineros desperdiciados allá. Mientras espera impaciente la mula que

---

[24] *Góngora,* Barcelona, 1953, págs. 47-51 y 113. Véase, además, nuestro ensayo «Espíritu y vida en la creación de las *Soledades* gongorinas», en *Papeles de Son Armadams,* núm. LXXXVII, junio 1963.

[25] Ed. cit., págs. 222 y 224.

Corte, fundados en todas letras, con la admiración de Europa», confiesa más abajo que «de algunos escarmientos que le dieron las ruinas de sus grandes valedores se retiró a su iglesia desengañado». Después sigue comentando: «Aquí, cual náufrago redimido de las olas, comenzó a colgar las señas de su tormenta en las rocas aún no enjutas, colmando totalmente a los gemidos del mar, besando la infiel arena por no llegar a besar algunas infieles manos...» [28]. Los hechos comprueban lo firme de la resolución de Soto. Aunque, como Góngora, prolonga la estancia en la Corte todo, y algo más, de lo que le permitía el cabildo de su colegiata albaicinera, sin embargo, lo experimentado el año de 1631 le hizo cortar para siempre. Como concluye, tras sus cuidadosas investigaciones, Gallego Morell, desde entonces «Soto ya no volverá a Madrid, no repartirá su vida entre el Albayzín y la Corte; va a comenzar a ser un solitario más en el campo poético español» [29]. Así, según los datos recogidos por nuestro citado investigador, vemos cómo en 1632 compra un solar, junto a las casas moriscas que había adquirido en 1629, «a la vez que se obligaba, en un plazo de seis meses, a labrar y edificar en él conforme a traza que se le daba» [30]. Se entrega, pues, a la construcción de su *paraíso*, actividad compartida sólo con las obligaciones religiosas y con el amoroso y lento quehacer de la poesía.

El desengañado poeta buscó, y encontró, en el retiro de sus cármenes la posibilidad de realizar la doble inclinación que a su juicio es natural al hombre: *el obrar* y *el contemplar*. En el elogio que hizo del *ejercicio,* descubrió bien lo que fueron para él estos trabajos que le proporcionaron sus jardines. Entre esos muchos elogios declara insistentemente: «eres dulce compañero del que escondido o retirado en sus apacibles soledades huye la codiciosa malicia de los tiempos, y con modestia se burla de los huecos vacíos que contienen los bultos decorados entre embozadas fatigas, y les ve con sus pasiones a cuestas salírselas de las manos cuando más cuidan reprimirlas y esconderlas; eres al fin en esta parte el todo de los hombres» [31]. No olvidemos que esas palabras proceden de un discurso contra el ocio y que éste lo publicó, precisamente, a manera de apéndice de su *Paraíso.* Así, como auténtico contemplativo, no pensemos en el caso de Soto en actitud de pasiva inactividad. Con un sentido en cierto modo cartujano, alterna el rezo, el estudio y la creación poética con un auténtico trabajo manual de artífice y artesano. Se ve bien que no fue sólo la dirección

---

[28] Ed. cit., pág. 375.
[29] *Pedro Soto de Rojas,* Granada, 1948, pág. 22, y Apéndice núm. V, página 126.
[30] *Ob. cit.,* pág. cit.
[31] Ed. cit., págs. 421 y 423.

le lleve a su Córdoba —y no sólo por olvidarse de la letrilla «Arroyo, ¿en qué has de parar?», que en mala hora escribiera—, piensa antes que en nada en los arroyos de su huerta:

Arroyos de mi huerta lisonjeros
(¿lisonjeros?: mal dije, que sois claros)
Dios me saque de aquí y me deje veros.

Entre grave —muy grave— y burlón sigue expresándose el poeta en los ya citados tercetos, y la más alta y honda exclamación que se le escapa es la que recoge ese ansia de soledad:

¡Oh, soledad, de la quietud divina
Dulce prenda, aunque muda ciudadana
Del campo, y de sus ecos convecina!
Sabrosas treguas de la vida urbana,
paz del entendimiento que lambica
tanto en discursos la ambición humana:
¿Quién todos sus sentidos no te aplica? [26]

Es innegable que en la reacción espiritual de ambos andaluces no solamente es el hombre el que busca la soledad, sino también el poeta: soledad del espíritu y soledad de las letras vivida en el recogido y seductor ambiente del huerto y jardín andaluz, entre arrayanes y jazmineros, escuchando fuentes y ruiseñores.

Pero hay una diversidad en la vida de ambos poetas que deja su clara huella en las respectivas obras, que exalta ese sentimiento de solitarios del arte y del espíritu. Soto, ante el fallo de las esperanzas cortesanas, como buen granadino, mantuvo una actitud silenciosa de dignidad y orgullo. Rápidamente, aunque con voz empañada, dejó escapar una alusión en 1639, en una frase de la breve *carta misiva al lector* que precede a sus *Rayos de Faetón*. Aludió a sus jardines, su *paraíso,* que habían sido para él *tabla de salvación* de las tempestades del golfo de la Corte: «En saliendo de mi iglesia, reducido a mis jardines, tabla de flores, que me redimió de las tormentas y borrascas de la Corte, viéndolo todo tiemblo, no sé si es de miedo, de frío o cólera no es» [27]. Pero cuando se puso a describir esa *tabla de flores* de su redención de la Corte, no por olvidado y lejano, sino por mayor dominio de su alma de granadino y de religioso, dejó sólo que su íntimo y devoto admirador, Trillo Figueroa, hiciera algún comentario. Tras recordar que había «gozado en su juventud los mayores aplausos de la

[26] Ed. Millé, Madrid, s. a., págs. 601-604.
[27] Ed. cit., pág. 290.

lo que puso al construir sus jardines; fue la lenta elaboración y ordenación y el cuidadoso cultivo de todos los días. Esos trabajos que le ocasionaron sus jardines fueron muchos y penosos. Cuando estuvieron terminados, a ese cuidado de los riegos, podas, injertos y recortes se unió el trabajo no menos lento y primoroso de ir realizando su traslado literario: la construcción de este afiligranado poema. Con esa doble satisfacción termina el citado discurso con estas expresivas palabras que añadió al publicarlo como final del *Paraíso:* «Por no parecer a los que sobre la Cátedra de Moisés estuvieron sentados predicando bien, y obrando mal, labré y planté mis jardines, que me costaron mucho: de los cuales, cuantos pudieron verlos salieron gustosos. Por la misma razón tomé la bronca pluma cuando escribí éstos y otros borrones (cuales pudieran esperarse de mi ignorancia), que no me costaron poco.»

Si recordamos cómo el alma del joven Soto se había ya recreado ante la belleza de los jardines, como si presintiera la de éstos que él mismo se labró en su madurez, comprenderemos aún mejor cómo pudieron convertirse en el centro de la actividad de su vida; en esa florida tabla de salvación a la que quedó prendido hasta su muerte. Porque allí el canónigo-poeta desengañado del mundo lo encontró todo: ocupación a sus manos de artífice, recreo a sus ojos amantes de todas las bellezas del Arte y de la Naturaleza, tema para sus versos y motivo de alabanza y consideración de las hermosuras y perfecciones creadas por Dios.

Influencias: gongorismo

Lejos de la vulgar y ciega gente.

(Desengaño de amor en rimas)

Aunque siempre situada dentro de un general barroquismo —y con algún eco del Góngora juvenil—, queda bien claro en la poesía de Soto el cambio sufrido por el influjo del *Polifemo* y de las *Soledades*. Todas las obras escritas con posterioridad al *Desengaño de amor en rimas* —precisamente el libro para el que Góngora escribió su soneto de elogio— acusan esta profunda huella. Ya Gallego Morell anotó lo definitivo de este cambio. Soto, desde entonces, se ofrece aún más radicalmente culterano que el propio Góngora; porque lo característico del granadino es que inflexiblemente se mantiene como poeta culto, sin hacer concesiones a la musa popular o tradicional. El influjo de don Luis actuó sobre una innata postura de escritor culto opuesto a las expresiones y a las formas artísticas populares. Bien expresivo es el hecho de que su obra se nos ofrezca íntegramente en metros italianos, sin romances ni letrillas ni aun formas como la décima, tan cultivada en su siglo. No le alcanza nada del gran influjo del *Romancero nuevo,* y en cambio sobrevive vigorosamente una forma tan renacentista como el madrigal.

Su condición de granadino le impulsaba también hacia esta preferencia por la distinción y nobleza de la forma; y lo mismo en su huida del tema popular. Su *Paraíso* estaba bien cerrado a todo canto popular; más aún, a los ecos callejeros. Y tampoco parece 123 se colaran por las rendijas de sus postigos las habladurías y chismorreos del populoso barrio albaicinero; algo que saboreaba el cordobés y que tan a gusto dejaba penetrar en sus versos, incluso en sus grandes poemas culteranos.

No es gongorino, pues, nuestro poeta en cuanto no ofrece aquella duplicidad de actitudes y aquella doble corriente de formas cultas y populares tan característica del maestro; pero es más que gongorino en cuanto extrema y mantiene inflexible el culteranismo del cordobés.

Es de observar que aunque Soto no parece querer declarar en su *Paraíso* la admiración de discípulo con respecto a Góngora, sin embargo, a través de todo el poema deja asomar, como algo incontenible, el recuerdo de los versos de don Luis. Porque se trata de rasgos muy concretos que demuestran no la intención de imitar, sino el surgir de expresiones, ritmos, construcciones o adjetivos profundamente grabados en su mente. Es la resonancia de lo que quedó incorporado para siempre en una lectura lenta y repetida de los versos que entusiasmaron y conmovieron tan profundamente como para hacer cambiar una orientación de un poeta hecho que, además, se sentía como tal. Porque son recuerdos en algún caso de esos versos que quedan resonando con su propia materialidad, como puros ritmos musicales, desligados de su contenido. Esta huella estilística, más que de las metáforas es de la construcción, de formas, de hipérbaton, de movimiento poético, de ritmos y sonoridades. No es extraño, en consecuencia, que estos recuerdos sean de las *Soledades* y el *Polifemo* —especialmente de éste—, los poemas donde los recursos estilísticos del gongorismo habían conseguido su mayor violencia, así como su fijación y acumulación.

En algún caso se trata de la repetición casi literal de construcción y sonidos:

Hija de Temis, una la más bella
(*Paraíso*, v. 11, pág. 387, ed. cit.)

Ninfa de Doris hija, la más bella
(*Polifemo*, v. 97.)

Deste, pues, admirable de la tierra
(*Paraíso*, v. 24, pág. 397, ed. cit.)

Deste, pues, formidable de la tierra
(*Polifemo*, v. 41.)

En otros casos no se llega a tan exacto paralelismo, pero queda incorporado en lo mismo que se cambia otra palabra expresiva que estaba próxima al verso que se recuerda:

> Que turba escuadra de nocturnos vuelos
>
> *(Paraíso,* v. 14, pág. 390, ed. cit.)
>
> Infame turba de nocturnas aves
>
> *(Polifemo,* v. 39.)

En el verso de Soto ha quedado recogido el *volar* determinado por el gerundio del verso siguiente en la estrofa de Góngora. En esta forma más vaga, de abstracta semejanza de construcción, se llega hasta mantener el paralelismo en un período de varios versos:

> Guarnición rica de la cerca hermosa,
> aunque sitiada en cuadro victoriosa,
> arcos triunfales son, a cuyo empleo
> más debe majestad, más que olorosa,
> a tanta flor noticia, a tanto aseo.
>
> *(Paraíso,* vs. 28 a 32, pág. 409, ed. cit.)
>
> Guarnición tosca de este escollo duro
> troncos robustos son, a cuya greña
> menos luz debe, menos aire puro
> la caverna profunda que a la peña.
>
> *(Polifemo,* v. 33-36.)

Como vemos, hay un segundo verso que se intercala en inciso también de sintaxis gongorina, y tras el consciente y paralelo cambio de *menos* por *más,* se agrega otro verso en construcción correlativa; por cierto con esa repetición del indefinido *tanto* muy gustada de Góngora y que algunos le reprochaban como vulgarismo.

Creo descubren claramente estos ejemplos cómo se ofrece el influjo de Góngora en el *Paraíso* de Soto como un gongorismo inconsciente y consciente a la vez, como algo ya penetrado y asimilado en su técnica poética; pero también se trata del empleo de unos recursos de cuya eficacia y efecto se tiene plena conciencia. Y todo ello extremado con un mayor sentido de lo preciso y de lo precioso.

Por otra parte, es innegable que el impulso literario de creación de su poema cíclico descriptivo lo recibió Soto de las *Soledades;* aunque también es verdad que hay en él al escribir como un deseo de superarlo, de extremar los rasgos de su estilo y al mismo tiempo un algo de actitud vigilante para no recordarlo demasiado. Así también, en lo externo de la métrica, aunque en visión y estructura reducida, mantiene la silva que Góngora con acierto eligiera como forma apta para su barroquismo sintáctico.

Además de ese general influjo de las *Soledades*, y como algo fatal, se le hubo de imponer a Soto el recuerdo de otro poema del cordobés, éste en octosílabos, *El Palacio de la Primavera,* donde se ofrecía una alegórica descripción de jardín en la que también las flores se presentan en artificioso cortejo de pequeñas figuras humanizadas. Creo que es indiscutible este influjo, incluso en la concreta creación de alguna imagen.

A estos recuerdos e impulsos vino a unírsele otro muy cercano —geográfica, estética y espiritualmente— de quien también, tras un hondo desengaño, había ido buscando consuelo en el amor más firme, rodeado también, en su soledad, de artificios, de plantas, de flores y de agua. Las dos *Soledades* de Pedro Jesús le ofrecían ya la descripción de una más concreta, próxima y artificiosa visión de naturaleza, y, además, animada de una espiritualidad religiosa, de una actitud absorta ante las bellezas de la creación. De Espinosa creemos arranca ese final de salmo de alabanza con que se corona el poema de Soto.

Anotemos también que es posible que, como un eco lejano, se le cruzara al granadino el influjo del *Adonis* de Marino: el recuerdo de la descripción del alegórico jardín del placer dividido en los cinco jardines correspondientes a los cinco sentidos.

Pero lo que podríamos calificar de modelo literario, la idea de convertir la descripción de su jardín en materia de un poema, se la ofreció al canónigo albaicinero un más modesto poeta, aunque gran erudito, también apasionado de Góngora y, con toda seguridad, buen amigo del granadino. Nos referimos al erudito escritor y médico don Agustín Collado del Hierro, poeta cortesano, bien visto y relacionado en los medios literarios, amigo de Góngora, de Lope, de Bocángel y de Salcedo Coronel, cuya obra más famosa fue un extenso poema dedicado a Granada, ciudad en la que debió de residir algunos años [32]. Debió escribir esta obra hacia 1635, reciente la construcción de los jardines de Soto, cuando la celebridad de ellos comenzaba, pues, a extenderse. Así no sólo los elogió en el canto sobre los *Cármenes,* sino que incluso en otro canto dedica doce octavas a su más detallada descripción. Esta descripción del bello carmen albaicinero, que, como puede verse, podría aislarse con sentido de composición independiente —que

---

[32] Este poema, ya aludido, se desarrolla en doce cantos. La descripción que reproducimos corresponde al canto *Fertilidad.* Véase nuestro libro *El poema «Granada», de Collado del Hierro,* Granada, 1964.

indiscutiblemente debió de enseñar a su dueño—, pudo muy bien hacerle ver a Soto la posibilidad de desarrollo como un completo y perfecto poema. Así, satisfacía íntegramente una aspiración de solitario, de poeta y de artífice. He aquí las octavas aludidas del poema de Collado del Hierro:

Emula del Atlante mauritano
(del Albaicín al Norte) la pomposa
frente un jardín levanta, ciñe un llano,
en breve sitio, a Tempi deliciosa;
el que pintó del Hacedor la mano
en la florida cumbre, en la frondosa,
trasladó su cultura, o yace solo
(por más templado) en el celeste Polo.

Siete mansiones (número perfeto)
girando en cuadros a su centro mismo,
es una gruta su primer objeto
en peñascos cubiertos de marismo;
de Dinadamar por canal secreto
corre la acequia (del sagrado abismo)
del Alfacar (serena, altiva fuente)
clara, noble, suave discendiente.

Coronados de arcos bacanales,
y jorfe desigual acompañados,
dos cenadores cercan sus cristales
entre armazones verdes dilatados.
De jazmines purísimos reales
en el Cierzo se ven muros nevados,
el pavimento en cuadros diferentes
primores son del Mayo florecientes.

Asombran de cipreses las esquinas
los cuadros (a quien todo el ámbar hurta
el Céfiro) y las frutas damasquinas
fragancias son de la arboleda surta.
Rompe (en vez de las ondas cristalinas)
florido mar un galeón de murta;
salta, donde una fuente en perlas llora,
la tormenta que corre más sonora.

Disparando veloz una galera
artillería clarísima sonante,
en globos de cristal luciente esfera
imitando un molino, la rotante
tortuga, aun en las ondas no ligera,
palma en inmensos caños triünfante,
alta arandela que centellas fragua,
pues hace arder las luces en el agua.

Son de esta fuente (en varias armonías)
imaginadas formas del deseo,
o soñadas acordes fantasías
en imágenes dulces de Morfeo;

127

aportando dolientes melodías
de tantas ondas al vital Orfeo,
la quejosa y suave Filomena
en peligro de flores es sirena.

Arco y flechas al hombro Cipariso,
de tres murtas los canes infieles,
la cierva otro ciprés, con poco aviso
a la sombra inmortal de dos laureles;
a grande fuente (espejo de Narciso)
cercan en torno, adonde los doseles
de las tenaces yedras, a las vides
ciñen los olmos que venera Alcides.

Súbese por tres gradas al luciente
campo, de ilustres árboles frutales,
como los del jardín que en el Oriente
riegan tantos de luz manantiales;
anejas calles de seto al Occidente
las carreras coronan arenales,
copia de rosas que vertió la Aurora,
que las fenece un sol, otro las llora.

Despeñada la acequia en ondas puras
lo grutesco divide a las mansiones,
hasta donde las verdes esculturas
cinceles son de claros Anfiones;
atalayas del Cielo más seguras
de Flora son quietas estaciones
las cumbres del jardín, cuyos cuarteles
linearon Protógenes y Apeles.

Lago de flores el pendiente suelo
urna el estanco de corrientes mares,
saetas de cristal volando al Cielo,
anejas copas de mármoles dispares;
Ninfas flechando puro ardiente hielo,
o rayos excediéndose solares,
abejas (floreciendo en esplendores)
breves Parcas de oro, hilando flores.

Cultura es, sino menor decoro,
del mejor de los ínclitos jardines,
que parece formado al son canoro
del conductor de músicos delfines.
Minas de flores de mayor tesoro
halló el que, dilatando sus confines,
abriendo peñas y cortando riscos,
formó al Abril eternos obeliscos.

¿Cuál ya olorosa selva de Cambaya
no vence hoy de su fragancia el voto?
¿Cuál extraña región donde no vaya
el culto nombre del jardín de Soto?
De la extranjera más inculta playa,
del inorado mar seno remoto
por el fecundo Norte de su lumbre
vendrán a ver del Albaicín la cumbre.

Naturaleza y artificio

En ti lo natural y al arte unidos.

(Desengaño de amor en rimas)

El paralelismo entre las *Soledades* y el *Paraíso* es, en general, completo; pero el plano de que arrancan ambas creaciones en su descripción es distinto. Góngora toma como punto de partida la Naturaleza. Aunque llegue en la creación metafórica e hiperbólica a la visión exaltada de la realidad, potencializando sus rasgos hasta lo incomparable y encadenando las metáforas hasta formar como planos de otra realidad superpuesta al objeto que se describe, sin embargo, siempre se arranca del plano real de lo natural. Aunque se le interponga al mirar la naturaleza todo un mundo de recuerdos de figuras y mitos que se unen o esconden tras árboles, plantas o flores, siempre queda la actitud de situarse frente a esa naturaleza en su visión más libre y amplia, falta de elementos artificiales. La realidad concreta de que partió en sus descripciones, aunque se deformen ya las imágenes en su recuerdo cuando escribe, parece que fue la sierra de Cuenca y la ría de Pontevedra, esto es, paisajes en los que se impone hasta lo inmenso la naturaleza y en los que no cuenta lo artificial.

El granadino, en cambio, concreta su poema a la descripción de su carmen. Parte, pues, de una visión de paisaje que ya previamente supone el sometimiento de la Naturaleza al artificio; son jardines cuya propia situación, característica del carmen granadino, con el escalonamiento de las paratas en el declive de la colina 129

9

albaicinera, supone ya una visión limitada, rota en varios espacios, con apariencia artificiosa. La realidad objeto de que parte es toda ella, pues, visión compleja del arte superpuesto a la naturaleza. Además, todo encerrado, limitado por las tapias, sin que guste de enlazar a la visión de sus jardines elementos naturales del más libre paisaje de fondos y lejanías de la sierra y de la vega. Resulta, así, que todos los elementos naturales, agua, plantas y árboles, no sólo están colocados y ordenados conforme a una distribución que les da un sentido artificioso y hasta alegórico, sino que incluso han pasado a ser en su apariencia formal como una nueva realidad. Su amigo y aprobador, el licenciado Bartolomé Ramón de Morales, que *mereció algunas veces abierto este Paraíso y no cerrados estos jardines,* nos dice que admiró «vegetativa la elocuencia, las plantas, con estudio en cuyas hojas verdes se leían con verdad las fábulas, pareciendo su composición más libro que jardín»[33]. Podríamos decir que la metáfora se ha realizado previamente en el mismo objeto, en la misma realidad. La distribución y la *cuidadosa tijera* han convertido las plantas, flores, y árboles en *calles, arcos, mesas, doseles, tapices, reposteros y velludas o matizadas alfombras.* Esta equivalencia de realidades artificiales queda bien destacada en la misma guía o introducción en prosa que al poema puso Trillo de Figueroa. Basta como ejemplo expresivo algunas líneas de su guía para la séptima mansión, asentada en una galería: «El techo en ésta —dice— es de abundantes parras, cuyos racimos, mirados de afuera, parecen ser colgados a mano, y así también de una pared dilatada de yedras que labradas de la tijera forman un dosel con su cubierta, que puede ser o tribunal de las musas o teatro de las flores, porque en seis cuadros que hermosean su esmaltada alfombra las representa y las contiene. Todas éstas guarnecen arcos y mesas de jazmines y parrales, dispuestos con agradable artificio»[34]. Hasta un elemento natural que como tal cruzaba la primera mansión, la acequia de Alfacar, se cambia en su apariencia; *representaba el río Jordán con artificio notable;* sobre él, *en un pendiente peñasco,* las figuras de Cristo, el Bautista y un ángel ofrecían en artificiosa visión natural la escena del Bautismo, reducida al pequeño módulo del jardín.

Las figuras que pueblan estas soledades ya no son humanas ni aun se refieren a la realidad; frente a la animada aparición de pastores, serranas, pescadores y labriegos del poema cordobés, aquí sólo se descubren estatuas de mármoles y bronce, o figuras talladas en boje o ciprés.

Si a Góngora, al contemplar cada árbol o planta, su afán

[33] Ed. cit., pág. 371.
[34] Ed. cit., pág. 384.

de elusión y alusión le hacía que interpusiera una figura mitológica con ello relacionada, ahora en estos jardines se representan figuras talladas o recortadas en murta y ciprés. Así se llegará a la más artificiosa y completa identificación con la correspondiente figura mitológica: vemos «de estatura diforme a Cipariso, con arco y flechas, formado de un gruesísimo ciprés y junto una corza del mismo árbol y tres lebreles de murta» [35]. Obedeciendo a ese mismo traslado o trasplante de lo natural o lo artificioso, pero siguiendo un mismo gusto que se expresó en visión natural en las *Soledades* —y siguiendo también el mismo impulso de recargamiento o, mejor dicho, de incrustación de motivos de paisaje de época—, se injerta aquí la rápida visión de escenas de caza y pesca. Pero lo que en Góngora se descubría en la más amplia visión de naturaleza se nos presenta ahora tras «dos ventanas de nobles pinceles»:

> Por los países fatigar el viento,
> cuidadosa se ve la cetrería,
> ocupando los términos del día.
> Y del aire en la pesca más plumosa,
> o caza de las ondas más mojada,
> barquilla deleitosa [36].

Y también se incorporan a la descripción la visión de flores y frutos, ya hecha cuadros, en los famosos y tempranos bodegones y fruteros de Blas de Ledesma, como otro motivo más de barroquismo que no podía faltar en la primorosa arquitectura de este alarde del artificio sobre la Naturaleza.

Como decía el mismo Trillo al comienzo, el jardín era un *artificiosísimo poema* «a quien sólo faltaba pronunciación que dijese aquesto soy».

---

[35] Ed. cit., pág. 380.
[36] Ed. cit., pág. 406.

Preciosismo

Con mucha joya sin buril labrada.

(Paraíso)

La cambiante distribución de pequeñas estructuras, la artificiosa ordenación de elementos y la primorosa labor de recorte de árboles, plantas y flores, todo hecho con lentitud y amor, igualmente forzaba al describirlo a realizarlo en un estilo preciosista, moroso y minucioso. Por otra parte, esa riqueza y variedad de elementos, de verdura, flores y frutas, esculturas de mármoles y bronces, tallas policromadas, arroyos y fuentes en complicados juegos de agua y surtidores, suponía, bajo el sol de Granada, el más deslumbrante efecto de luces y sombras, de colores y brillos. El preciosismo y sentido del diminutivo, característico de los granadinos (que ante ese poema precisamente destacaba García Lorca), al coincidir la realidad objeto del poema con el impulso del poeta, le hace alcanzar uno de sus puntos culminantes. Todo ello arrastrado por la tendencia antirrealista, metafórica e hiperbólica de su gongorismo, y de su visión de andaluz, nos explica el que su verso afiligranado se haga plástico en auténtica creación de orfebrería; aunque, diríamos con sus propias palabras, sean «joyas sin buril labradas».

Las notas de color se intensifican con pictórica sabiduría, llegando, conforme con ese sentido, a un casi constante empleo de lo que ya en otra ocasión llamé una paleta de pedrería [37]. Las flo-

[38] Ensayo cit., en ob. cit.

res se ofrecen como gotas deslumbrantes de color que salpican minúsculas el artificioso cuadro de paisaje, entre brillos de plata y oro. Ello se une a los resplandores del iris que pone el sol en la menuda lluvia de los juegos de agua de las fuentes y surtidores. He aquí la rica visión con que se cierra la pintura de la mansión primera:

> Por diez y siete desatadas venas
> que deja en torno al respetado asiento,
> flechando el aire, regalando el viento,
> respirando dulzores,
> aljofarado entre su verde falda,
> rubí, zafir, topacio y esmeralda.

Mosquetas, madreselvas y jazmines que en abundancia forman mesas, muros y doseles se pintan como diamantes sobre esmeraldas:

> Aquí la madre de las selvas mansa,
> suelta, tiende su greña,
> con diamantes dulcísimos sembradas.
> Alfombra que os previene al delicioso,
> ajustado coturno,
> caricias, y hospedaje,
> si matizada esmaltes,
> esmaltada matices,
> se acuesta entre doseles y tapices
> de honrosas esmeraldas,
> y diamante oloroso [38].

Pero en general se yuxtaponen otras flores que ofrecen la visión más rica y contrastada de esta brillante pedrería junto a las *perlas, aljófar, oro* y *plata.* Asimismo los frutales se reducen a veces con ese sentido de joyas o piedras preciosas.

> Desde entonces hermosas
> las fértiles paredes
> destos ricos palacios,
> y esmeraldas se visten de topacios;
> cuando cimbas costosas,
> en pámpanos opimos,
> de perlas, plata y oro dan racimos.

En algún caso la pictórica armonía de complementarios refuerza el contraste:

134   [39] Ed. cit., pág. 412.

Unos las esmeraldas sazonadas,
les sirven prolongadas,
otros en competencia desiguales,
rubíes imperiales.

Y en esta misma visión empequeñecida de joyería se ofrece
el peral, la cermeña:

Dos minas la enriquecen de rubíes
con mucha joya sin buril labrada.

Igualmente, con visión de obra metálica, juega con las palabras como si cambiara los adjetivos:

Ya con plata olorosa,
Ya con jazmín bruñido [39].

Todo este derroche de pedrería exigía como fondo o engarce
el metal, el oro y la plata. Por esto, aunque ya suponía una visión
rica y deslumbrante la metáfora común culterana que convierte
el agua en cristal, y aunque a veces la emplea así —en parte por
buscar la variación, el efecto cambiante— y ofrezca el *cristal frío,
travieso* o *corriente,* sin embargo, su preferencia va hacia la imagen metálica de la plata o bien de las perlas y el aljófar; incluso
alguna vez se asocian en cambiada adjetivación, intensificando la
apetecida brillantez de la imagen:

La plata cristalina que respira
o cristal plateado [40].

El agua es, pues, en los jardines de Soto de Rojas, *plata, corriente plata, plata pura, líquidos metales, plata fulminante,* o bien
en los surtidores y en la artificial lluvia de las fuentes es *lanza de
cristal, pabellón de aljófar, nube de perlas* o simplemente *perlas* y
aljófar. Refiriéndose a la acequia que adaptándose a la alegórica
construcción de la mansión primera se ofrecía como el río Jordán —y jugando, así, conceptuoso con el valor del agua en el Sacramento del Bautismo—, la imagen se complica con el mismo
sentido: este agua «en aluvión es plata, / y en alusión es oro».
Como en lo típico gongorino, esta serie de bellos nombres que
representan realidades distintas necesitará en muchos casos de un

[39] Ed. cit., págs. 396, 395, 393 y 391.
[40] Ed. cit., pág. 411.

determinante que lo precise. Así, el rocío será *perla matutina*, y completando la metáfora, con ese sentido de joya que destacamos, nos sugiere incluso la imagen del collar:

> Rico asiento es de perlas, que la Aurora
> grata presenta a Flora
> una y otra mañana:
> ¡Oh, cuán cortés en hebras las recoge! [41]

También el sol será oro y, jugando con doble sentido del brillo y del color, de una parte, y del valor o precio, de otra, dice del reloj solar que «lo que toma en oro en cuartos vuelve». La intensificación de todo lo que es artificio se cumple en todos los aspectos y partes del poema. Así, en las excitaciones y halagos del sentido del gusto las imágenes y metáforas en que se expresa no responden a lo elemental y natural, sino a lo elaborado, complejo y artificioso. Además, presentado, incluso, con el aspecto y suntuosidad de lo rico y suculento que se sirve u ofrece en compuesta mesa con la opulencia del banquete:

> De Pomona y Vertuno
> tálamos abundantes,
> mesas son siempre llenas, siempre ufanas.

Los dulces manjares que se ofrecen supone el artificio y la elaboración:

> Unos las esmeraldas sazonadas,
> les sirven prolongadas,
> otros en competencias desiguales,
> rubíes imperiales.
> De Italia el buen cristiano a su tesoro,
> mermeladas les trae en vasos de oro,
> y los que no tan ricos,
> en almíbar de aljófares volsicos.

La visión más suculenta y recargada la ofrecen los parrales:

> En fiestas bacanales,
> no a brutos comedores,
> a compuestos lucidos cenadores,
> moscatelones brindan dos parrales,
> y en banquete opulento,
> donde los platos sirven ciento a ciento [42].

[41] Ed. cit., pág. 401.
[42] Ed. cit., págs. 391, 395 y 396.

Esta general intensificación y recreo en todo lo artificial se extrema también en la rica descripción de la corte de las flores que se presenta en la séptima mansión. Se trata de otra visión del palacio de la Primavera, surgido, como veíamos, bajo el influjo del romance de Góngora; pero visión más recargada de elementos, más prolija y detallada, más afiligranada y rica en sus pequeños toques de brillos y colores. El cuadro presenta, en ordenada visión, desde la rosa, la reina de todas, hasta «los dispuestos lacayos, / tréboles, angelinas, papagayos» y «los pajes y sirvientes» que «todas las yerbas son, y son valientes». En esta humanización de las flores, típica especialmente del Barroco, y cuyo modelo le ofrecía el gran cordobés, Soto acentúa y desarrolla lo que sólo está iniciado en esta humanización, no sólo la metáfora correspondiente a la actitud y movimiento de damas y caballeros, sino, especialmente, la de lo externo artificial de los vestidos e indumentaria. Las flores nobles se presentan —«a su reina inclinando las cabezas», «todas de alegre y festivo traje», y haciendo ostentación «de su riqueza y galas». He aquí las primeras flores que vienen a festejar:

> Más galán el Clavel que presumido,
> de grana se advirtió y ámbar vestido,
> y por de su prosapia, lado a lado,
> salió la Melotisa de encarnado.
> Niña traveseando la Violeta,
> se levantó con el olfato ufana.
> (...)
> Con galas muchas y con más riquezas,
> de doncel compostura,
> salió de su retrete
> el regio ramillete
> (...)
> el Alhelí, cuya virtud estima,
> el Farmaco atendido,
> si trasciende su fama,
> en la vista se asienta,
> y alentado gabán de gualda ostenta.
> De su casa el segundo con más rica,
> más airosa librea,
> el festín con sus gestos hermosea.

No son sólo estos casos; de la mayoría de las flores se recogerá como rasgo expresivo éste de su indumentaria y arreos. He aquí otros:

> Blando salió el Narciso
> que un instante de su vida forma un lustro;
> rico el claro Ligustro,
> libreas parangón de plata y oro
> ilustran su decoro,

137

parífrasi el aliento de la tela,
que sin moverse por el aire vuela
(...)
Con tela doble se vistió el Junquillo
de blanco y amarillo,
(...)
de morado galán el caballero,
más suave enlazó que rigurosa,
espuela pavonada, no de acero:
azul salió y morado,
jinete airoso, borceguí calzado [43].

[43] Ed. cit., págs. 413-415.

Sensualidad

> Como cortés lisonja a los sentidos.
>
> *(Paraíso)*

En general, como declara el poeta al comienzo, su jardín se ofrecía «como cortés lisonja a los sentidos»; de la misma manera se nos ofrece su poema. Con referencia a las *Soledades,* decía Dámaso Alonso: «Sale... de toda esta poesía un constante halago de los sentidos. Ninguna más sensual. Y de todos los halagos sensoriales, los más extremados los del sonido y del color» [44]. Lo mismo hay que decir del *Paraíso* de Soto; pero cabe agregar que las sensaciones se asocian y complican aún más, marcando también aquí, en la evolución del gongorismo, una etapa posterior, de mayor sutileza y artificio. Continúa en los versos del granadino el predominio de lo plástico-visual y de lo auditivo; pero las sensaciones gustativas, olfativas y táctiles se asocian a ellas o las sustituyen con una complejidad y correspondencia sensoriales que parecen anunciar —aún más que lo gongorino— los efectos sinestésicos de correspondencia de sensaciones tan gustadas en modernas tendencias de la poesía francesa. Porque el poeta es consciente de la eficacia de este recurso de cambio de la sensación, para hacerla más intensa y penetrante.

El ser objeto del poema la descripción de un conjunto de

[44] Prólogo a la edición de las *Soledades.* Incluido en *Ensayos sobre poesía española,* Madrid, 1944, pág. 202.

extrema belleza visual de arte y Naturaleza, con abundancia de agua, pájaros, flores y frutas —todo recogido y confundido por el más complicado artificio— era ya un impulso para dar expresión al más sutil, excitante y hasta morboso halago sensorial. Junto al recreo de los ojos, junto a los aromas y fragancias, insiste el poeta en el recreo de los oídos que forman la música de las aguas y el canto de los pájaros; pero todo —repetimos— fundido, entrelazado en un colectivismo sensorial análogo y paralelo al colectivismo artístico que como ideal estético buscó todo el Barroco. Precisamente estos jardines —donde las arquitecturas de arte y naturaleza se fundían y enlazaban con estatuas y pinturas— se ofrecían como una realización de ese ideal. Incluso con el acompañamiento de esa música de pájaros y agua; de los olores de plantas y flores; de las excitaciones gustativas de los frutales y de las sensaciones táctiles del correr del aire y frescura del ambiente, la realización de ese ideal de síntesis y correspondencia artístico-sensorial llegaba al extremo.

Considerando esta complejidad sensorial, tanto en la realidad como en la, igualmente artificiosa, de su realización o trasplante literario, volvemos a pensar en las sutilezas de correspondencia de sensaciones buscadas en el jardín islámico. Realizado en los jardines musulmanes de la India lo indicaba el profesor Sattar Kheiri: «Fueron tan lejos en sus intenciones artísticas —decía— que hasta pretendieron armonizar (y conseguir sensaciones nuevas) los perfumes del jardín con los efectos plásticos y musicales de surtidores y cascadas» [45].

Todo ese halago sensorial se destaca ya en el comienzo del poema:

> Aquí hermosos cometas de esmeraldas,
> dulce influyen descanso;
> aquí el Favonio manso,
> si fragancia olorosa
> derrama entre la yerba, entre la rosa
> toca tanto instrumento,
> que apenas comprenderlo puede el viento;
> y entre mil ruiseñores,
> citarista es de pájaros cantores.

El recreo de los ojos lo centra todo; basta repasar las imágenes y metáforas antes destacadas. Subrayemos ahora en ese intensificar el efecto por la correspondencia de sensaciones, la predominante tendencia a materializar las sensaciones visuales y auditivas. Así, encontramos sensaciones visuales que se resuelven en estímulos táctiles, como si en culta elaboración se expresara el

[45] Sattar-Kheiri: *Ob. cit.*

meterse por los ojos. El agua, «con lanzas pasa de cristal los ojos»; también, «ufano el pavimento en sus colores / aprisiona la vista entre las flores». Pero las correspondencias se complican; lo visual y lo olfativo también se transforman en sensación sonora:

> En igual competencia tres clarines
> de mosquetas, siringas y jazmines,
> escandalizan con igual ruido,
> al trascendente, al perspicaz sentido.

No obstante, como decíamos, la tendencia a corporeizar las sensaciones es, lógicamente, la que impera. La sensación sonora busca, así, la aguda repercusión táctil:

> Flechas a las orejas
> tiran las aves con sus dulces quejas
> (...)
> y el oído entre redes,
> fragancia que del aire dan las rosas,
> suspenso tiene, y de su voz colgado,
> al más huésped, o menos admirado [46].

Y de la misma manera ocurre con las sensaciones olfativas:

> Verdes las calles, cándidos arqueros
> bravos soldados de jazmín florido,
> cupidillos de amor llenos de antojos,
> dulces rayos apuntan a los ojos
> del olfato, y disparan al sentido [47].

Vemos cómo se acumulan y entrelazan las sensaciones —totalmente lejos del sentido clasicista de compensación y equilibrio que encontramos en Garcilaso o fray Luis—, pero descubriendo, como Góngora —aunque en el granadino con más refinada sensualidad se busca la excitación o resonancia en lo olfativo, gustativo y táctil—, el predominio del placer de los ojos y de los oídos. A lo que no llega siempre Soto con la frecuencia de Góngora es a conseguir la doble eficacia de la referencia a lo sonoro con la propia sonoridad o musicalidad del verso; le seduce quizá más el recrearse en el afiligranamiento y primor de la imagen que, como veíamos, llega a plastificarse con dureza cristalina y metálica de trabajo de orfebrería.

---

[46] Ed. cit., págs. 396, 400 y 414.
[47] Ed. cit., págs. 409 y 410.

Pero si recorremos a través del poema las escalonadas mansiones del *Paraíso* albaicinero, asombrados por tantas bellezas que nos deslumbran, no nos falta tampoco nunca el más vario y rico acompañamiento sonoro. La música de pájaros la escuchamos en todas las mansiones; ya el canto aislado del jilguero y el ruiseñor, ya formando coro, cual *capilla alada*. No faltan en ese general concierto los *silbos de un céfiro suave* y los cambiantes sonidos de fuentes, arroyos y surtidores: «que si a una parte el jilguerillo suena / tiorba a esotra de cristal le llama». Y por existir matices en esa varia sonoridad, escuchamos también —y nos acordamos de Garcilaso— el *susurro* —«con que es callada siempre y es sonora»— de la abeja en unos panales de la quinta mansión.

En los jardines de la mansión tercera, tras desplegar ante la vista el más rico y contrastado desfile de brillantes colores —granates, rubíes, esmeraldas, topacios, perlas, oro y plata—, fragancia de flores y plantas olorosas y excitaciones con las jugosas *dulces* y *doradas frutas,* ofrecidas incluso como *almíbar* y *mermeladas,* se detiene en el halago de los oídos que quedan *aprisionados por las redes* del canto de las aves. Aunque partiendo de lo típico culterano, el encadenamiento y metáforas alcanza, en preciosista y primoroso arabesco, uno de los puntos culminantes del poema, sobre todo en la visión, destacada por el apóstrofe, del ruiseñor como *espadachín enamorado,* la expresión que tanto indignaba a Cejador [48]:

Ramillete de pluma el jilguerillo,
rico galán de la apacible Aurora,
que es flor volante del jardín canora.
Eco suave al dulce paraíso,
camachuelo narciso,
del agua no, del viento lisonjero,
se escucha, y en su canto se enamora.
Clarín plumoso, y órgano ligero,
en la materia linfa, que es volante,
si en lo formal océano elegante,
el ruiseñor, el Anfión con vuelo,
asido al blando ramo,
sube en su voz y se avecina al cielo.
De firmes sostenidos,
hecho de sí reclamo,
con dulces pasos baja,
y con tiernos quejidos
arrastra regalando los sentidos.

¡Oh, amorosa ventaja!
¿Qué es esto, espadachín enamorado,
nocturno paseante,

[48] *Historia de la Lengua y Literatura Castellana,* Madrid, 1916, t. IV, página 275.

desvelado cantor, músico errante?
¿Quién tanto vio en el suelo?
¿Quién tal fineza en tan pequeño amante? [49]

Con igual finura y gracia, y también en prolongada metáfora, el canónigo poeta nos presenta en la segunda mansión al conjunto de pajarillos como un coro de iglesia cantando motetes:

Aquí el Favonio se quedó pasmado,
al dulce respirar medio falsete;
capilla alada en natural motete,
en mesas ricas de jardín florido,
el discurso, el sentido,
a cada cual cantor sirven librete
cuyo punto nevado
concuerda con la letra que ha estudiado [50].

[49] Ed. cit., pág. 327.
[50] Ed. cit., pág. 393.

Religiosidad

> La voz vuelve sonante
> al soberano Autor, al tierno Amante.
>
> *(Paraíso)*

La intención de Góngora en su poema, aunque expresando un análogo y profundo sentimiento de soledad, es sólo —y apasionadamente— estética; un ansia de superar perfecciones que alienta un imposible ideal artístico le impulsa hacia un mundo de soledad del arte donde nadie pueda alcanzarlo. Soto mantiene, sí, análoga aspiración artística y hasta disimula menos su alarde de erudición y cultura; pero espiritualmente, aparte ese íntimo sentido religioso que se entrelaza a su misma creación de los jardines, quiere subordinarlo a una superior intención religiosa: «El fin —dice su confidente admirador— es para mayor alabanza de su primer artífice a quien se debe el honor de lo criado» [51]. No olvidemos que en la primera de sus siete mansiones lo esencial de los elementos que la decoraban, aparte otras alusiones alegóricas, eran las representaciones del Bautismo de Cristo y de la expulsión de Adán y Eva del Paraíso; en consecuencia, ello constituye el arranque de la descripción. Pero esa intención religiosa no queda, como en las *Soledades,* de Pedro de Espinosa, su indudable inspirador, en cuanto al tono y actitud religiosa, tan profundamente entretejida en el poema, sino con asomos espaciados y, sobre todo, agregada al final, recordándonos el salmo con que termina la primera de esas *Soledades.*

---

[51] Ed. cit., pág. 379.

10

Aunque las citas bíblicas se frecuenten y anoten, en realidad no afectan a la composición de todas las partes del poema. Su actitud, hasta ese apóstrofe final —de sentido de salmo de alabanza—, es, predominantemente, de poeta, aunque siempre de poeta devoto y desengañado que ha encontrado en sus jardines —también al describirlos— su verdadera liberación. No es la actitud totalmente coincidente del alma religiosa vuelta a Dios y del poeta pintor asombrado ante la hermosura de la creación que le hacía exclamar interrogante a Pedro Jesús, mirando con el alma hacia la altura, aunque sus ojos estuviesen clavados en la belleza de las flores:

> ¿Quién te enseñó, mi Dios, a hacer flores,
> y en una hoja de entretalles llena
> bordar lazos con cuatro o seis labores?
> ¿Quién te enseñó el perfil de la azucena,
> o quién la rosa coronada de oro,
> reina de los olores,
> y el hermoso decoro
> que guardan los claveles,
> reyes de los colores,
> sobre el botón tendiendo su belleza?
> ¿De qué son tus pinceles,
> que pintan con tan diestra sutileza
> las venas de los lirios? [52]

La actitud religiosa del canónigo poeta no se impone y desnuda plenamente hasta ese final en que, por cierto, recuerda esos mismos versos. Como decíamos, hasta ese momento lo que predomina es, sobre todo, la actitud del doble artista, la del ideador y cultivador de los jardines y la del creador del paralelo artificio del poema que se recrea en sus obras —que en verdad fueron jardines abiertos para pocos— y que quiere asombrar con ella y con la perfección y cultura de sus versos. El ansia de eternizarse y de eternizar su obra, de salvarla de la fuerza del tiempo —ese sentimiento tan típico del hombre del Barroco—, dominaba junto a esa otra intención: «quiso (y con razón) —dice Trillo— que la memoria de tan hermoso edificio no falleciese con él». Como vemos, el amigo introductor lo declara bien, aunque al mismo tiempo comprende el reproche de soberbia que se le podría hacer al poeta. Así, agrega: «por lo cual, y no por ambición o soberbia, describió en el último tercio de su vida este florido poema que decanta sus jardines». Estaba bien identificado, como hombre de su época e íntimo del solitario artista, con ese sentimiento de or-

[52] Edición de *Obras*, por don Francisco Rodríguez Marín, Madrid, 1909, página 61.

gullo que alentara la complicada creación poética: «que no se le puede negar la buena elección de querer perpetuar sus obras en sus versos, pues ningunos bronces o mármoles tanto rehúyen al tiempo como el vuelo de la pluma» [53].

Pero ese canto o salmo final, aunque agregado, presta a la composición su pleno sentido. Intenso en su sentimiento religioso, aunque mantenido en su tono de compostura y artificio —sólo los versos finales, más claros y desnudos, dejan empañar su cristalina dureza por la emoción—, no expresa renunciamientos ascéticos, sino esencialmente la alabanza al *soberano Autor* de todo, de tantas bellezas, y en segundo lugar expresa la gratitud al *tierno amante,* por tantas alegrías para el artista y poeta, por tanto consuelo para el pecador desengañado. Como cima o enlace de ambos sentimientos, cruza en su final un ligero impulso de mística ansia de búsqueda del Amado, pero —repetimos— no con negaciones ascéticas, sino precisamente a través de esas mismas bellezas de naturaleza y arte. Y no es de extrañar que este gozar con las bellezas del arte y de la Naturaleza y con el puro recreo sensorial no sólo de ojos y oídos, sino incluso de olfato, gusto y tacto, se pueda ofrecer como medio o camino que impulsa en la vida de contemplación. Recordemos que el gran místico de las negaciones, de las noches y de las renuncias, reconocía el *provecho* que a veces se puede sacar de todo esto: cuando «oyendo músicas u otras cosas y viendo cosas agradables, y oliendo suaves olores, o gustando algunos sabores y delicados toques, luego al primero movimiento se pone la noticia y afición de la voluntad en Dios» [54].

En Góngora, pues, fue sólo el desengaño cortesano el que actuó, como fue, sobre todo, la ilusión poética la que le retuvo en la soledad; por esto pudo dejarla al renacer la ilusión cortesana. Soto es el desengañado del mar de la Corte y del mar de amores que impulsado no sólo por la ilusión poética, sino también por el fervor religioso se siente seguro y tranquilo en esa playa del mundo que es su rincón albaicinero. Esos jardines, según él mismo declaraba, fueron su tabla de salvación; pero no sólo del naufragio de la Corte, sino también de las tormentas de la vida humana. Cuando a su poema le da el título de *Paraíso cerrado para muchos, jardines abiertos para pocos,* no sólo está declarando su posición de solitario, sino que también subraya ese valor que el jardín le ofrecía como guía espiritual, como objeto de contemplación; no sólo en el sentido visual, sino también en el espiritual religioso. Tras el rezo de su próxima Colegiata, el canónigo poeta se entre-

[53] Ed. cit., pág. 377.
[54] SAN JUAN DE LA CRUZ: *Subida al Monte Carmelo,* Libro III, capítulo XXIV.

gaba a este pleno y reposado goce de sentidos, donde las sensaciones se extremaban hasta la embriaguez; pero donde todo ello, tantas bellezas y goces físicos, impulsaban al alma al canto de gratitud y alabanza al Creador, y a la consideración de sus bellezas y perfecciones; a buscarle, en suma, por el camino florido de las escalonadas mansiones de ese *paraíso* anticipado, de ese *cielo con disfraz de tierra:*

> Yo, a la luz que me das, busco quien eres;
> si a mi discurso en las distancias vuelas,
> perdona mi alabanza,
> que no se atreven mis manchados labios
> en las querellas del amor y agravios;
> perdona mi alabanza,
> pues cuando vuela más, menos te alcanza [54].

148   [54] Ultimos versos del poema. Ed. cit., pág. 417.

Granadinismo

Patrio Genil amado.
(Desengaño de amor en rimas)

La general diferencia que en la visión de la realidad y en la expresión metafórica ofrece el *Paraíso* de Soto de Rojas con respecto a las *Soledades* gongorinas no es sólo revelador de un momento posterior de la evolución del gongorismo y de un temperamento distinto; es también —como se apunta en otra parte— aguda expresión de una visión y sentimiento granadinos. Por eso García Lorca pudo presentar el título del poema del canónigo albaicinero como «la más exacta definición de Granada» [56]. En consecuencia, pudo caracterizar simultáneamente con idéntico rasgo el poema y la ciudad y, asimismo, pudo poner en relación la obra de Soto con otras creaciones del arte y de la cultura de Granada. Así, en relación con el «alma íntima y recatada de la ciudad, alma de interior y jardín pequeño», nuestro gran poeta destacaba como rasgo estético de lo granadino el *amor por lo diminuto*. «El diminutivo —decía— no tiene más misión que la de limitar, ceñir, traer a la habitación y poner en nuestra mano los objetos o ideas de gran perspectiva.» «Se limita el tiempo, el espacio, el mar, la luna, las distancias, y hasta lo prodigioso: la acción.» «No queremos que el mundo sea tan grande ni el mar tan hondo. Hay necesidad de limitar, de domesticar los términos inmensos.» De

---

[56] «Granada (Paraíso cerrado para muchos)», en *Obras completas*, t. VIII, páginas 143-149, Buenos Aires, 1946.

aquí que el preciosismo se ofrezca como rasgo dominante de los más genuinos representantes del arte y de la poesía de Granada.

De acuerdo con ese sentido de lo pequeño —que a su vez había informado la traza de los jardines que se describen—, el poema se estructura con concepción preciosista; desde su arranque es más de tono menor que el de Góngora. No sólo se reduce en su extensión —representa una cuarta parte de lo que hubiera sido completo el del cordobés—, sino que, además —siete mansiones de varia extensión—, se fragmenta más. No olvidemos que las otras obras extensas del granadino igualmente buscan esta construcción fragmentada: la fábula de *Faetón* se distribuye en *Rayos,* y la de Adonis se presenta en *Fragmentos.*

En esto Soto actúa como buen granadino; como en las obras maestras de nuestra estatuaria barroca, las de Cano, las de Mena y las del mismo Mora —el otro espíritu exaltado y solitario, amante de sutilezas y perfecciones que fue a vivir después en este *paraíso*—: sin lucha violenta con inmenso material, sin dejar nada muerto ni de relleno; todo abarcado sin esfuerzo y todo vibrando por la cercana proyección de la sensibilidad de su creador. Así, como los escultores cuidan pliegues y rizos o matizan primorosamente los colores de labios y mejillas, Soto se recrea en el pulido de sus versos, en la afiligranada construcción, en los toques brillantes de luz y color, en la precisión y finura de dibujo. Si muchas de nuestras esculturas se hicieron para el recreo íntimo y callado, no para su contemplación en la calle en desfile procesional, sino para la adoración y el rezo silencioso en el rincón de la capilla e incluso para la lenta contemplación en el sosiego de la sala o la alcoba del particular, también el poema de Soto, con análogo sentimiento de obra pequeña, se aparta del tono solemne y grandilocuente, y libre del agobio del largo relato, pide la lectura tranquila, para gozarla en sus trozos, a sorbos, en sus primores de detalle. Se comprende bien que entre las obras de arte que decoraban este *paraíso* figurasen las más destacadas esculturas de Alonso de Mena y de los hermanos García. El primero —que siempre se recreó en los estofados primorosos—, en aquellos años de exaltado fervor mariano de comienzos del siglo XVII, prodigó, quizá como su creación más típica, las pequeñas imágenes de la Inmaculada, en las que extremó el cuidado y finura de talla y policromía. En cuanto a los hermanos García, llegaron en este gusto por la pequeña escultura en barro a un extremo no igualado, ni en la frecuencia ni en la calidad, por ningún otro escultor de su siglo; y recreándose tanto en la finura de modelado como en el primor de la policromía.

Otros aspectos de la poesía de Soto igualmente se identifican con rasgos esenciales del arte barroco granadino. Así, no es de extrañar que, apartándose de Góngora, ofrezca una poesía exenta de temas y expresiones populares; y lo mismo se explica la ausencia de la visión realista y vulgar. El poeta, como Alonso Cano en el arte, extrema el sentido de distinción y elegancia característico del seiscientos granadino. Si en la pintura granadina —el arte de más íntimo contacto con la realidad— no se ofrece el tema ambientado en la realidad cotidiana, ni la escena de género, ni casi el bodegón ni la pintura de retrato, no puede extrañar que en el arte de minorías de la lírica un granadino y apasionado culterano extremara la postura de la huida de lo realista y natural. Si por su creación antirrealista el arte de Soto se identifica con la tendencia idealizadora que caracteriza la escuela granadina —rasgo precisamente por el que ésta se aparta de lo dominante en las demás escuelas españolas—, igualmente el gusto por la riqueza y brillantez de color está de acuerdo con otra de las preferencias y valores distintivos de la pintura granadina, seducida por ello, como ninguna otra de entonces, por lo flamenco, en la que muchas obras, aparte de aquella belleza, gracia y distinción antes señalada, se salvan por la armonía, riqueza y brillantez de color.

Pero hay algo aún más profundo que igualmente descubre su fondo granadino, y venimos apuntando a través de todo este ensayo: nos referimos a esa complejidad psicológica que entraña esa sutileza y recreo sensorial junto a la elevación espiritual llevada hasta la actitud contemplativa. También en nuestra imaginería, entregándose a todos los primores de talla, recreándose en toda la riqueza y matización de color, se logra dar vida, cual no se consiguió en el resto de la imaginería española, a la expresión del más elevado sentimiento místico. Recordemos el arte de José de Mora, cuya exaltada espiritualidad se desborda precisamente en los años en que vivía y creaba en la soledad y silencio de esos jardines de Soto, donde se le acabó la razón y la vida. Y si ese fondo de misticismo es algo esencial del alma española, no olvidemos que, como señalaba Ganivet, ello «se extrema en el espíritu granadino». Así, la ciudad, verdadero *paraíso cerrado,* se ofrece al que logra penetrar en ella como *pasto de los ojos* y *elevación de las almas.*

LA TRANSMUTACION DE LA LUZ
EN LAS NOVELAS DE GABRIEL MIRO

Publicado en la revista *Studi Ispanici,* núm. 1. Pisa, 1962.

Ningún escritor moderno español ha llegado a aunar en tan entretejida e íntima trama la emoción y sentimiento de la Naturaleza con la visión y creación artística del paisaje. Y ello unido en ambos aspectos a otra complejidad: complejidad de sentimiento, pues aunque lo esencial y determinante de ese sentir sea algo primario e instintivo, un fundirse con su ritmo y fuerzas vitales, sin embargo, cruzan a veces ráfagas de una visión más intelectual de sentido cósmico y trascendente. Por otra parte, su visión del paisaje es una visión integral en la que cuenta incluso una emoción y sentido del espacio raras veces expresado en nuestras letras. Es una visión centrada, sí, en lo plástico visual, pero sobre la que actúan una serie de sensaciones, auditivas, olfativas y táctiles que se entrelazan, asocian y superponen con tal fuerza y forma que hace que nos sintamos penetrados y penetrando en el paisaje. Porque no se trata de equilibrar las sensaciones con sentido clásico, como gustara Garcilaso y, más aún, fray Luis de León. Por el contrario, el más violento barroquismo preside ese desplegarse de sensaciones y excitaciones sensoriales y sensuales tras la metáfora, símiles y adjetivos. Y, además —y en esto sigue siendo buen barroco, como los buenos de nuestro Barroco—, no queda sólo en un puro halago y recreo de sentidos, y menos aún en un superficial decorativismo; quiere y busca esta vía de los sentidos, pero como puertas necesarias para embriagar y arrebatar hasta el ensueño, aun para producir el más refinado goce espiritual. Y todo bañado en una melancólica emoción del paso del tiempo. He ahí la raíz de esa fina y penetrante tristeza que aviva con dejo nostálgico sus luminosos y coloreados paisajes. Porque no es sólo la tristeza de la visión que tuvo un punto de goce o repercusión sensual; es algo más general y profundo. Es un amar la vida toda, la Naturaleza toda, las cosas todas, con la más extraordinaria capacidad para gozar y sentirse en todo, en lo inmenso y en lo pequeño; y sentir su fugacidad, su paso, su deshacerse y morir. Humana y artísticamente tuvo un don extraordinario, ese don de descubrir valor expresivo y, en consecuencia, goce, en aquellos seres, paisajes y cosas donde no sólo no pone la vista la inmensa mayoría de los hombres y artistas, sino que ni siquiera sienten ante ellos el simple estímulo sensorial. Es el artista puro y auténtico para el que no existe en el mundo nada neutro ni inexpresivo.

Pero hay que subrayar un rasgo importante de su forma de crear como artista. Esa seducción y atracción que todo ejerce sobre él no le lleva a intentar recoger en forma inmediata y directa la visión, lugar o momento que le impresionó. No es, precisamente, la actitud del pintor impresionista que entonces con tanta frecuencia, también en España, se lanza al aire libre a recoger el apunte de paisaje, la visión del momento que le sorprende y atrae. Miró procede al contrario. Se entrega apasionadamente a la contemplación; pero escribe, según él mismo nos declara, a distancia de lo que le impresionó [1]. El porqué de esa doble fuerza de seducción sensorial y emocional de sus descripciones hay que buscarlo ahí: en esa emoción de recuerdo, auténtica emoción poética. Como decía Bécquer, quizá el poeta ... sea poeta por su capacidad para «guardar como un tesoro la memoria viva de lo que ha sentido» [2].

Por ese escribir a distancia de «años y leguas», la visión se le queda reducida a lo esencial de su sensación y, además, potencializada al recrearse, con la fuerza y emoción del recuerdo y la nostalgia de lo irremediablemente pasado. La creación imaginativa y metafórica actúa con una mayor libertad, no sujeta por la pre-

---

[1] «Escribo cuando puedo; pocas veces con facilidad; sin notas; a distancia de lo que me impresionó.» De la nota autobiográfica escrita en marzo de 1927 para un periódico ... ~oamericano y cuyo autógrafo publicó el diario *El Sol,* en el número de 28 de mayo de 1930, al dar cuenta del fallecimiento del novelista.

[2] En la segunda de las *Cartas a una mujer,* tras afirmar que el verdadero espíritu de la poesía no es otro que el sentimiento, afirma: «Todo el mundo siente. Sólo a algunos seres les es dado el guardar como un tesoro la memoria viva de lo que han sentido. Yo creo que éstos son los poetas. Es más: creo que únicamente por esto lo son.» G. A. Bécquer: *Obras completas,* Madrid, 1950, págs. 685-686.

sencia próxima de la realidad; se apoya en esos hondos recuerdos, en la viva emoción, en un sedimento puramente lírico que permite se unan el detalle realista extremo, de feroz naturalismo, y la más violenta metáfora e hipérbole deformadora antirrealista.

Como decíamos antes, la razón de esa honda melancolía que se desprende de los paisajes mironianos está en su agudo sentimiento de la transitoriedad del tiempo. Por esto, cuanto mayor es su seducción, tanto más honda resonancia de tristeza produce; porque está viva la conciencia de que lo que contempla es un instante que no se repite. No habla sólo el artista, el pintor y poeta que sabe lo cambiante de cada momento; habla, sobre todo, el hombre de aguda sensibilidad que goza ante todas las bellezas de la naturaleza y sabe del valor del instante que se nos escapa.

> Porque —según nos dice— el paisaje no nos espera más que una vez; cuando es inesperado para nuestros ojos presintiéndolo nuestra sensibilidad. Contemplar es despedirse de lo que ya no será como es. La paz, el júbilo, la conciencia evocadora, la internación en el paisaje, son estados reveladores que se disuelven dentro del tiempo como las nubes, el aliento del agua, el temblor de una fronda en el azul [3].

Así, aun cuando se vuelva a un mismo lugar, el lugar es ya otro; y no sólo porque lo seamos nosotros, porque hayamos cambiado. En otro pasaje de *Años y leguas* lo reconoce Miró. Acaba de descubrir Sigüenza, tras una escondida vereda, un jardín abandonado. El jornalero que allí vive le habla de los antiguos amos ya muertos. El diálogo en torno a ellos es bien expresivo:

> —Todavía los recordará usted.
> —¿Yo?
> —Los recordará usted, porque hace muchos años, cuando no había carretera, usted vino aquí una tarde, por una senda, entre las bancaladas...
> —¿Yo estuve aquí una tarde? —y Sigüenza se vuelve hacia sí mismo preguntándoselo y mirándose con recelo [4].

Muchas son las obras de Miró cuya esencial emoción radica en esa íntima evocación del tiempo pasado. Incluso algunas, como

---

[3] *Obras completas*, edición de la Biblioteca Nueva, Madrid, 1943, página 1004. Citamos siempre por esta edición.
[4] *Ibídem*, pág. 1011.

las *Figuras de la Pasión del Señor,* las *Figuras de Bethlen* y *Corpus* —de las que las primeras, sobre todo, parecen estar determinadas por estímulos estéticos o histórico-religiosos— el fondo de intimidad que las conmueve es esa emoción del paso del tiempo: la emoción experimentada ante estas fiestas del año cristiano, que tan hondamente nos marcan no sólo los ritmos de la vida de la naturaleza —entrada de la primavera, del verano y del invierno—, sino, en general, del paso de los años, del paso de nuestra vida.

Cuanto más intenso y excitante es el goce sensual del paisaje, cuanto más profundamente se siente la comunicación vital con la naturaleza, más profundo es también el sentimiento de fugacidad de la vida, la angustia ante el pensamiento de la muerte. Hay un momento, sobre todo, en que siente agudizarse esa emoción, coincidiendo con esa hora de la caída de la tarde en que repercute en su vivir el ritmo del vivir de la Naturaleza. Se extrema la humanización de ésta. El paisaje es sentido en una íntima proximidad de ser amado.

> Dentro del atardecer le tiembla denodadamente la vida.
>
> Un fino olor de la tarde ya cansada; una gracia de colores pálidos; un tacto, una respiración de paisaje que le estremece de delicias, delicias que contienen la inocencia y la sensualidad, la promesa imprecisa, la congoja de la brevedad de la vida; todo sucediéndose sin concepto. Campo suyo en su sangre de su sangre antes de que se cuajara en su cuerpo de Sigüenza y después que se parara en su carne ya muerta. Predestinada y tradicionalmente campo suyo, y eternamente [5].

Esta conciencia de sentirse en lo más íntimo del impulso vital, en la sangre, enraizado en la tierra, sentir el fluir y el latido de la sangre como savia de la tierra, explica ese ansia de goce y fusión con la Naturaleza toda y explica también esa valoración de la propia tierra, del propio paisaje, sentido como suyo, como poseído siempre, y que precisamente por esa connaturalización capacita para gozar y evocar todos los paisajes.

> Muchas veces —dice en *Años y leguas*— ha proclamado Sigüenza, son Somoza, que el paisaje natal, el nuestro, es el que nos mantiene la emoción y la comprensión de todo paisaje. Pero un paisaje para el lírico es el paisaje, la evocación de todos, con lo que puede poblarlo nuestra vida y con las regiones solitarias de nuestra vida [6].

[5] *Ibídem,* pág. 1028.
[6] *Ibídem,* pág. 1027.

Así, Miró, sin verlo, evocará desde su paisaje levantino el paisaje palestiniano en sus *Figuras de la Pasión del Señor*, y, aunque pura creación artística, quedan penetradas esas visiones de las tierras de Jerusalén de auténtica emoción y sentimiento de la Naturaleza. En cierto modo lo confesaba él mismo:

> Es posible —escribe— que por ser yo tan substantiva y complacidamente mediterráneo, por sentirme tan redundado y lleno de mi comarca, adivine, con recordar lo mío, la luz desnuda y gloriosa de allí; la gracia de los oteros, la austeridad en lo secano y en lo abrupto, la jovialidad de los hostales, hasta la técnica agraria y el color de los poblados, sus caminos entre tapias de cal y sus senderos entre bordes de piteras [7].

Esta forma intuitiva de producirse la evocación y descripción del paisaje palestiniano es un hecho reconocido más de una vez por la crítica; pero conviene advertir que no se trata sólo de un proyectar visiones, cuadros o sensaciones experimentados, aun con la agregación del saber y de la lectura. Baquero lo precisaba bien: «No fue únicamente la mirada sensible y alerta la que enseñó a Miró a identificar el rostro de su tierra con el de Palestina. Fue fundamentalmente su corazón. Las palmeras, el vuelo de unas palomas, el sol ardiendo en la blancura de unas casas o en el espejo de unas cúpulas, fueron sólo plásticas incitaciones que actuaron sobre el corazón del escritor para moverle a una transposición de paisajes y hacer que, sobre el recuerdo de unas procesiones, de una doliente y encendida Semana Santa levantina, pudiera surgir el drama mismo de la Pasión entre el rumor de las palmeras y de las acequias de su tierra.» Era, pues, mirar en torno; pero, sobre todo, mirar hacia atrás o, mejor dicho, hacia dentro, hacia su más íntimo pasado. Así lo precisa el mismo Miró: «Tienen su principio y mantenimiento en nuestra infancia; tienen en nuestra infancia un origen y un sostén fervoroso de ingenuidad» [8].

Consecuencia lógica de este sentir y ver el paisaje desde su paisaje natal levantino, mediterráneo, es la preponderancia y valoración del elemento luz y color en todo lo que contempla y traslada literariamente. Asimismo, esta razón ambiental explica algo su disposición y ansia de goce sensorial en general, su educación de sentidos que le capacita para la intensidad y variedad de esos

---

[7] Citado por Adolfo Lizón en *Gabriel Miró y los de su tiempo*, Madrid, 1944, pág. 114.
[8] MARIANO BAQUERO GOYANES: *Azorín y Miró*, Murcia, 1956, pág. 12.

goces. Al comentar la poesía de Antonio Machado, decía Ortega y Gasset —conforme a un pensamiento de Platón— que «ojos, oídos, tacto son la hacienda del espíritu; el poeta muy especialmente tiene que empezar por una amplia cultura de los sentidos» [9]. Creo que ningún otro escritor contemporáneo descubre más amplio y profundo cultivo de los sentidos; ninguno acrecentó su hacienda de experiencias sensoriales con más entusiasmo y con más reflexión. Y de toda esa hacienda, la mayor riqueza fue la de imágenes visuales. Sus ojos, sabios y golosos, en un afán insaciable llegaron a la exaltación de la luz, la convirtieron en sustancia palpable como otro elemento que trasmutado en cuerpo y líquido buscaba su fusión con la tierra y el agua, con su carne y con su sangre.

A Miró tenemos que imaginarlo inmerso en el paisaje, en su paisaje. El mismo lo dijo en la *Dedicatoria* de *Años y leguas:* Sigüenza «está visualmente rodeado de las cosas y comprendido en ellas». Así lo ha visto su paisano Azorín. En la identificación del novelista con la tierra alicantina que hace en *Superrealismo,* lo ve «como una montaña, como un río, como un valle de la provincia de Alicante» y, aunque sea de paso, sugiere en una imagen lúcida, monstruosa, de niño, el íntimo sentido que, a nuestro juicio, alienta en su contemplación y amor de la naturaleza levantina:

> Gabriel Miró ensimismado allá lejos; lejos de la Peña del Cid. Gabriel Miró que, en silencio, como en un sueño, va pasando las manos por su querida Alicante [10].

En ese pasar las manos creo se condensa bien ese último estado de lo táctil, del goce amoroso y sensual del paisaje; porque es la caricia y la posesión; es la plenitud de lo amoroso en la que no podemos ver sólo sensualidad, sino, además, todo lo que en el amor entraña nobleza, espíritu y elevación. En esos dedos que acarician está el alma de Miró.

Mi intento hoy es sólo destacar un fenómeno o rasgo de su tendencia trasmutadora de sensaciones, en relación con las imágenes o metáforas que le sugiere la luz. La luz es elemento siempre activo en su visión integral del paisaje; era natural que en un artista tan profundamente mediterráneo la luz jugase ese papel fundamental. Sus ojos claros parecen hacer realidad patente el dicho azoriniano referido a sí mismo y a sus paisanos: están llenos de luz.

[9] *Los versos de Antonio Machado, 1912,* en *Obras completas,* Madrid, 1946, t. I, pág. 565.
[10] Citado por Baquero en *op. cit.*

Entre sus reparos al Miró novelista, reconocía Ortega en *El Obispo leproso* cómo se trataba de «un libro espléndido reverberante, recamado de luces y de imágenes, hasta el punto que casi ha de leerse con la mano en visera, amparando los ojos» [11]. De una parte, la tendencia a hacer plástica y corpórea la sensación visual; de otra, ese amor y goce de la luz por la luz, como una sustancia que tiene su existir por sí, le lleva a esa transformación metafórica que la hace sustancia palpable. Podríamos decir que si el Tristán wagneriano al cerrársele los ojos oí la luz, Miró, en ese afán de sentir y gozar su realidad, hubiera podido exclamar: toco la luz; porque la siente como algo que palpa, que le roza, le quema o le moja. Algunas veces también será fuego, lumbre; siempre excitando ojos y tacto.

La luz es una materia corpórea, dura, que taladra las sombras. En una descripción del interior de un templo en silencio y soledad, tras anotar las finas sensaciones auditivas, subraya la impresión de ese efecto de la luz: «aparecía y se perdía una luz que taladraba la foscura» [12]. Su gozar con la luz explica que la vea incluso como materia preciosa; como rico material que se cincela. En *El Obispo leproso* se refiere a la «cincelación de la luz» [13].

En este materializar la sensación luminosa se puede observar como fenómeno general comprobable desde la primera hasta sus últimas obras la distinta, pero paralela trasmutación que experimentan las luces del sol y de la luna. La luz del sol se hace cuerpo, materia sólida, carne, incluso; la de la luna se ablanda y licúa hasta convertirse en agua. No deja de existir una razón pictórica en esta transustanciación, en este convertir la luz cálida del sol en cuerpo sólido y la fría lunar en materia líquida. Pero en su fondo parece como si un instinto panteísta le arrastrara hacia un sacramento de la luz. En esa concepción del Universo las luces de los astros se funden o desposan con la tierra o con el agua como término o fin de una íntima afinidad.

Esta extrema trasmutación sensorial se desarrolla con la más amplia matización, de acuerdo con una finísima sensibilidad y unos sentidos hondamente cultivados en la contemplación y contacto con la Naturaleza. Diríamos que su piel, más sensible que una película fotográfica, percibe en su rostro y mano el toque del rayo de sol como algo corpóreo que le empuja o le aprieta, mientras que la suave luz verdeazul de la luna le humedece con tibiezas y frialdades adherentes que calan a través de los poros de la piel.

Destaquemos, aunque sea de paso, un rasgo de la adjetivación

---

[11] *Op. cit.*, t. III, pág. 541.
[12] *Nuestro Padre San Daniel, op. cit.*, pág. 806.
[13] *Ibídem*, pág. 414.

mironiana que interesa a nuestro tema. Dentro de la tendencia barroca del escritor a recargar el ornamento verbal, a envolver el sustantivo entre múltiples determinantes y adjetivos que buscan producir la más amplia repercusión sensorial, se acusa, en general, una honda complacencia en excitar la sensación táctil; ya respondiendo a una cualidad real de los seres u objetos, ya como trasposición sinestésica metafórica. Claro es que, como buen barroco, lo visual y pictórico es lo que centra su descripción y lo que impulsa su creación metafórica, pero ello no obsta para que incluso de lo que es esencialmente imagen visual se subraye el aspecto que entraña un estímulo del sentido del tacto. A veces para reforzar lo visual y pictórico se busca la deformación metafórica de orden táctil, como el pintor barroco que utiliza elementos de relieve o subraya con el grueso toque de pincel y manera de poner el color la forma característica de los objetos o seres reales. Es como si buscara el refuerzo de la imagen en el sentido de la expresión vulgar «meterse por los ojos».

No se trata de un recurso exclusivo de Miró; dentro de la prosa modernista puede señalarse en otros escritores, especialmente en Valle-Inclán. Y dejemos aparte los antecedentes y el empleo magistral que ofrece ya la lírica renacentista y barroca, especialmente la poesía de Herrera. Pero en el caso de Valle-Inclán, aunque podemos encontrar algunos casos idénticos a los que anotamos en Miró, sin embargo, lo predominante y más característico en él, según estudió don Julio Casares, es de intencionalidad estilística distinta.

> Este tríptico de adjetivos agrupados, no tanto para calificar el sustantivo a que se refiere, cuanto para buscar el ritmo y armonía de la cadencia, sirve, unas veces, para terminar la frase... y otras anuncia una comparación [14].

No es que falte en Miró alguno de estos casos de buscar apoyo y arranque de la comparación en un tríptico de adjetivos; pero lo que prefiere y busca es envolvernos sensorialmente con tres distintas sensaciones. No hay esquema rígido, aunque sí predominio de lo visual. Lo más abundante es una sensación que nos hiere la vista, otra que resuena sugeridora en el interior y otra que repercute sensualmente con una excitación táctil.

Como ejemplos de lo dicho observemos algunos casos de esa triple adjetivación mironiana referidos lo mismo a lo animado que a lo inanimado. Unos pastores «pujantes, bruscos, ásperos, como

[14] *Crítica profana,* Buenos Aires, 1944, pág. 50.

las roquedades» [15]. Una leona «venía despacio, dulce, tibia, encarnada de sol poniente» [16]. Un jumento «blanco, gordo, peludo» [17]. Un perro «largo, flaco, velludo» [18] y «sus pupilas, doradas, húmedas y fieles». El pueblo se le ofrece «amontonado, negro, picudo» [19]; las aguas de la cisterna muestran la «prodigiosa visión del limpio, fresco y deleitoso espejo» [20]; en el cielo se le ofrece «un lucero verde, fresco, inmóvil» [21]; y la luna queda «blanca, lisa y sola encima de los montes». Se descubre en estas adjetivaciones cómo el rasgo visual se completa con otra cualidad no sensorial que se dirige más que al intelecto, a conmover sentimentalmente, y con otra característica que directa o indirectamente excita o sugiere la sensación táctil.

Supone, pues, a veces, esta sensación como un desarrollo o consecuencia de la exaltación o desbordamiento del goce visual. La avidez de sus ojos es insaciable. El poder de la vista de llegar a donde no alcanza ningún otro sentido, unido al ansia de gozarlo todo, con una percepción integral de todos sus sentidos, potencializa su mirada hasta un extremo en que ya no es ver, sino tocar; el acto de plenitud y certeza del goce de poseer. Su mirada siente el contacto, percibe el latido de los seres y cosas, próximas y lejanas. Nos lo declara en *El caracol del faro:*

> toda la mañana iba mirándome como si la pisara en toda su quietud sensitiva. Tuvieron la culpa los ojos, los ojos que se abrían con una lucidez tan ávida, tan aguda, tan discriminadora que palpaban ópticamente el tono elemental, el latido plástico de cada cosa. Los horizontes tan tremendos de luz, tan nuevos y magníficos, llegaban a ceñirse la mirada como una venda [22].

La visión de un globo elevándose en el espacio le impulsa a la misma expresión:

> ya se mueve el globo, dulce, sensitivo y lleno. Tocándolo con la mirada, resuena tirantemente [23].

[15] *Las cerezas del cementerio, op. cit.,* pág. 365.
[16] *Años y leguas, op. cit.,* pág. 781.
[17] *Estampas de un león y una leona, op. cit.,* pág. 672.
[18] *Dentro del cercado, op. cit.,* pág. 250.
[19] *Años y leguas, op. cit.,* pág. 951.
[20] *Las cerezas del cementerio, op. cit.,* pág. 289.
[21] *Años y leguas, op. cit.,* pág. 951.
[22] *Op. cit.,* pág. 683.
[23] *Años y leguas, op. cit.,* pág. 993.

Como vemos, el estímulo o excitación de los sentidos hiere esencialmente la vista, pero el mismo goce de ver llama al tacto. El mayor goce es tocar, y tocar no sólo lo corpóreo y tangible, no sólo lo que por su calidad y materia deleita sensualmente con su roce y contacto, sino también lo inaccesible o incorpóreo e impalpable. Se llega a sentir sobre sí, tocándolo, lo inmenso del azul, a gozarlo como un ser viviente y amoroso que acaricia.

Ese goce sensorial y sensual, de comunicación vital con la naturaleza, de sentirse identificado, en posesión y poseído por ella, confundiendo el propio latir con el de todo el paisaje, lo expresó Miró a través de uno de sus más característicos personajes femeninos. Nos referimos a la Paulina de *Nuestro Padre San Daniel*. Se refiere a un momento en la soledad y silencio de las «horas doradas de los campos», bajo el «aire oloroso de la siega». Su belleza se «exalta delante de la hermosura de los campos». «Los naranjos, los mirtos, los frutales floridos, le daban la plenitud de su emoción de vagar, sintiéndose enamorada sin amor concreto.» Recordamos estos momentos para sugerir el ambiente; pero el novelista, sabiamente, nos da la nota exaltada de ese impulso vital en el mismo arranque del capítulo:

> Paulina bajó a la vera. Sentía un ímpetu gozoso de retozar y derribarse en la hierba cencida, que crujía como una ropa de terciopelo. Acostada escuchó el tumulto de su sangre. Todo el paisaje le latía encima. El cielo se le acercaba hasta comunicarle el tacto del azul, acariciándola como un esposo, dejándole el olor y la delicia de la tarde [24].

Frente a todo ese mundo de goce de vida que se experimenta desde la vista hasta el tacto, podríamos señalar otro orden de sensaciones paralelas, pero descendentes, de horror y repugnancia. Así, para no ir más lejos, en ese mismo capítulo, como contraste y sacudida —también de técnica barroca— recordemos, como un *aparecido* que horroriza de miedo a Paulina, la figura de Cararajada, de rostro monstruoso, con su enorme cicatriz que le hace expresarse al novelista en otra serie de sensaciones opticotáctiles de tipo descendente o negativo. Era «un hombre que le proyectaba una sensación de humanidad viscosa». Es el tacto en su sensación desagradable adherente, sucia y pegajosa. Y cuando Paulina corre, sentirá que «en su espalda y en su nuca se pegaba la caliente devoración de unos ojos» [25].

[24] *Op. cit.*, págs. 731 y 230.
[25] *Ibídem*.

Las sensaciones visual y táctil pudiéramos decir que constituyen los dos polos del general goce sensual que se exalta en las novelas de Miró. La llamada al goce de cualquier otro sentido siempre envuelve el estímulo de la vista y del tacto; y no sólo porque la vista sea el sentido medio o puente por donde inicialmente nos penetra la realidad. Es un goce en el contemplar, un recreo de la vista del que mira gustoso y ve belleza en todo. Y junto a ello el goce sensual del tocar, del poseer. Así hasta la más fuerte excitación sensorial, la llamada al sentido del gusto, al saboreo del paladar, se funde en su atracción con la llamada a los ojos y a las manos.

> Las tapias con árboles y los árboles con el primer fruto —dice en *Nuestro Padre San Daniel*— daban una tentación irresistible a los ojos, a las manos y a la boca. El olor del ramaje retoñado, el sabor de esa carne frutal, cruda y fresca y el tacto de su piel lisa o velludita, dejaban una delicia inmediata de árbol, una sensación de paisaje. ¡La fruta verde! Sólo de pronunciarlo, nada más diciéndolo, se le ponía en la lengua el gusto y el olor y la claridad de todo un Paraíso con primeros padres infantiles [26].

Dentro de esa general tendencia a corporeizar o espacializar todas las sensaciones, es de subrayar la espacialización del tiempo. Porque no se trata sólo de la representación del tiempo en la visión que instintivamente se le ofrece a la conciencia para imaginar la distancia de lo pasado; esto es, esa visión que exaltó la pintura barroca, en su agudo sentir de lo temporal, de crear y acentuar la visión en profundidad, con planos y planos que nos llevan hacia un horizonte distante, a lo que tanto pintores como poetas llamaban los *lejos* de la pintura. Se da naturalmente esta visión porque, como decíamos, es la que inevitablemente y hasta inconscientemente ha buscado el artista para representarse la lejanía temporal; es la visión del tiempo solidificado de que hablaba Spengler. Miró va más allá; sobre ella da cuerpo y humaniza el tiempo como un ser que se aleja caminando, trasponiendo horizontes y límites. En *Años y leguas,* donde se agudiza hasta lo agónico ese sentimiento de lo temporal, exclama Sigüenza:

> ¡Aquel antiguor! Aquellos años que de pronto echan a correr detrás de las cumbres. Se aúpa Sigüenza para verlos, y ellos escapan detrás de otros montes... [27].

[26] *Op. cit.,* pág. 737.
[27] *Op. cit.,* pág. 992.

Frente a esa visión de lo huidizo del tiempo, pero igualmente corporeizándolo como ser vivo humano, se refiere otras veces al lugar escondido que existe en toda grande ciudad, donde el tiempo parece quieto, dormido:

> Las ciudades grandes, ruidosas y duras, todavía tienen alguna parcela con quietud suya, con tiempo suyo acostado bajo unas tapias de jardines.

Consecuencia de esta especialización y corporeización del tiempo y de la continua transposición sensorial hacia lo táctil es el buscar la comprobación del paso del tiempo no en la forma más patente de la imagen visual, sino en la comprobación táctil. Miró quiere percibir con sus manos las huellas de los años, las arrugas y caries que el tiempo deja en las cosas.

> Allí tiene Sigüenza la casa con sus poyos —dice en *Años y leguas*— pero ya morena de sol y de años, cerrada y muda. Levántase Sigüenza necesitando tocarla para sentir en sus sillares [28].

Rara es la vez en que el efecto de luz lunar no se traduce en símil o metáfora referente a agua o humedad. La luna «gotea, moja», «humedece, empapa» o «baña». Por esto, aunque a veces sea sólo un efecto que se contempla, otras esa licuación se expresa y actúa sinestésicamente como sensación táctil. Lógicamente, con la luna se identifica, en cuanto a la naturaleza de luz, la de todos los astros nocturnos. Incluso, a veces, aunque se exprese en la imagen del fuego, es un fuego que, paradójicamente, moja o gotea. En *Años y leguas* contempla un pueblo con la «cuerna amarilla de la luna» junto a la torre de la iglesia y cómo «caía una lumbre mojada en las copas de los almendros» [29].

Las noches de plenilunio de Semana Santa llevan a Miró a ofrecernos las más emocionadas visiones de nocturno en las que la luna en esta trasmutación actúa como factor esencial. Paulina, la protagonista de *El Obispo leproso,* se emociona en la noche del Viernes Santo, precisamente por ese poder evocador de la luz de la luna:

> Toda la vida de Paulina se arrodillaba en esta noche del Entierro del Señor. La luna de esta noche, la misma luna

[28] *Ibídem,* pág. 1010.
[29] *Ibídem,* pág. 951.

tan grande, que iba enfriándole de luz su vestido, sus cabellos, su palidez, su vieja casa de *Oleza*, mojó de claridad el manto y la demacración de María y la roca de la sepultura del Señor [30].

Gusta el escritor de ver sus paisajes bañados por esta luz, luz que a la vez idealiza con melancolía y tintes de ensueño y encantamiento y que excita las ansias del goce de los sentidos. Una de las más emocionantes escenas de *Las cerezas del cementerio* es precisamente la de la noche en que los protagonistas contemplan el mar desde el torreón de la casa de doña Beatriz. Hay un momento en que Félix la contempla bajo esa luz que como agua «baña» y se «derrama». «Volvióse a doña Beatriz y la vio bañada de los colores de luna derramada en los divanes» [31]. Y en otra novelita anterior también se refiere a la luna con la expresión correspondiente a derramar un líquido: «la gran luna vierte su luz sobre toda la amada» [32]. Pero son más abundantes los efectos de nocturno en la citada novela. En otro pasaje del mismo capítulo anotado, refiriéndose a la casa, alude a cómo «dentro de la negrura de la entrada una onda de luna mojaba de lumbre blanca las losas» [33]. Aunque sea lumbre, es, como decíamos, lumbre que moja.

Los brillos aislados se resuelven, lógicamente, en «gotas» de luna o de luceros. En la «negra silueta de un vapor brillaban en sus mástiles dos lucecitas como dos gotas de luna...» [34]. En una visión de soledad en el campo, sobre «una colina húmeda con una cometa infantil... temblaba la gota de un lucero» [35]. Lo mismo ocurre con el brillar de la plata, vidrios y porcelanas en el interior; su efecto es de «gotear»:

> Casi toda la luz (de la luna) se recogía en la labrada plata, en la cristalería y primorosa cerámica de los aparadores; goteaba luz la porcelana y el oro de los centros y los zafates y frascos de roca; y más que producirse en la dorada lámpara semejaba manar de tan grande riqueza [36].

En algunos casos toda la visión está penetrada de este percibir en la noche la sensación de humedad, zumos y jugos de las luces de los astros.

---

[30] *Op. cit.*, pág. 872.
[31] *Op. cit.*, pág. 302.
[32] *Los amigos, los amantes y la muerte, op. cit.*, pág. 64.
[33] *Op. cit.*, pág. 299.
[34] *Ibídem*, pág. 301.
[35] *Op. cit.*, pág. 379.
[36] *Op. cit.*, pág. 300.

Sigüenza se revuelve mirando la gota de lumbre de Venus, lumbre jugosa, de una sensación de desnudez Venus se hunde veloz, quebrándose en la humedad de la mirada... Se ha embebido el zumo de claridad... [37].

En sus *Estampas de un león y una leona* se reúnen expresiones en las que este rasgo se repite y matiza como obedeciendo a una concepción de la Naturaleza más que a un afán puramente estilístico. En una misma página nos habla de la leona, que se había dormido «inocentemente, con la caricia fría de la luna como un lienzo húmedo en los ojos», y —extremando más la sensación— destaca cómo «una gota grande de luna, caída entre las palmas, le iba circulando por la piel, iluminándole rodales de oro» [38]. Insistiendo en la misma transmutación nos dirá que el león y la leona, «en la hierba empapada de luna... ya tarde, bebieron agua de luceros y nieblas» [39].

En algún caso, concretamente, por debilidad de la luz, la luna no llega a mojar o humedecer, sino que solamente *unta:* «Los campos desoladores emergían débilmente de la negrura untados de una lumbrecita lunar de tristeza de cirios» [40].

Sus personajes llegarán a gozar, así, de la luna con ese placer físico, sensual; a sentirse bañados, mojándose en su luz. Con una fuerza e intensidad de sentimiento muy característica del escritor, uniendo inocencia y sensualidad, nos evoca en *El Obispo leproso* la escena de soledad y silencio de una noche primaveral de luna llena en que doña Corazón se contempla desnuda en un espejo iluminada por su luz. Se lo confiesa al sacerdote don Magín:

Yo estaba acostada sin sueño... a mi lado hay un espejo grande donde me miro y me veo del todo... Y me vi esta noche. Había luna llena, esta luna de marzo, la de la víspera de la luna de Semana Santa, cuando yo soy más feliz sintiéndome una María Magdalena Virgen.
... Pues me dio la gana de ver la noche entre mi rosal. Abrí los postigos y entonces me aparecí en el espejo. Yo estaba sola y me daba tanta luna, que quise verme como en un baño... Nos mirábamos la luna y yo en mi desnudez y en silencio. ¡Qué silencio de luz! [41].

[37] *Op. cit.*, pág. 961.
[38] *Op. cit.*, pág. 673.
[39] *Ibídem*, pág. 676.
[40] *Op. cit.*, pág. 229.
[41] *Op. cit.*, pág. 851.

Ese efecto de transformación de la luz lunar en sustancia líquida se desarrolla con un sentido metafórico consecuente, con una lógica de metáfora que nos hace pensar en las construcciones verbales gongorinas. Si se ofrece como materia líquida que baña, moja o gotea es natural que los objetos o seres que pasaron largas horas en la noche bajo la luz de la luna queden empapados, chorreando. Ya hemos visto cómo la hierba se ofrece «empapada de luna». En su evocación de la llegada de San José y la Virgen a Belén subraya precisamente ese efecto de la luna:

> Y se deciden a llamar en el albuergue de las caravanas. Al removerse, sus vestiduras sueltan humedad de luna; vienen llenos de luna, de luna solitaria y fría de los campos, de luna del camino...[42].

Pero como no se trata simplemente de una trasmutación metafórica, sino de una asociación de realidades percibida en una intuitiva visión de síntesis de los elementos de la Naturaleza, el escritor llega poéticamente a su última consecuencia: a la identificación y unión en un desposorio de agua y luna como expresión de una misma belleza. En *Niño y grande* nos dice cómo una acequia fue para él lo mismo que una luna: «y una acequia ancha y verde de agua clara fue para mí como una encantada luna donde se había copiado la imagen de mi Beatriz del colegio»[43]. Pero la visión más profunda y emocionada nos la da en sus *Estampas del agua, del río y del mar*. Las metáforas y vivificación que humaniza luna y agua del río penetra la visión de nocturno de una temblorosa sensualidad. En un caso es la unión amorosa la que suscita: «y bajaba la luna, toda desnuda y se desposaba con cada gota y latido de su corriente». En otro caso se ofrece la unión con más fuerte evocación de mito pagano:

> La luna es hermana suya. Agua y luna se abrazan desnudas, inocentes y necesitadas la una de la otra para la misma belleza[44].

Las metáforas que le sugieren los rayos y brillos de luz solar responden en general a esa tendencia a solidificar, a convertirla en materia tangible, corpórea. Varias veces acude a la expresión «caía una hebra de sol». En algún caso se desarrolla con determi-

[42] *Figuras de Bethlem, op. cit.*, pág. 1075.
[43] *Op. cit.*, pág. 417.
[44] *Op. cit.*, págs. 669 y 667.

nantes que lo vivifican: «Una hebra de sol nuevo, tibio, recién nacido, acudió a sus manos, y allí, entre sus dedos y las vinajeras, se deshizo en un pálido llamear de oro» [45]. Los efectos de brillar la luz en los objetos ofrece una rica variedad de imágenes. En la penumbra misteriosa de la iglesia resplandece oscilante la luz, en el tronco labrado del tenebrario, hecha *medallones:*

> Principió a lucir el triángulo de cirios del tenebrario y en su tronco labrado se quebraban dos grandes medallones de sol rural que caían desde el follaje negro de piedra de la bóveda [46].

En otra visión, también de interior de iglesia, es una *espada* la imagen que le sugiere el rayo de sol reverberando en una lámpara:

> abiertas las maderas apareció la celosía de una tribuna de la iglesia, profunda, tenebrosa, traspasada por una espada de sol que se deshacía en el azófar de la lámpara del Sagrario [47].

Con un sentido más próximo a lo humanizado, en otra visión, también de interior, nos dice:

> ... un dedo de sol hacía el bello milagro del iris tocando la copa del agua y el prisma se deshacía en gotas por las cortinas del lecho [48].

Podríamos citar otra serie de imágenes correspondientes a visiones de paisaje de campo y de mar. Los reflejos del sol en el agua del mar le lleva en las *Cerezas del cementerio* a un encadenamiento metafórico que diríamos recogido de las más típicas imágenes de la lírica arábigo-andaluza:

> De pronto un pedazo de mar centelleó como cuajado de infinitos puñales de sol, como una malla de oro trémula y ondulante. Y cerca, pareció que resplandecían unos alfanjes enormes y siniestros [49].

---

[45] *Op. cit.,* pág. 218.
[46] *Op. cit.,* pág. 861.
[47] *Op. cit.,* pág. 226.
[48] *Las cerezas del cementerio, op. cit.,* pág. 324
[49] *Op. cit.,* pág. 283.

170

Igualmente deslumbrante y con análoga complacencia por comparar la luz con arma o instrumento cortante, metálico, es un pictórico efecto impresionante del rayo de sol de atardecer que aparece tras una nube.

> Una hoz de sol poniente acababa de rebanar una costra
> del nublado y la faz de lumbres se quedó mirando la
> tierra [50].

En transmutación análoga verá a los hombres guiando las yuntas que «cavan la gleba encarnada con un azadón de sol» [51]. Un efecto de contraluz en una masa de mosquitos le hace hablar de «un tul de mosquitos y sol» [52]. El astro mismo, ya en su declinar, le parecerá como «de hierro vivo de fragua, que humeaba al entrarse en el arenal». Y en otra visión análoga lo verá asomar en el horizonte como un «pan de ascuas» [53]. Como vemos, siempre actúan juntos el estímulo de la vista y el del tacto. La identificación de sol y materias corpóreas le llevará también a la metáfora de movimiento y muchas veces con sentido humanizador. Unos trozos de murallas, medio caídos, serán unos trozos de sol cansado: «en su cumbre brillaban como trozos de sol cansado las ruinas de la alcazaba» [54]. En algún caso la metáfora cobra una emoción plenamente humana y sensual; la materia en que se transforma es la carne: «la franja de sol otoñal se hizo carne y forma» [55].

Vemos cómo en muchos de estos símiles y metáforas el autor tiende a añadir algún determinante a la concreta expresión que sugiere lo vivo y humanizado. Por esto adquiere aún más fuerza este corporeizar la luz cuando plenamente humaniza y pone en acción ese ser vivo. En general, en todos estos casos, se trata de un caer o tenderse como de entrega a lo terreno. En *Nuestro Padre San Daniel* ve cómo «el sol se va acostando detrás del lecho de la cúpula» [56]. En la biblioteca en que se instruía «el sol se tendía en los esterones» [57]. También Sigüenza recordaba desde el campo las horas en que «se tendería el sol en los folios de su mesa» [58]. En *El Obispo leproso,* Pablo, en su despertar, en que se sentía dichoso y bueno: «el sol entraba a dormirse dócilmente en

[50] *Op. cit.,* pág. 797.
[51] *Op. cit.,* pág. 653.
[52] *Op. cit.,* pág. 726.
[53] *Op. cit.,* pág. 95.
[54] *Op. cit.,* pág. 110.
[55] *Op. cit.,* pág. 324.
[56] *Op. cit.,* pág. 698.
[57] *Op. cit.,* pág. 765.
[58] *Op. cit.,* pág. 984.

sus brazos» [59]. También de la alcoba del protagonista de *Las cerezas del cementerio* nos dice que «abriéndose los postigos de los
balcones y el sol pasó locamente, tendiéndose encima de la cama,
incendiando la rubia cabeza de Félix» [60]. Como vemos, esta expresión de tenderse que sugiere peso, cansancio y entrega es la
que predomina en esta humanización de la luz del sol. En dos visiones de paisaje de esta misma novela nos dice cómo: «El sol se
acostaba en la tierra pastura y encima de las frondas» [61], y, en más
desarrollada imagen de cuadro de amanecer, en el capítulo XVIII:

> Ya recibían las nubes una tranquila coloración de sol,
> de ese sol reciente que al llegar a las sierras parece que
> descansa de su primera jornada y que allí se acuesta en
> silencio.

Su concepción de la luz solar como materia corpórea está in-
corporada a su visión trasmutadora de la realidad en una forma
tan profunda que surge en su construcción metafórica con la espontaneidad de lo que aflora como expresión hecha de acuerdo
con una concepción mental. La manera como acude a su pluma el
milagro de San Goar, con una intención totalmente ajena a la
descriptiva, es reveladora a nuestro juicio de esa realidad que ha
llegado a adquirir la imagen en su subconsciente. Lo recuerda en
El Obispo leproso:

> Por humilde olvidaba la madre que el recinto del mi-
> lagro es la simplicidad de los corazones. Llamado San Goar
> por su obispo, acude a Palacio, pasa a la antecámara; no
> ve percha ni mueble donde dejar su capa y la cuelga de
> un rayo de sol [62].

Creo que la consecuencia e íntimo sentido, consciente o inconsciente, de esa trasmutación de la luz del sol y de la luna que hemos destacado, se descubre con claridad. El sol busca la tierra; la
luna, el agua. Es una correspondencia de elementos —sol, tierra;
luna, agua—, base de una visión síntesis de la creación toda que
ansiosamente se aspira a gozar en su integridad, sintiéndose fundido con ella en un supremo afán amoroso de posesión y de entrega: es sentir la luz como carne y como sangre.

[59] *Op. cit.,* pág. 926.
[60] *Op. cit.,* pág. 312.
[61] *Ibídem,* pág. 316.
[62] *Op. cit.,* pág. 856.

ANTONIO MACHADO
EN EL CAMINO

NOTAS
A UN TEMA CENTRAL
DE SU POESIA

Publicado como libro por la Universidad de Granada, 1967

Publicado como libro por la Universidad de Granada, 1962.

A mi mujer

*Cada lector, cuando se enfrenta con su poeta o su novelista
preferido, no sólo siente inclinación por una u otra parte de su
obra, sino que, en cierto modo, se coloca instintivamente en un
personal punto de vista: se traza una línea de aproximación para
gozar la poesía o vivir la novela. En el caso del novelista, inconscientemente, nos gusta aproximarnos a los personajes eligiendo un
punto de vista, incluso identificándonos con uno de ellos, para
contemplar y vivir la realidad de la novela como si estuviéramos
junto a él o tras del autor que todo lo mueve. De ahí el cierto des-
agrado que sentimos al leer una novela en la que el autor se oculta y no nos ofrece un personaje que nos despierte un fondo de
simpatía como para que podamos unirnos para sentir y vivir con
él mientras estamos metidos en el mundo de ficción.*

*En el caso del libro de poemas, inconscientemente también,
tendemos a penetrar en la intimidad del poeta, deteniéndonos en
determinados momentos, eligiendo unas especiales vivencias, sintiendo con él unos concretos temas o motivos, donde parece que
se nos revela o tal vez donde creemos que su voz resuena en nuestra propia intimidad, cual si escucháramos a nuestra propia alma
despertándose en una vibración de profunda simpatía.*

*Aun los que por vocación y obligación tenemos que contener
preferencias para intentar caracterizar y explicar en su conjunto* 175

una obra, no podemos evitar —aunque se nos interpongan los más varios juicios y lecturas— que sintamos la inclinación de buscarnos también un propio y personal camino de aproximación —aunque sea utilizando en parte el trazado por otros— por el cual nos hacemos la ilusión de caminar más cerca del poeta, escuchándole mejor, en la más íntima comunicación confidencial.

Esta razón afectiva, de lector, es la que nos ha llevado a elegir y comentar el tema del camino en la poesía de Machado. Desde él, intentamos comprender la intimidad del poeta: escuchando su voz angustiada de caminante triste y cansado que atraviesa solo y sin guía por los caminos, sin caminos, *de la vida.*

No sabemos si esa línea de aproximación que aquí apuntamos puede interesar a otros lectores como vía de introducción a la poesía del gran lírico andaluz. Posiblemente, el que llegue a leer estas líneas tendrá ya trazada su senda de aproximación, abierta por él mismo o por las varias que ofrece la abundante y buena crítica que ha determinado la obra del poeta. Pero si elige y sigue nuestra senda quizá pueda llegar más allá de las turbias revueltas a que hemos llegado nosotros y vislumbrar más claros horizontes que el que abren estos apuntes o anotaciones de apasionado lector.

Las notas que componen este breve ensayo han ido surgiendo en nuestro quehacer literario no como el trabajo de un tema propuesto a realizar con espíritu y actitud de crítico e historiador de la literatura. Por esto al escribirlas no procedimos con método o esquema previsto, ni con notas o fichas, ni recuentos de palabras, ni aun siquiera con lecturas sistemáticas, como el que va a realizar un riguroso análisis crítico o estilístico. Nos adentramos en la obra poética del gran lírico como por una senda frecuentada ya por muchas desordenadas y desinteresadas lecturas, vislumbrando, sí, un término u objetivo; pero buscando con la misma libertad del que sale a dar un paseo de placer por una bella tierra conocida que le atrae. Sencillamente: lo que la Naturaleza, el paisaje, era para el poeta en su cotidiano pasear ha sido para nosotros ese mundo claro y sencillo y, a la vez, profundo y misterioso de su poesía. No lo hemos ido escribiendo como trabajo, sino como gustoso saboreo, al imaginarnos, así, más cerca de la intimidad de un mundo poético: sin método, orden ni límites, sino por puro placer. Hemos procedido lo mismo que el poeta caminaba por las tierras andaluzas y castellanas: deteniéndonos donde nos atraía una perspectiva; descansando o dejándonos llevar en otros puntos que pedían reposo y reflexión; aligerando el paso en otras partes que nos incitaban al cambio; pero siempre buscando —ya que siempre se abren horizontes—, porque nos atraía la realidad y el trasfondo de ese tema del camino, o más, concretamente, del sentido del caminar, del

176 *vivir, del poeta.*

Inconscientemente, nos sentíamos arrastrados a proseguir en la consideración del tema, porque el poeta nos llevaba cual si estuviésemos caminando tras de él en un instintivo intento de columbrar algo —aunque fuese desde el umbral— *de las* secretas *galerías de su alma. En ese afán de oteo y acercamiento con el impreciso caminar de nuestros comentarios y el limitado alcance de nuestra mirada crítica, hemos querido señalar una senda de aproximación a la intimidad del gran poeta, sin duda alguna, el más claro y el más oscuro de toda la poesía española contemporánea.*

Es ésa una búsqueda que, en el caso de Machado, inquieta y apasiona como en pocos autores; aunque comprendamos la imposibilidad de alumbrar algo el misterio insondable de la intimidad del alma del poeta. Porque en esa voz, aparentemente tan sencilla y tranquila, hay unos ecos y resonancias profundas de la más terrible angustia y desolación; aunque a veces ello se diga —y hasta se cante— con el aire de la copla alegre y ligera.

Cuando nos pusimos a escribir este ensayo teníamos, pues, la total incertidumbre de cuál sería su aproximada extensión; pero también la intuitiva certeza de la intención que nos guiaba. La ocasión inicial fue atender la invitación de la revista Caracola *para colaborar en el número de homenaje dedicado al poeta; pero las notas crecieron hasta rebasar las posibilidades de espacio de la revista. Por esta razón sólo se publicó un fragmento con unas líneas de comienzo y de final que permitían darle un más claro sentido o explicación al tema. Manteniendo su libre perfil inicial, de anotación cambiante, el ensayo siguió desarrollándose con incisos, citas y aclaraciones. En ese momento —febrero de 1961— ofrecimos por primera vez una exposición síntesis de sus anotaciones principales, marcando su línea central de más viva emoción, en conferencias pronunciadas en las Universidades de Oxford y Cambridge. Nuevos retoques y adiciones nos animaron a repetirla, reforzando lo que el ensayo tiene de acción o línea argumental dramática, en otra conferencia dada en la Universidad de Pisa, a fines del mismo año. Estimaba que, junto a los temas de poesía de la Edad de Oro, de que tenía que hablar en Oxford y en esta Universidad, merecía ofrecerse un tema de poesía contemporánea de idéntico valor. Y no creo que se pueda encontrar en nuestra lírica una voz que iguale a la de Machado en cuanto a su honda resonancia española y universal. Había, además, otra razón: siempre he sentido una especial emoción al evocar en el extranjero el recuerdo del poeta que tristemente fue a morir fuera de España. Era como sentirse más cerca de aquel* borde del camino *en que Machado esperó la llegada de esa* amada *que siempre acude a la cita.*

Repetimos, para terminar este preámbulo, que no presentamos hoy estas notas con la pretensión de crítico ni de profesor de lite-

ratura, sino, simplemente, como comentario de lector apasionado que siente crecer más y más la admiración por el gran poeta, conforme va volviendo recodos del camino de la vida, y que lectura tras lectura, instintivamente, desea escuchar más de cerca su voz tan grave y tan profunda. Cuando comenzamos a escribir estas anotaciones, y hoy al dejarlas, sentimos nos mueve, esencialmente, un mismo deseo: deseo de aproximarnos, de ver hacia dónde camina el alma de Machado. Pero el poeta, como en la realidad de su vivir cotidiano, parece que no quiere pararse a explicar paradojas, acertijos o ironías y se nos escapa, misterioso, con su pesado y lento —pero constante— andar por los sombríos y polvorientos caminos de la vida, cual si marchara dormido, sonámbulo, soñando caminos y caminos que van a dar en la mar.

Planteamiento y conclusión

¿A dónde el camino irá?

(XI-22)

Se han destacado y comentado finamente por la crítica —especialmente Dámaso Alonso y Bousoño— varios símbolos y temas centrales de la poesía de Antonio Machado [1]. El precioso libro de Zubiría sintetiza y recoge lo dicho hasta el momento y, además, lo amplía, aportando nuevas perspectivas y matices en la consideración de la temática y simbología machadiana [2]. Pero nadie, que yo sepa, se ha detenido con la atención que merece en la consideración de la palabra *camino,* para mí símbolo central, y el más repetido, simple y claro de toda su poesía. Naturalmente, no es que no haya sido visto el sentido metafórico que esa palabra tiene en su lírica. Entre otros, Laín Entralgo —siempre claro y penetrante en su visión—, al enumerar las metáforas expresivas de ese hondo sentimiento de Machado con *respecto al curso del hombre en el tiempo,* lo nombra; pero sólo en una interrogante entre paréntesis: «¿Cuántas veces ha escrito esta palabra Antonio

---

[1] DÁMASO ALONSO: «Poesías olvidadas de Antonio Machado. Con una nota sobre el arte de hilar y otra sobre la fuente, el jardín y el crepúsculo». En *Poetas españoles contemporáneos,* Madrid, 1952, págs. 103-159. CARLOS BOUSOÑO: *Teoría de la expresión poética. Hacia una explicación del fenómeno lírico a través de textos españoles* (2.ª edición aumentada), Madrid, 1956, págs. 125-153.

[2] RAMÓN DE ZUBIRÍA: *La poesía de Antonio Machado* (2.ª edición), Madrid, 1959.

Machado?», se pregunta [3]. Es lástima que no se haya adentrado por ese camino, porque el largo alcance de su mirada crítica hubiera descubierto otras perspectivas que añadir a su fino análisis del tema de la esperanza en nuestro poeta.

Cuando Moreno Villa, practicando, no diré calas, pero sí sondas literarias en la obra de nuestros poetas, elegía, entre las palabras expresivas o clave de la lírica de Machado, la palabra *polvoriento,* al imaginarlo «caminando lentamente, y soñando», debió de subrayar que ese *polvoriento,* ese polvo, procedía del camino; de los caminos de la patria y de los caminos de la vida del poeta [4].

Quizá el hecho de que este tema del camino haya sido rozado al paso por la crítica, sin detenerse a considerarlo, se deba a que se trata de un tópico, de un lugar común repetido en todas las épocas y en todas las literaturas y que asimismo oímos repetir en boca de la gente. Con toda la fuerza de su valor simbólico-alegórico, ¿quién no lo recuerda en Dante, en Manrique o en Santa Teresa o incluso en Rosalía, Bécquer y Rubén Darío? —para citar poetas que concretamente recordamos ante la poesía de Machado—. Cuando el poeta recoge el término —y no olvidemos que ha pasado antes todo el Romanticismo— la palabra es —diríamos con expresión suya— moneda totalmente desgastada por el uso; más aún —podríamos decir, prolongando el símil—: desvalorizada. Pero el poeta *sabrá hacer joyel de la moneda* [5]. Porque Machado no desdeña el lugar común. Por el contrario, gusta como filósofo y como poeta —casi se siente obligado a ello— de repetirlo e intentar penetrar hasta el fondo su sentido y valor. Así lo recomienda Juan de Mairena: «Debemos estar muy prevenidos en favor y en contra de los lugares comunes. En favor, porque no conviene eliminarlos —dice— sin antes haberlos penetrado hasta el fondo, de modo que estemos plenamente convencidos de su vaciedad; en contra, porque, en efecto, nuestra misión es singularizarlos, ponerles el sello de nuestra individualidad, que es la manera de darles un nuevo impulso para que sigan rodando.» Y aún agrega más abajo: «Hay mucho que andar, sin salir de los lugares comunes, antes que lleguemos a la expresión nueva y sorprenden-

[3] Pedro Laín Entralgo: *La Memoria y la Esperanza: San Agustín, San Juan de la Cruz, Antonio Machado, Miguel de Unamuno.* «Discurso de recepción en la Real Academia Española», Madrid, 1954, pág. 80.
[4] José Moreno Villa: *Leyendo a San Juan de la Cruz, Garcilaso, Fray Luis de León, Bécquer, Rubén Darío, Juan Ramón Jiménez, Jorge Guillén, Federico García Lorca, Antonio Machado, Goya, Picasso,* Méjico, 1946, página 91.
[5] *De un cancionero apócrifo.* En *Poesías completas de Antonio Machado* (4.ª edición), Madrid, 1936, pág. 361. Citamos siempre por esta edición.

te» [6]. Al poeta, espontáneamente se le ha escapado en ese «hay mucho que andar» una expresión hecha, un lugar común; y precisamente responde con ese *andar* a la expresión tópico de referirse a la vida como camino. Pero ese lugar común, ese tópico —diríamos con Mairena— lo ha singularizado, *le ha impuesto el sello de su individualidad, le ha dado nuevo impulso.*

Para Machado, pues, el mundo es camino, vivir es caminar; pero precisemos, inicialmente: los caminos los vamos haciendo con nuestro caminar, con nuestro propio vivir. De aquí su enlace con el símbolo y símil del mar. El mar aparece en su lírica no sólo como metáfora del morir —según lo manriqueño— ni de lo ignoto de nuestro origen, sino también como expresión del mundo en el sentido de futuro y destino del hombre. Y no es que cuente en este aspecto la resonancia horaciana del símil del que tanto gustara nuestro fray Luis de León. Evidentemente, el poeta lo elige y repite porque le ofrece, en una visión de infinitud, una realidad material, misteriosa y lejana, sin límites ni horizontes precisos, por donde no hay sendas, sino las ocasionales y transitorias estelas que va dejando cada nave en su pasar, al abrirse camino por las aguas. Así ha de ir el hombre por el mundo: abriendo caminos, soñando caminos. Claro es que hay también otra forma de vivir que, como comentaremos después, reconocía el poeta: es seguir el camino trazado por otro; sobre todo, seguir el camino de Aquel que dijo: *Yo soy el camino.* En su triste y cansado caminar, Machado no deja de buscar este camino, pero es el camino que se le pierde entre la niebla.

[6] ANTONIO MACHADO: *Juan de Mairena. Sentencias, Donaires, Apuntes y Recuerdos de un Profesor apócrifo,* Madrid, 1936, pág. 94.

Pasear

Mis aficiones son pasear y leer.
(Nota autobiográfica, 1931)

El libro bajo el brazo,
la orfandad de mis ojos paseaba
pensando...
(Los complementarios)

No acostumbramos a usar en castellano una palabra que nos permita designar con exactitud a este tipo de hombre que gusta de pasear o caminar, no con el fin indirecto de hacer ejercicio físico, ni como obligado transitar para dirigirse a un lugar determinado, sino por el puro y complejo goce que en sí representa el caminar o pasear. No es el caminante, que entendemos se dirige a algún lugar, aunque marche a la ventura. No es tampoco el transeúnte que lo referimos sobre todo a la ciudad, dirigiéndose a alguna parte, atendiendo a sus quehaceres. Es el hombre que busca el descanso o el recreo en la soledad de las afueras del pueblo o de la ciudad —aunque guste de contemplar de lejos a ese pueblo o ciudad e incluso de seguir el moverse de su gente—, que camina sin prisa, sin término fijo, que se para a contemplar, a meditar o leer, y que vuelve con el mismo ritmo lento a reintegrarse a la vida urbana, al quehacer cotidiano, al estudio o al descanso en el hogar, en la mesa del café o en la tertulia de una trastienda o una rebotica.

El tipo de hombre de que hablamos no es, pues, ni el caminante, ni el transeúnte, ni el excursionista, sino el del paseante; aunque la palabra apenas si se emplea ni, además, recoge en el dicho tipo, ya que el pasear nos hace pensar, sobre todo, en algo más propio de la ciudad, aunque sea ligado especialmente al sitio de pasear, al paseo alameda o a la carretera en el caso de los pueblos. El término nos sugiere algo más frívolo y despreocupado: nos hace pensar en una ociosidad y puro recreo físico de quien está vacío de preocupación, de quehacer y de inquietudes y amores. Y precisamente este tipo a que nos referimos encarna un tipo de hombre preocupado del sentido de su vivir, que piensa, contempla y medita y que se desborda en amor por esa naturaleza y paisaje que busca y trata en su contacto continuo y directo. Ese tipo humano, frecuente en una época próxima —una época en que se vivía más al ritmo de la naturaleza que al compás del reloj—, corresponde a la de esa generación que se está extinguiendo en estos momentos y que se ejemplifica en nuestras letras con casos extraordinarios como los de Antonio Machado, Gabriel Miró y Unamuno. Son figuras que asocian a su personalidad y a su persona un paisaje, y un paisaje de los alrededores de la ciudad o pueblo por cuyos caminos y veredas los imaginamos con su bastón o cayado; aunque el firme y enérgico caminar de don Miguel no necesitaba de apoyos ni ayudas. Son los hombres que han contemplado lenta y amorosamente su ciudad a distancia, abarcándola en su conjunto, como una humana realidad: ciudad o pueblo que sentimos e imaginamos teniéndola como fondo con los campos y montes de sus alrededores, más que perdidos entre sus calles o en el interior de sus casas.

A Miró lo imaginamos con su cayado, subiendo y bajando por veredas y cerros y parándose a ratos para saborear su luminoso paisaje levantino, ante esos pequeños pueblos que se les ve vivir en su conjunto como una criatura, con su fisonomía propia y diríamos que hasta con su sonoridad o voz personal. Recordemos, en el comienzo de *Años y leguas,* cómo goza contemplando *cara a cara* y pintando lentamente —*disciplinando la contemplación, bebiendo a sorbos*— un pequeño pueblo con sus casas e iglesias humanamente animadas como si compusiese un ser vivo que se tiene ante sí en una contemplación mutua: «Todo el caserío se arrebata por un otro, y sube triangularmente. Las cuencas de las ventanitas y de los desvanes; los labios de los postigos; todas las casas se fijan en Sigüenza y le preguntan atónitas, fisgonas, durmiéndose; y las que tienen la sombra en un rincón de la ceja del dintel, le miran de reojo. Algunas rebullen sin frente, porque en seguida les baja la visera parcial del tejado; otras tienen la calva huesuda y ascética del muro que prosigue. Arriba, la parroquia, de hastiales lisos, y en el medio, el campanario, con una faz quemada de sol y la otra en la umbría»[7].

184   [7] *Obras completas,* Madrid, 1934, pág. 951.

El perfil aguileño de don Miguel de Unamuno, inevitablemente, lo evocamos teniendo como fondo a Salamanca, caminando hacia ella en su cotidiano paseo por la carretera de Zamora. Algunas de sus más bellas y profundas descripciones de paisajes, esas *fantasías* en que la contemplación del cielo lo eleva como a otro fray Luis —que tan hondo lo llevaba siempre en su vagar y pensar por esas tierras— arrancan de estos paseos de vuelta a la ciudad, a la puesta del sol, o también paseando por los alrededores de algún pequeño pueblo castellano. Su *fantasía* crepuscular es el recuerdo de la visión y emoción sentida en uno de estos paseos, cuando *al caer la tarde se volvía al pueblecillo o lugarejo castellano* «que cual excrecencia o relieve del suelo, como esculpido en éste y de su mismo tono de tierra seca, recortaba en el limpio horizonte su quebrado perfil». Y lo mismo gusta y describe, en su visión de conjunto, también fundida en el paisaje —como brote de su misma tierra y de su misma savia— la dorada ciudad castellana perfilándose sobre el cielo. Porque su artículo *Puesta de sol* —un recuerdo del 16 de diciembre de 1897— es una visión de cielos y nubes lo que le retiene cuando *volvía a Salamanca del habitual paseo cotidiano* y le hace levantarse exultante y profético a considerar los tiempos genesíacos y a terminar con el canto litúrgico de gloria; pero en otros momentos, en *días más serenos,* su vista queda prendida en la vieja ciudad que se le ofrece en lontananza como un *relieve de la lejanía:* «Dominaba la silueta del vasto macizo de la catedral nueva; a un lado el obtuso bulto de San Esteban, convento de dominicos; al otro la gran fábrica de la Clerecía, que semeja un inmenso murciélago con las alas plegadas —tal fingen sus dos torres flanqueando la espadaña barroca de su fachada—. Y más apartada, la cúpula airosa de las Agustinas»[8]. Su vista sigue corriendo por los campos y río, satisfecho con la paz de sentirse fuera de la ciudad, viendo la *tierra como soporte del cielo.* Salamanca queda para él fijada en esta visión de conjunto, fundida con la tierra, como un alto *soto de torres,* como un *bosque de piedras* (Poesías 1907).

No es pura casualidad que sea la generación de estos escritores la que prefirió en la pintura el tipo de retrato —que se ejemplifica en Zuluoga—, en cuyo fondo se despliega un paisaje con la vista panorámica de una ciudad; la ciudad vista como relieve o brote de la misma naturaleza. No sólo las siluetas, sino el gesto y expresión de las figuras. adquieren su plena resonancia psicológica con esos fondos. casi siempre de luces tristes o de atardecer, para sugerir la eternización de un instante de una vida,

[8] MIGUEL DE UNAMUNO: *Paisajes.* Salamanca, 1902, págs. 21, 22 y 47.

para despertar la emoción del paso del tiempo; la emoción experimentada por el personaje retratado en la íntima comunicación con la ciudad o paisaje que tiene tras de sí.

En el paisaje de Machado aparece también muchas veces la ciudad como algo lejano que se abarca con la mirada, se oyen sus campanas y se ven brillar los cristales de sus balcones reflejando el último sol de la tarde, ese sol que a veces envuelve a la ciudad cual un fanal dorado. Esa visión es la que un día y otro en las largas tardes del *lento verano* o en las frías y cortas del invierno, recogía el poeta en su insaciable afición a los paseos y caminatas; a veces también a la larga excursión, como la que hizo a las fuentes del Guadalquivir, que tan hondo recuerdo deja en su poesía. Esta afición la recuerda y destaca en una breve nota autobiográfica, como algo esencial en su vivir, pareándola con la lectura: «Mis aficiones son —decía— pasear y leer.»

Cuando Juan Ramón evoca la figura del poeta amigo, la ve venir hacia él como eterno paseante en torno a las viejas ciudades en que vivió. «Sólo veo —dice que viene dando la vuelta al torreón por la antigua, roja vereda yerbosa, difícilmente, como si no quisiera pisarse las florecillas del cielo silvestre que se le deben venir cayendo de la fantasía.» Y después añade: «Lo mismo que el desordenado músico, patético, se pasea Antonio Machado 'orillas de la mar', por los trasmuros de sus ciudades terrosas —Soria, Madrid, Baeza, Segovia—, pesado, lento de un lado y altivo de otro, seguido, con un libro deshecho en la mano, ausente siempre de su tránsito monótono». Cuando el poeta malagueño piensa en el Machado que *se va,* se lo *representa* —«perpetuo marinero en tierra eterna»— «pensando distraído en el hermano viajero del ultramar hispano, héroe confuso y constante de su *Del camino,* ese librito secreto de los callejones y trasmuros del triste, sofocado horizonte» [9].

Creo que la intuición de los poetas, siempre certera, apunta a la visión esencial del hombre y de la realidad con que se enfrenta. A Machado hay que imaginarlo andando o también sentado, descansando del paseo o de la caminata, pero viéndolo todavía con el bastón entre las manos dispuesto para seguir su camino. Por eso cuando otro poeta, Moreno Villa, lo recuerda, nos ofrece análoga imagen: «Podemos evocar —dice— el timbre de su voz y el ritmo lento de sus piernas caminantes. Justo por esta época del año, rica en tolvaneras, le veo casi materialmente, le proyecto en las colinas o alcores de la severa Castilla «caminando solo, triste, cansado, pensativo y viejo», como se vio a sí

[9] *Cuadernos de Juan Ramón Jiménez.* Edición preparada por Francisco Garfias. Madrid, 1960. págs. 180-181.

mismo un día. Y le veo por la tarde, en «una tarde parta y fría», en «una tarde de soledad y hastío», en «una tarde cenicienta y mustia», mientras «el aire polvoriento» le hace flamear la negra bufanda empapada de tabaco frío. Se apoya en un bastón que todos hemos visto en las manos de muchos abuelos. Hala una de sus piernas como si tirase de un sable. Se detiene, levanta la cabeza y otea los valles y cielos con aquellos ojillos vivaces, de ratón, que no emparejaban nada con su corpulencia y su lentitud machacona. Está un poco jadeante y no le entiendo lo que dice; pero yo creo que dice algo parecido a esto que yo aprendí de niño:

> Pa las cuestas arriba
> quiero mi burro;
> que las cuestas abajo
> yo me las subo [10].

Hasta el acaso hace que en la *imagen primera* que queda en el recuerdo de Rafael Alberti sea el encuentro que tiene con él viéndole venir en Madrid una mañana que bajaba lentamente por la calle del Cisne: «Bajaba lento, como digo —escribe el gran lírico—, con pasos de sonámbulo, de alma enfundada en sí ausente, fuera del mundo de la calle, en la mañana primaveral sonante a árboles con pájaros.» El poeta queda rumiando el recuerdo, musitando los noctámbulos versos machadianos... «*Mal vestido y triste/voy caminando por la calle vieja*». Así, completa la imagen insistiendo en la idea del *ir*, del *caminar*: «Sí, mal vestido y triste iba siempre el poeta de las *Soledades,* con aire siempre de venir de provincia, de la «Soria fría» castellana, donde conoció a su esposa y adonde la perdió» [11]. Y anotemos, por último, que, así, en ese incesante y repetido ir, quedó perfilado, como primer gran trazo en el retrato que nos dejó Rubén Darío:

> misterioso y silencioso
> iba una y otra vez.

[10] José Moreno Villa: «Palabras sobre Antonio Machado». En *Los Autores como actores,* Méjico, 1951, pág. 126.
[11] Rafael Alberti: *Imagen primera de...* (1940-1944), Buenos Aires, 1945, págs. 44-45.

Caminar y vivir

Sentirse caminar sobre la tierra,
cosa es que lleva al corazón espanto.
(Poesías: Galerías. Helios, 1903)

Caminante, no hay camino,
se hace camino al andar.
(Proverbios y cantares. XXIX)

Ese concreto y diario caminar de Machado parece como si agudizara su conciencia del vivir, del pasar, del caminar por el mundo. Y es indiscutible que en ese sentimiento radica la constante angustia que conmueve al poeta y al filósofo: el sentirse caminando sobre la tierra. Goza paseando, caminando; pero al mismo tiempo lo siente como un hecho inevitable y fatal. Así, en la materialidad de sus pasos subiendo y bajando por caminos y senderos, percibe el hondo repercutir de sus pisadas sobre el camino de la vida. El poeta ha insistido en este hecho de sentir el eco de sus pisadas. Soñando en el aproximarse a la muerte, a la hora del atardecer, llega a identificar los pasos de ésta con el eco de los suyos:

En toda la tarde brilla
una luz de pesadilla.
Está el sol en el ocaso.
Suena el eco de mi paso.
—¿Eres tú? Ya te esperaba...
—No eras tú a quien yo buscaba.
(LIV-70)

En una visión de lejanía, de purpúreo atardecer —*Horizonte,* la llama el poeta— con grave acento recoge la sensación:

> Y yo sentí la espuela sonora de mi paso
> repercutir lejana en el sangriento ocaso

(XVII-30)

Es un sentimiento que le estremece de horror cuando lo considera:

> Sentirse caminar sobre la tierra
> cosa es que lleva al corazón espanto [12].

Ni la venta, ni la fuente, ni el árbol, ni las flores del camino serán bastante para distraerle de esa honda tristeza. Un alba de la primavera se lo dirá:

> ha muchos años, caminante viejo,
> que no cortas las flores del camino

(XXXIV-43)

El pensamiento se repite, como algo que aflora desde lo más hondo:

> Muy cerca está, romero,
> la tierra verde y santa florecida
> de tus sueños; muy cerca, peregrino,
> que desdeñas la sombra del sendero
> y el agua del mesón de tu camino.

(XXVII-39)

Como vemos, hasta *ha desdeñado la sombra del sendero y el agua del mesón.* Sólo piensa en el detenerse de un día al borde del camino, en ese descanso en que se espera la llegada de la muerte:

> Al borde del sendero un día nos sentamos.
> Ya nuestra vida es tiempo, y nuestra sola cuita
> son las desesperantes posturas que tomamos
> para aguardar... Mas Ella no faltará a la cita.

(XXXV-144)

Todo lo que contempla le sugiere esa idea de fluir y de pasar. Siente aguda y angustiosamente que no hay nada quieto, firme,

---

[12] Publicada por Dámaso Alonso en *Poesías publicadas en revistas y nunca recogidas en libro.* En ob. cit., pág. 135.

estable; y lo experimenta, paradójicamente, contemplando desde la altura el paisaje soriano en la hora de calma de una tarde de julio: cuando la visión de la ciudad y del paisaje se le ofrece en total quietud, cuando ni los árboles se mueven, cuando todo parece petrificado. Ante ese panorama piensa en Castilla toda, y, meditando, se pregunta: «¿Espera, duerme o sueña?» Tal es la quietud que le envuelve. Y, sin embargo, afirma rotundo:

> Todo se mueve, fluye, discurre, corre o gira,
> cambia la mar y el monte y el ojo que los mira

(XCVIII-107)

Vivir y caminar se identifican en un sentido pesimista, aunque emocionado e inquietante; porque somos nosotros mismos los que vamos haciendo nuestra vida, trazando nuestro camino y soñando nuestros posibles caminos. Pero ese camino que trazamos y recorremos es cosa que se borra, de la que no queda rastro más que unos instantes. Vemos nuestro pasado, la senda recorrida, como ago imposible de volver a pisar; pero sabiendo que todo se borrará, como la estela de la nave sobre el mar:

> Caminante, son tus huellas
> el camino, y nada más;
> caminante, no hay camino,
> se hace camino al andar.
> Al andar se hace camino,
> y al volver la vista atrás
> se ve la senda que nunca
> se ha de volver a pisar.
> Caminante, no hay camino,
> sino estelas en la mar.

(CXXXVI-XXIX-212)

El poeta insiste en este pensamiento, en esta idea de que la vida es sólo pasar; y pasar teniendo que hacerse la senda sin la menor guía, sin unas huellas que seguir:

> Todo pasa y todo queda,
> pero lo nuestro es pasar,
> pasar haciendo caminos,
> caminos sobre la mar.

(CXXXVI-XLIV-217)

La ilusión del poeta caminante está, así, en soñar caminos: es la angustiosa necesidad del que se siente caminar a ciegas y 191 tiene que abrirse su senda para caminar. Por eso su soñar es soñar de caminante; porque, como hemos visto, vivir es caminar y, como poeta caminante que ama el campo, y como buen andaluz, Machado camina soñando y cantando. Aunque todavía joven, ya camina cansado al caer de la tarde y ya tiene necesidad de soñar:

> Yo voy soñando caminos
> de la tarde. ¡Las colinas
> doradas, los verdes pinos,
> las polvorientas encinas!
> ¿A dónde el camino irá?
> Yo voy cantando, viajero,
> a lo largo del sendero...

(XI-22)

Inmediatamente surge la inquietud en un agolparse el sentido alegórico trascendente a la visión de la realidad: «¿A dónde el camino irá?» Porque, además, la noche se echa encima. El final del camino —como el de nuestra vida— se pierde en la sombra:

> La tarde más se obscurece,
> y el camino que serpea
> y débilmente blanquea,
> se enturbia y desaparece.

Esa desolada impresión de caminante a oscuras, marchando a tientas, la intensifica en un cantar de extremo pesimismo e ironía. El hombre va como un ciego, con la luz a la espalda; su huella transitoria puede ser algo, además, que haga desorientar a otros que vienen detrás:

> La luz del alma, luz divina,
> faro, antorcha, estrella, sol...
> Un hombre a tientas camina,
> lleva a la espalda un farol.

(CXXXVI-LI-219)

Se apunta en esa composición las dos formas de vivir que se le ofrecen al hombre: el caminar, solo, a tientas, o seguir el camino' trazado por otro. Machado insiste más de una vez en esta doble forma de vivir. Así en una composición a manera de anécdota o fábula resuelta líricamente en un cantar. Y con un tono humorístico de fondo amargo. Son dos mozos que disputan: cada uno quiere convencer al otro de dirigirse a la fiesta del lugar caminando por donde él camina, porque es el camino más corto y seguro. Uno asegura que lo mejor es seguir por la carretera, mientras que el otro afirma que a campo atraviesa. Así discuten hasta terminar golpeándose:

> Discutiendo están dos mozos
> si a la fiesta del lugar
> irán por la carretera
> o campo a traviesa irán.
> Discutiendo y disputando
> empiezan a pelear.
> Ya con las trancas de pino
> furiosos golpes se dan;
> ya se tiran de las barbas,
> que se las quieren pelar.
> Ha pasado un carretero,
> que va cantando un cantar:
> «Romero, para ir a Roma,
> lo que importa es caminar;
> a Roma por todas partes,
> por todas partes se va.»

(CXXXVI-LII-219)

La conclusión es clara y escéptica: lo mismo da una forma que otra; igual fin aguarda al hombre que abre solo su camino que al que sigue el camino trazado por otro. Como veremos después, Machado insistirá y precisará aún más este pensamiento y con más claro y profundo sentido religioso.

La angustia del caminar en esta oscuridad y desorientación se extrema por la inquietud del impensado, pero seguro llegar. Lo canta en una de sus *coplas elegíacas:*

> ¡Ay del noble peregrino
> que se para a meditar,
> después del largo camino,
> en el horror de llegar!

(XXXIX-49)

Le estremece ese temor de la llegada así como le entristece la definitiva despedida del florecer y fructificar de la naturaleza. He aquí el rasgo que marca la honda distancia que, dentro de tantas relaciones estéticas y éticas, existe entre su lírica y la de Manrique, su modelo e ideal. Su concepción de la vida se le condensa y expresa en la misma idea del camino; incluso fundiendo las dos ideas de caminar y soñar, y en consecuencia también la de   193 despertar y llegar. La diferencia está, claro es —y profundísima—, a partir de ese despertar; pero la idea de infinitud y misterio en la extrema contradicción del todo y seguro y la nada y la duda —el misterio de la eternidad y la infinitud tenebrosa de la duda—, crea en cierto modo una aproximación de equivalencia de conceptos. Para uno es llegar al mar del *nihil* y de lo incierto; para el otro al de la certeza y la eternidad. Camino y río, los dos fluires de tierra y agua que nos hacen percibir sensorialmente el pasar, se enlazan en ambos. Manrique nos dice que *este mundo es el camino para el otro*, y, antes, ha afirmado que

> nuestras vidas son los ríos
> que van a dar en la mar
> que es el morir.

Precisamente, son éstos los versos que glosa Machado llamándolos *gran cantar*. Proclama su devoción al poeta medieval:

> Entre los poetas míos
> tiene Manrique un altar.

Pero frente a la serenidad, llena de optimismo cristiano, ante la muerte que le inspira el mar de lo eterno a Manrique, surge en Machado el terrible horror del mar de la nada, no compensado para el cansado caminante por el placer del descanso de la llegada:

> Dulce goce de vivir:
> mala ciencia del pasar,
> ciego huir a la mar.
> Tras el pavor del morir
> está el placer de llegar.
> Mas ¿y el horror de volver?
> ¡Gran pesar!

(LVIII-73)

Machado caminando y pensando a la hora del ocaso sentirá en sí la resonancia de la metáfora hecha viva realidad:

> Yo iba haciendo mi camino,
> absorto en el solitario crepúsculo campesino
> (...)
> Yo caminaba cansado,
> sintiendo la vieja angustia que hace el corazón pesado.
> El agua en sombra pasaba tan melancólicamente.

194

(XIII-26)

La afirmación que escucha de ese agua que pasa es el eco de la voz manriqueña:

Donde acaba el pobre río, la inmensa mar nos espera.

El poeta no puede contenerse en su *meditar,* sintiendo la referencia a su propia vida. Por esto, exclama para sí, en un paréntesis del lento fluir del verso: *(Yo pensaba: ¡el alma mía!)*

Caminar, pensar y soñar

Converso con el hombre que siempre va conmigo.

(XCVII-104)

Yo voy soñando caminos.

(XI-22)

Responde esta metáfora-símbolo a algo tan íntimo y profundo de su concepción y sentimiento de la vida que podríamos decir atraviesa o fluye también como río o como camino a través de toda su obra poética. A pesar de sus cambios —y de sus contradicciones—, esa idea se mantiene, se matiza, se complica y oscurece, sobre todo al final en boca de sus apócrifos; pero dejando ver, a pesar de todo, la misma preferencia por dicha metáfora, con sus derivaciones y complicaciones, como algo connaturalizado con la expresión poética y, diríamos, que con el sistema conceptual de su torturante pensar y dudar en el misterio de la vida y del más allá.

Desde sus primeras composiciones se nos ofrece como viejo y cansado caminante, con un sentimiento del vivir que es más sabiduría y experiencia que goce. Un vivir intenso, un incesante caminar sin rumbo fijo, sin guía ni orientación, sin más certidumbres respecto a este caminar que el hecho de que tras el *laborar, pasar y soñar, en un día como tantos descansará bajo la tierra.* Y el pensamiento se expresa ya en sus metáforas preferidas de *camino y mar:*

He andado muchos caminos,
he abierto muchas veredas;

197

he navegado en cien mares,
y atracado en cien riberas.

(II-11)

Su pensar y meditar lo entiende siempre como un diálogo consigo mismo o como un adentrarse hacia la *honda cripta* de su alma o como un soñar; pero observemos cómo se expresa todo ello con un sentido dinámico de lento pero constante pasar o caminar. En esta interiorización el poeta no dice que dialoga consigo mismo o que está conversando con otro, sino con el que va con él: «Converso con el hombre que siempre va conmigo» (XCVII-104). Este verbo ir, en su sentido continuativo de proceso o marcha, ofrece la acción como desarrollándose mientras se anda o camina. Lo mismo ocurre con el soñar: el poeta no dice: *«yo sueño caminos»*, sino *«yo voy soñando caminos»*. Ninguna acción se aísla; todo sucede en el fluir del tiempo, caminando. Si se detiene en el camino es para descansar; no quiere meditar:

¡ay del noble peregrino
que se para a meditar
después de largo camino
en el horror de llegar!

(XXXIX-49)

Es sentir, si no el ansia y embriaguez del caminar, sí el impulso inevitable al que se entrega el alma para que esa misma continuidad insistente del caminar impida la reflexión, el pensar en la llegada. Se tiene conciencia de que se está caminando y no se ansía otra cosa —ni aun para olvidar el término de llegada— que caminar. Incluso durmiendo, sueña que va soñando caminos. Porque aun en sueños siente el mismo impulso de caminar y la necesidad de encontrar el camino. Entregarse a la quietud del sueño es también adentrarse, marchar hacia otras misteriosas lejanías y profundidades. Se siente llamado desde esa imprecisa zona en que comienza su propio sueño —*desde el umbral de un sueño me llamaron*—; pero entonces camina, sobre todo, no por abiertos paisajes, con horizontes, por los caminos de la tarde o de la noche, sino hacia dentro, por los recónditos senderos del alma que, en general, ya no son abiertos, sino cerrados y desnudos; hay que penetrar por su *umbral* para adentrarse por *secretas o escuetas galerías,* por estrechos y largos corredores tenebrosos, por *hondas grutas, por borrosos laberintos de espejos,* por *criptas hondas...,* pero siempre es caminar.

Recordando a Bécquer, afirma que el alma del poeta se orienta hacia el misterio y el recuerdo; y la búsqueda de ese misterio supone un adentrarse en el alma como caminando y oteando a lo lejos, a través de galerías sin fondo, bajo un *turbio y mago sol:*

> Sólo el poeta puede
> mirar lo que está lejos
> dentro del alma en turbio
> y mago sol envuelto.
> En esas galerías,
> sin fondo, del recuerdo.
>
> (LXI-76)

El sueño puede ofrecerle, diríamos, los caminos hacia atrás o hacia el futuro; caminos que, aunque arranquen también *sobre la tierra amarga,* pueden llevar, a través de *sendas tortuosas,* a esos *retablos de esperanza y recuerdos* donde contempla

> Figurillas que pasan y sonríen
> —juguetes melancólicos de viejo—:
> imágenes amigas,
> a la vuelta florida del sendero,
> y quimeras rosadas
> que hacen camino... lejos...
>
> (XXII-35)

Volveremos, más adelante, a considerar este poema y a recordar el fino comentario de Ricardo Gullón en torno al emocionado cambio psicológico que a través de él nos expresa el poeta con tan parcos elementos. Subrayemos ahora, solamente, por nuestra parte, cómo para el poeta la mayor ilusión y necesidad es encontrar un camino despejado en sus horizontes que le lleve lejos.

Por esos caminos ocultos, subterráneos, del sueño que llevan también a la honda cripta del alma, desde los que se siente llamado, también buscará el poeta la mano amiga que le coja y le guíe. Porque a veces la llamada y la mano que le arrastra es la del *demonio de su sueño* que con su *férrea mano* le *atenaza su diestra* y le hace avanzar hacia esa cripta donde el poeta *siente sonar cadenas y rebullir de fieras enjauladas.* Pero otras es la *buena voz, la voz querida,* la que le llama y le lleva a ver el alma:

> ...Y avancé en mi sueño
> por una larga, escueta galería,
> sintiendo el roce de la veste pura
> y el palpitar suave de la mano amiga.
>
> (LXIV-79)

Aunque se contrapongan esas dos visiones, de horror y de caricia, de pesadilla y dulce sueño, se llega siempre a descubrir o presentar su final marchando a través de largas y escuetas galerías. No es el mundo del descenso o el vuelo onírico; es siempre caminar.

«Poeta del tiempo»

> Ni mármol duro y eterno,
> ni música ni pintura,
> sino palabra en el tiempo.
>
> (CLXIV. DE MI CARTERA I)

Observemos —antes de proseguir en nuestros desordenados apuntes— que ese valor esencial que a nuestro juicio representa la palabra camino en la poesía de Machado, no contradice, sino que refuerza el íntimo sentido temporal, de acción, que él mismo nos descubre como ideal poético y, diríamos que también, como base de su vivir y pensar. En aquellas siete breves estrofas, *De su cartera,* verdadera poética de urgencia, como anotadas al paso —quizá en algunas paradas o descansos de sus paseos y caminatas—, nos afirma rotundo esta paradoja de su *gramática lírica:*

> El adjetivo y el nombre
> remansos del agua limpia,
> son accidentes del verbo.
>
> (CLXIV. *De mi cartera.*)

Esto es, el verbo, la acción, es la sustancia y esencia de la poesía. Por esto ha podido afirmar antes que la poesía no es la belleza plástica o musical ni la primorosa talla escultórica:

> Ni mármol duro y eterno,
> ni música ni pintura,
> sino palabra en el tiempo.
>
> (CLXIV. *De mi cartera.*)

201

La imagen que sugiere la palabra camino entraña por sí dirección, movimiento, sucesión. Es algo que no abarcamos con la mirada, sino sólo en parte, que se nos pierde, así, en sus dos direcciones: que viene de un lugar y lleva a otro. Adquiere, pues, su pleno sentido en relación con nosotros, sintiéndonos caminando por él. Sólo el río tiene este sentido dinámico del pasar, del venir y del llegar: del nacer, vivir y morir. Hay quien ha visto los caminos como si fuesen ríos secos. De aquí que sea ésta otra metáfora preferida. Y no olvidemos que ambas, como también la del mar, estaban garantizadas en su empleo como metáfora-símbolo por su esencial modelo literario: por las *coplas* de don Jorge Manrique, verdadera base de su estética y en parte —sólo en parte— de su ética.

También conviene considerar al paso la decisiva importancia que la expresión figurada y simbólica tiene en la lírica de Machado, ya que en apariencia se ofrece, aunque profunda, como la más sencilla y clara de la poesía de su tiempo. Ya más de un crítico, sobre todo Zubiría y Serrano Poncela [13], han tenido que insistir en la dificultad y oscuridad que ofrecen muchas composiciones del poeta. Y no es ello debido en especial a las dudas, contradicciones y cambios de su pensamiento, sino a la expresión figurada: a las metáforas y figuras cuyo sentido no se descubre. Aunque su norma estética y lingüística sea la de la claridad y sencillez, de decidido y razonado antibarroquismo —aunque su temperamento en un sentido amplio y profundo sea plenamente barroco—, aun buscando una expresión anticonceptual, puramente intuitiva y directa, sin embargo, su actitud meditativa ante la vida y el mundo —más que su formación filosófica— impulsa su poderosa intuición en un ahondar o penetrar la realidad en forma que sin violencia de actitud reflexiva, sin frialdad intelectual, alcanza una visión simbólica, cálida y espontánea, que gradualmente va haciendo su poesía difícil y oscura.

No olvidemos, además, que aunque Machado ha defendido como norma central de su estética la expresión clara y directa —lo más contrario al eludir el nombre cotidiano de las cosas de que hablaba Ortega como concepto de lo poético, al referirse a Góngora— [14] y que pocos como él han demostrado de hecho la plena eficacia poética conseguida con, simplemente, nombrar las cosas, sin embargo, también reconoce la necesidad ineludible de la metáfora. «Silenciar los nombres directos de las cosas —escribe— cuando las cosas tienen nombres directos, ¡qué estupidez!...» No

[13] Segundo Serrano Poncela: *Antonio Machado. Su mundo y su obra,* Buenos Aires, 1954.
[14] José Ortega y Gasset: *Obras completas,* vol. III, Madrid, 1947, página 576.

obstante tiene que añadir: «pero hay hondas realidades que carecen de nombre y el lenguaje que empleamos para entendernos como hombres con otros, sólo expresa lo convencional, lo objetivo» [15]. Lo que necesita el poeta —lo reconoce en otra parte— es *huir de la imagen que expresa conceptos y no puede tener sino una cimentación lógica.* Aunque quiere combatir la estética barroca, razona agudamente la necesidad de la metáfora. «Porque no existe perfecta conmensurabilidad —dice Mairena— entre el sentir y el hablar, el poeta ha acudido siempre a formas indirectas de expresión, que pretenden ser las que directamente expresan lo inefable. Es la manera más sencilla, más recta y más inmediata de rendir lo incluido en cada momento psíquico lo que el poeta busca, porque todo lo demás tiene formas adecuadas de expresión en el lenguaje conceptual. Para ello acude siempre a imágenes singulares, o singularizadas, es decir, a imágenes que no pueden encerrar conceptos, sino intuiciones, entre las cuales establece relaciones capaces de crear a la postre nuevos conceptos» [16]. El poeta tiene que buscar la imagen o metáfora que mejor que el término directo, que lleva a la referencia de lo lógico, sugiera o despierte, a través de otra realidad concreta, intuiciones; esto es repercutir no en el entendimiento, sino en esa misma zona íntima del espíritu de que arrancó la creación del poeta.

En consecuencia, la palabra, metáfora o símbolo, aunque no se fije sistemáticamente en la lírica de Machado, sin embargo, se da con una insistencia y persistencia que descubre cómo se han ido forjando por una actitud no de filósofo, sino de poeta, aunque al final esas metáforas sirvan a su vez para la expresión del pensamiento. En algunos casos juega con esas metáforas-símbolos con pleno sentido de adivinanza; pero lo frecuente —sea en el tono de cantar, de proverbios, o del más lento desarrollo poemático— es que se exprese siempre con gravedad y resonancia trascendente.

Cuando vemos su expresión, sobria de recursos, y sus repeticiones de símiles, adjetivos y metáforas, pensamos en la lírica de fray Luis, lo mismo que cuando consideramos ese fondo de pensamiento vivido sobre el que se levanta el arrebato lírico. Incluso nos acordamos en este caso concreto, objeto de nuestro ensayo, de los razonamientos de fray Luis en torno al nombre *Camino,* en sus *Diálogos de los nombres de Cristo,* quien tampoco deja de mirar a la realidad próxima que tiene delante de su Salamanca —como el camino que lleva a la Corte— para explicar el sentido

---

[15] «Sobre imágenes de la lírica» (al margen de un libro de Vicente Huidobro). En *Los Complementarios y otras prosas póstumas,* Buenos Aires, 1957, páginas 33-34.
[16] «El Arte poético de Juan de Mairena». En *Poesías Completas,* ed. cit., páginas 378 y 381.

simbólico alegórico del nombre que comenta. Pero al considerar en Machado sus metáforas-símbolos, arrancados de la Naturaleza —su visión del camino, del río o de la fuente—, aunque descubramos su brotar de la composición que para él fue cima y estrella de guía, de las coplas manriqueñas, sin embargo, tenemos que reconocer que la fuerza y eficacia de esas metáforas proceden sobre todo, de su vivir y sentir cotidianos, más que de un acto de puro pensamiento. La emoción del camino y del caminar, o la del fluir y correr de los ríos, en su honda repercusión como metáfora del vivir, responden a algo experimentado ante la concreta realidad; no han sido creadas como metáforas filosóficas en el proceso intelectivo del poeta filósofo ante las cuartillas. Y en este sentido pocas metáforas de la poesía de Machado tienen más honda raigambre en la viva realidad del poeta que ésta que hoy destacamos y comentamos.

Vivir y poetizar

Hay hondas realidades que carecen de nombre.

(Los complementarios)

La importancia que en el vivir cotidiano de Machado tiene el caminar explica y fundamenta, pues, la frecuencia y valor que el camino y el caminar adquiere en su poesía, no ya como tema o realidad objetiva —con sus temas y motivos complementarios— sino como símbolo de su intuición poético-metafísica. Esta manera viva y vivida con que crea el símbolo, explica que esté siempre cargado de la emoción de realidad y que nos impresione y conmueva, aun sin percibir más que su significado directo, sin la plena resonancia simbólico-alegórica. En ese concreto caminar, meditando y soñando, a través de las tierras de Castilla y Andalucía, el poeta va asociando al paisaje que contempla y atraviesa el sentido simbólico, la resonancia trascendente de su sentido de la vida como un inevitable caminar.

Así, el camino, el río, el mesón, el árbol, la noria, la fuente, realidades vistas, amadas y saboreadas, en el camino o desde el camino, en una familiar e íntima contemplación y convivencia, se van incorporando a su poesía en su duplicidad de significado, no con rigorismo sistemático y abstracción intelectualista, sino en un proceso intuitivo, con espontaneidad, cambios y, siempre, con emoción. De aquí la apariencia de sencillez, de directo referirse a las cosas que nos ofrece Machado y de aquí también su tremenda dificultad. Es una lírica, cambiante, densa y honda, aunque en sus últimos momentos la preocupación filosófica, el ansia de concretar doctrina —y doctrina con contradicciones, dudas y cambios— deje al descubierto el juego mental que a veces tuerce o acalla la voz del poeta. Pero esa voz permanecerá insistente desde el principio hasta el fin, expresando a través de esos símbolos claves su sentimiento trágico de la vida.

No es que falte en su creación simbólico-alegórica la raíz o eco literario; la hay, y profunda, ya algunos de esos símbolos podría remontarnos hasta la poesía horaciana, como ocurre con el símbolo del mar. También es verdad que el camino y el río machadiano no pueden ocultar su recuerdo gustado y consciente de Manrique; pero no es menos verdad que en este sentido la voz del poeta guerrero resonaba sólo como un eco más, aunque fuese profundo, en el angustioso fluir o pasar de la vida del poeta caminante. No es sólo reexperimentar, en el yo profundo y en la contemplación externa, la metáfora o el símbolo que entró por la lectura, es un sentido angustioso de la vida que, desde los primeros momentos, buscó su expresión metafórica en ese contacto continuo de su lento caminar a través de los polvorientos y ondulados senderos y caminos de Castilla, *viendo torcer el Duero en torno a Soria, para formar la corva ballesta de un arquero,* o acá en Baeza, desde su alta loma, cómo *corre* el Guadalquivir *entre sombrías huertas y grises olivares,* ocultándose y quebrándose cual si fuera *un alfange roto y disperso que reluce y espeja.*

Sus palabras símbolos, pues, antes de responder a su función simbólica, han respondido a un impulso estético vital como expresión de realidades gozadas como tales. Siempre pienso ante estos símbolos machadianos en un proceso análogo —aunque limitado en su trascendencia— al que produjo el vocabulario místico-poético de San Juan de la Cruz. También el gran santo poeta gustaba de caminar por el campo e incluso llevaba a sus novicios a lo que llamaba *paseos santos.* Y ante esa naturaleza —la misma que contemplará más tarde Machado— estalla desbordante su emoción de místico y de poeta y prorrumpe en cánticos de alegría, y cuando medita y contempla, no es sólo para trascenderla, sino que también le sirve de motivo «para tratar de las cosas espirituales y divinas» [17]. En un íntimo y amoroso contacto se va produciendo la utilización de esos elementos de la naturaleza para designar lo espiritual; los montes, los valles, los ríos, las flores, la fuente o la noche se van convirtiendo en símbolos en su vocabulario místico-poético; más por intuitivo acto de goce que por reflexión. Coexiste la emoción y goce sensorial de la realidad física

[17] Véase nuestro libro, *Poesía y Mística. Introducción a la lírica de San Juan de la Cruz,* Madrid, 1959.

de las cosas con la carga espiritual trascendente de su significado simbólico. De aquí que su poesía nos comunique la emoción y sentimiento de la naturaleza, aunque no percibamos plenamente su significado simbólico trascendente. La misma razón nos explica que los símbolos centrales de su doctrina —como ocurre con la fuente y la noche— correspondan precisamente a aspectos o elementos de la vida de la naturaleza de que especialmente gustaba el místico poeta. Su lugar preferido para hacer oración era junto a la fuente, y la hora, durante la noche.

De la misma manera, los símbolos de la poesía de Machado, antes de que actúe sobre ella el poeta filósofo, tienen su origen en una realidad vivida, en una naturaleza no sólo percibida con poderosa intuición de poeta, sino también gozada por el hombre en la plenitud de sus sensaciones y halagos sensoriales, en diario trato y contemplación de ella. Y como en el poeta carmelita, lo que responde a la más profunda preferencia de su vivir y contemplar, adquiere una función esencial en su sistema expresivo de símbolos y alegorías. El camino, el árbol, el río, la fuente, no sólo se convierten en temas predominantes, sino que, además, se erigen en símbolos que encierran su visión del mundo y su sentido de la vida.

No olvidemos que las metáforas símbolos de San Juan de la Cruz, como expresión de lo supralógico, se le ofrecían a Machado como el producto, no de conceptos, sino precisamente como un desbordarse de lo subjetivo, como el escape de una cargazón de apasionado e incontenible sentimiento. Se explica la gran altura en que lo coloca. Así, nos dice: «En San Juan de la Cruz —acaso el más hondo lírico español— la metáfora nunca aparece sino cuando el sentir rebosa del cauce lógico, en momentos profundamente emotivos. Ejemplo:

en la noche dichosa,
en secreto, que nadie me veía
ni yo miraba cosa,
sin otra luz ni guía,
sino la que en el corazón ardía.

La imagen aparece —continúa— por un súbito incremento del caudal del sentir apasionado, y una vez creada, es ella a su vez creadora, y engendra, su contenido emotivo, la estrofa siguiente:

Aquesta me guiaba
más cierto que la luz del día [18]».
(...)

[18] *Los complementarios*, ed. cit., págs. 34-35.

La íntima admiración a nuestro Santo poeta que demuestran esas palabras está descubriendo la plena adhesión a un ideal poético que entrañaba el encuentro de claridad y profundidad insondable —como lo es toda la expresión metafórica de San Juan de la Cruz— y que esos versos constituían para él la mejor realización de la expresión de lo inefable. Hay que reconocer que, después de la poesía de San Juan de la Cruz, ningún otro lírico ha logrado en nuestra lengua ese encuentro de la expresión clara y cálida con un sentido alegórico y simbólico. Ese sabor de realidad concreta unido al sentido trascendente procede, pues, como en el caso del místico carmelita, de que Machado llegó a la expresión metafórica en la contemplación y trato con una realidad gustada que se penetra y erige en símbolo o alegoría.

Se podría pensar, en contra de nuestra argumentación, en la gran importancia —precisamente destacada en estas notas— que la metáfora *mar* tiene en su poesía; esto es, una realidad apenas vivida. Pero pensemos que precisamente viene a desempeñar en su ideología la función expresiva de lo desconocido, de lo misterioso e insondable del origen y sobre todo del futuro y del más allá del hombre. Lo expresó, rotundamente, en una de sus explosiones de pesimismo:

Cantad conmigo en coro: Saber, nada sabemos,
de arcano mar vinimos, a ignota mar iremos...

(CXXXVI-XV-2-8)

Paisajes en el tiempo

> Todo se mueve, fluye, discurre, corre o gira:
> cambia la mar y el monte y el ojo que los mira.
>
> (XCVIII. *A orillas del Duero*)

La realidad material de su gusto y frecuencia de caminar por el campo y la realidad ideológica y conceptual de esa concepción de la vida, plasmada en una paralela serie de símbolos o metáforas creadas en torno a la de camino, la estimamos decisiva como influjo y casi como determinante de su actitud y concepción formal del paisaje, así como de su sentido expresivo temporal. Observemos que la visión del paisaje que recoge Machado es siempre la visión del que va caminando: anotaciones sucesivas de lo que va descubriendo que, en consecuencia, el verso va señalando o sugiriendo, a veces, con la simple enumeración, aunque siempre cargada de emoción. La mirada va pasando de unas cosas a otras en un sucederse espacial y temporal como quien recoge lo que va encontrando a su paso y lo que los distintos recodos, subidas y bajadas le permiten descubrir. Por eso hay en su paisaje primeros términos y lejanías, horizontes, hondonadas, barrancos, llanuras y pedregales, así como árboles, fuentes y ventas o mesones. Todo ello visto en una contemplación repetida, insistente, como algo que arranca de la visión cotidiana del que pasa y vuelve a pasar, del que llega a ver las cosas incorporadas a su vivir y no como algo ocasional o sólo como tema de arte elegido por la reflexión.

Así conoce todo ese paisaje que canta, al que nombra y llama   209

14

con una exactitud de hombre de la tierra, destacando y señalando todas sus partes y con una riqueza y precisión de términos que, aunque no acudan a su pluma con la fruición y delectación sensual con que los nombra un Miró, sin embargo, obedecen también a una comunicación íntima, quizá más profunda y más pegada a la tierra. Así se ofrecen las visiones amplias que recoge en su caminar por los cerros y pedregales sorianos o por las ondulaciones de la loma de Baeza; visión paisajística rica de términos y elementos con perspectivas en las que se siente la emoción del espacio; aunque a veces se rompe esa gradación de distancias por lo que podríamos llamar una perspectiva expresiva que, como en la pintura de un Palencia, hace que un término se destaque y valore, aun en la distancia, por una razón expresiva que rompe con la gradación que impondría una perspectiva lineal y atmosférica.

Si la visión de paisaje ofrece en su aspecto formal y nominalista la huella de haber sido contemplada al caminar, igualmente queda patente esa circunstancia en lo esencial de su expresividad y emoción; en el sentimiento de lo temporal que de ella emana, algo que muchas veces ha señalado la crítica, aunque no se haya buscado para explicarlo esta razón o fundamento que hoy destacamos. Porque se han dicho muchas cosas, y muy bien —sobre todo en el citado libro de Zubiría—, en torno a este aspecto de la temporalidad del paisaje de Machado; pero creo que se podría añadir alguna cosa más a todo lo dicho.

Estimo de interés señalar cómo a través del desarrollo del poema y a pesar de su brevedad, se recoge la emoción del paso de las horas. Si sus versos piden lentitud en su lectura, si exigen pausas y se aíslan las estrofas, es porque se quiere sugerir por el poeta ese transcurrir del tiempo, las visiones y sensaciones que se van sucediendo. A veces parece trasladarnos lo que va viendo y sintiendo a través de un lento caminar por el campo. No es frecuente en otros poetas paisajistas esta visión cambiante del paisaje. Lo que más abunda es la visión de un momento determinado, la equivalencia del cuadro, aunque a veces esa visión suponga un sentido dinámico y sugiera profundidad y movimiento, como ocurre en el paisaje barroco. En Machado no se trata sólo de darnos una visión dinámica y profunda que recoge los distintos términos o planos. No es la visión pictórica, con acompañamiento sonoro o musical y demás repercusiones sensoriales, que consigue ya extraordinarios efectos en Espronceda, que con finuras y sutilezas se da también en Bécquer y, con plena conciencia de sus efectos, saborea el primer Juan Ramón. Todo ello cuenta, pero además, con la profunda emoción temporal y muchas veces —y es lo que queremos anotar— recogiendo en un mismo poema la visión sucesiva y cambiante del paisaje conforme a lo experimentado en su lento caminar. Y al trasladarnos la emoción del ritmo del paso de las horas, de la llegada del atardecer y de la noche, nos produce la repercusión de hacernos pensar, vagamente, en el paso de nuestra vida. Su famoso poema «Yo voy soñando caminos» constituye un claro ejemplo de esta visión temporal, cambiante, del paisaje.

Yo voy soñando caminos
de la tarde, ¡las colinas
doradas, los verdes pinos,
las polvorientas encinas!...
¿Adónde el camino irá?
Yo voy cantando, viajero,
a lo largo del sendero...
—La tarde cayendo está—.
«En el corazón tenía
la espina de una pasión;
logré arrancármela un día,
ya no siento el corazón.»
Y todo el campo un momento
se queda mudo y sombrío,
meditando. Suena el viento
en los álamos del río.
La tarde más se obscurece;
y el camino que serpea
y débilmente blanquea,
se enturbia y desaparece.
Mi cantar vuelve a plañir:
«Aguda espina dorada,
quién te pudiera sentir
en el corazón clavada.»
(XI)

En la primera estrofa nos ofrece una visión del campo aún lleno de sol; por eso el color destaca y brilla:

Yo voy soñando caminos
de la tarde, ¡las colinas
doradas, los verdes pinos,
las polvorientas encinas!...

En la estrofa siguiente, en un inciso con expresivo gerundio que subraya la continuidad del progresivo marcharse de la luz, nos da un momento posterior: «La tarde cayendo está.» En la tercera estrofa ya no hay sol, ya todo queda en la sombra y en silencio; el oído recibe una mayor excitación al decaer la fuerza de la luz y del color. En ello responde Machado a una sensación real, vivida, que experimenta —consciente o inconscientemente— cualquier gustador de la contemplación del paisaje; parece que   211 la sonoridad crece conforme se debilita la luz. En el mecanismo psico-físico de la visión se produce una compensación: oímos más, conforme vemos menos.

Así nos lo hace sentir Machado:

> Y todo el campo un momento
> se queda mudo y sombrío
> meditando. Suena el viento
> en los álamos del río.

Pero en la cuarta estrofa la oscuridad ha avanzado, se ve *débilmente;* todo se *enturbia* hasta perderse en las sombras:

> La tarde más se obscurece:
> y el camino que serpea
> y débilmente blanquea,
> se enturbia y desaparece.

En esa plena oscuridad su cantar resonará más aguda y angustiosamente: «Mi cantar vuelve a plañir.»

La misma visión de caminante que se adentra en el paisaje y en el tiempo y que contempla y medita remontándose temporalmente hacia el pasado y especialmente hacia la general consideración de Castilla toda, la ofrece su poema, *A orillas del Duero.* Esa visión lírica con acción, ese transcurrir del tiempo a través del desarrollo del poema, se cumple también en esta composición. Comienza en hora de pleno sol de un hermoso día de julio. El poeta asciende *por los cerros y quiebras del pedregal, vencido y apoyado en su bastón, buscando los recodos de sombra. Sobre los agrios campos caía un sol de fuego.* Desde la altura el poeta contempla el inmenso panorama, y su vista va corriendo de unos puntos a otros. Al detenerse en el fluir tortuoso del Duero cuyas aguas *plateadas se ensombrecen* al pasar bajo las arcadas del puente, el poeta es arrastrado a la consideración de esa *triste y noble* Castilla que cruza el río:

> El Duero cruza el corazón de roble
> de Iberia y de Castilla.

> (XCVIII-106)

Se adentra en el pasado de esa tierra. Medita, se interroga o exclama, mientras la hora avanza. Inicia el regreso hacia la ciudad:

> El sol va declinando. De la ciudad lejana
> me llega un armonioso tañido de campana.

...Los campos se oscurecen.
Hacia el camino blanco está el mesón abierto
al campo ensombrecido y al pedregal desierto.

Ha comenzado en una hora de plena luminosidad y color que le permitía ver a lo lejos las *márgenes del río, lucir sus verdes álamos al claro sol de estío* y, así mismo, «los lejanos pasajeros ¡tan diminutos! ...cruzar el largo puente». Al final todo se ha *ensombrecido* con la proximidad de la noche. La emoción que nos hace pensar en el poeta que regresa cansino hacia la ciudad de la que viene el eco armonioso del tañido de campanas que llaman al rosario a las *enlutadas viejas,* reforzándose con ello esa emoción temporal del monótono sucederse de la vida de la naturaleza y de la vida de la antigua y triste ciudad castellana.

Otra visión, aunque no sólo de paisaje, transida de esta emoción temporal de la angustia lenta de la espera, conseguida igualmente por la espaciada anotación o referencia al paso de las horas, la ofrece sólo en treinta y dos versos, la composición dedicada a Azorín por su libro *Castilla* (CXVII-172).

En la *venta de Cidones, en la carretera que va de Soria a Burgos. Sentado ante una mesa de pino un caballero escribe.* Está esperando al correo. La primera anotación de paisaje, certera en su breve referencia sensorial y temporal, supone ya la emoción del atardecer:

El viento frío azota los chopos del camino.
Se ve pasar de polvo un blanco remolino.
La tarde se va haciendo sombría...

La referencia a este momento de llegada se hace después con otra visión temporal de paisaje:

Cuando el correo llegue, que el caballero aguarda,
la tarde habrá caído sobre la tierra parda
de Soria. Todavía los grises serrijones
con ruinas de encinares y huellas de aluviones,
las lomas azuladas, las agrias barranqueras,
picotas ⟩y colinas, ribazos y laderas
(...)
darán al sol de ocaso su resplandor de acero.

La espera continúa; todo se oscurece. Los dos últimos **versos** nos ofrecen la llegada de la noche:

Cerró la noche. Lejos se escucha el traqueteo,
el galopar de un coche que avanza. Es el correo.

Hasta en algún poema de pura interiorización, de caminar por los ocultos senderos de los sueños al mundo de los recuerdos y esperanzas, podemos encontrar ese proceso temporal, ese ir pasando el tiempo a través del poema; aunque en él lo que sugiere ese tránsito temporal —como puro mundo de interior o subterráneo— no es la luz, sino el estado espiritual del poeta proyectado sobre su recorrido, que le hace pasar desde la *tierra amarga,* a través de *caminos laberínticos* y *sendas tortuosas,* hasta zonas alegres de ilusiones y esperanzas, con *imágenes amigas,* senderos con *vueltas floridas* y *quimeras rosadas,* que le dejan abierto el camino hasta muy lejos:

> Sobre la tierra amarga,
> caminos tiene el sueño
> laberínticos, sendas tortuosas,
> parques en flor y en sombra y en silencio;
> criptas hondas, escalas sobre estrellas;
> retablos de esperanza y recuerdos.
> Figurillas que pasan y sonríen
> —juguetes melancólicos de viejo—;
> imágenes amigas,
> a la vuelta florida del sendero,
> y quimeras rosadas
> que hacen camino... lejos...
>
> (XXII-35)

Se trata igualmente —como tantas veces en Machado— del poema que pide la lenta lectura, con pausas o descansos que sugieren ese paso del tiempo, ese cambio de estado de alma. Son poemas de ensueño y de sueño; cual si reflejaran el irracional desarrollo del sentido temporal tal como se produce al soñar. Si en un rápido sueño de instantes podemos haber vivido intensamente lo que correspondería en la realidad a un largo período de tiempo, el poema de Machado, con puras intuiciones líricas —sin contar ni razonar— nos sugiere igualmente el adentrarnos en el tiempo, en los recuerdos y en las ilusiones, dejándonos la emoción y resonancia vaga de lo que se aleja, tal como se produce al soñar. A través del fluir del poema, el poeta ha caminado mucho, ha pasado por tierras amargas, caminos laberínticos sendas tortuosas, parque en flor, en sombra y en silencio, criptas hondas, escalas sobre estrellas, hasta encontrar con las imágenes amigas y las quimeras rosadas que a la vuelta florida del sendero dejan trazado el camino hacia la distancia. Hay tiempo y espacio por delante para seguir caminando bajo la alegre impresión de esas quimeras rosadas, esto es, lleno de esperanzas. Aunque no se refiriese a este aspecto temporal que nosotros queremos destacar aquí, comentaba muy bien Ricardo Gullón esta eficacia para, con tan pocos elemen-

214

tos, conseguir expresar el cambio psicológico: «Operando con palabras, y merced a la sabia disposición de ellas, al escalonamiento de los objetivos, que bajo aparente dispersión obedecen a un orden riguroso. Machado conduce al lector a un estado de ánimo, a una emoción que explica líricamente lo acontecido en su alma. Partiendo de la tierra amarga llega, entre recuerdos y esperanzas..., a una ilusión, tópicamente *rosada,* que incita a proseguir el camino más allá:

> que hacen camino... lejos...

Este verso deja el final del poema en una suspensa posibilidad, en una incertidumbre henchida de promesas, en pura sugestión y temblor, aleteando y en marcha» [19].

[19] RICARDO GULLÓN: *Las secretas galerías de Antonio Machado,* Madrid, 1958.

Cosas del camino

...peregrino
que desdeñas la sombra del sendero
y el agua del mesón de tu camino.

(xxvii)

La valoración del camino como tema o elemento de la realidad
y a la par como símbolo la refuerza y completa la valoración de
todos aquellos elementos que se unen al camino, aparte las visiones que desde él se recogen. Su paisaje, como comentamos antes,
responde a esta actitud de caminante, cambiando de punto de vista,
enlazando visiones sucesivas, reflexionando y meditando al paso,
haciendo ver cómo pasa el tiempo a través de las impresiones y
sensaciones que anota.

Ya es significativo que una gran parte de las composiciones
de su libro Soledades, galerías y otros poemas, se agrupen bajo
el título Del camino. Una de las pocas composiciones que se pu-
blica con título en su libro Campos de Castilla es Caminos. Y en
Nuevas canciones, el primer poema es Olivo del camino. Este poema supone un conjunto de siete composiciones y, aunque con des-
arrollos de complicaciones mitológicas que suponen cultismo y
artificio, sin embargo está centrado por la emoción real y vivida
del olivo del camino a cuya sombra ha descansado el poeta y ha
contemplado los campos de su Andalucía:

Hoy, a tu sombra, quiero
ver estos campos de mi Andalucía,
como a la vera ayer del Alto Duero
la hermosa tierra de encinar veía.

217

Olivo solitario
lejos del olivar, junto a la fuente,
olivo hospitalario
que das tu sombra a un hombre pensativo
y a un agua transparente,
al borde del camino que blanquea,
guarde tus verdes ramas, viejo olivo,
la diosa de ojos glaucos, Atenea.

(CL-III-249)

Estos árboles del camino están destacados siempre en su poesía. Así, en el mismo libro, surge como hondo recuerdo el de una encina del camino que une Ubeda y Baeza, que tantas veces recorrió el poeta:

Y la encina negra,
a medio camino
de Ubeda a Baeza.

(CLIV-255)

En muchas de sus visiones recoge como elemento preferido, como lo que se ha contemplado en una relación de proximidad, casi de compañero, toda clase de árboles del camino o de la carretera. Y con esa poderosa eficacia que consigue sólo con nombrar; hasta con exclamaciones que nunca suenan a grito o declamar retórico. Cantando a las *Orillas del Duero,* un día claro de sol, contempla cómo:

...primavera
se ve brotar en los finos
chopos de la carretera
y del río...
(...)
¡Chopos del camino blanco, álamos de la ribera!

(IX-2)

También en un desolado y frío atardecer le impresiona cómo

...En el camino blanco
algunos yertos árboles negrean.

(LXXIV-90)

Más impresionante aún, con más profunda proyección de lo humano sobre lo inanimado, en otra rápida visión de paisaje, en ese momento en que *la tarde está muriendo,* se enfrenta y aproxima a un árbol caído en el camino:

Y ese árbol roto en el camino blanco
hace llorar de lástima.
¡Dos ramas en el tronco heridas, y una
hoja marchita y negra en cada rama!

Cuando años más tarde —y no parece que sea el recuerdo
literario de Meléndez o Bécquer— canta *a un olmo seco,* destacará
aún más plenamente esa contemplación lenta, meditativa del árbol;
es un *olmo viejo, hendido por el rayo y en su mitad podrido,*
al que,

con las lluvias de abril y el sol de mayo,
algunas hojas verdes le han salido.

(CXV-169)

Ante él, el poeta piensa en que también su corazón pueda
esperar *otro milagro de la primavera.* Y aunque el viejo árbol está
en la colina que lame el Duero, su pensamiento va hacia los árboles del camino:

No será, cual los álamos cantores
que guardan el camino y la ribera,
habitado de pardos ruiseñores.

Y también piensa que pueda arder,

de alguna mísera caseta,
al borde del camino.

En contraposición, pero con análogo sentimiento temporal, se
detiene igualmente ante el arbolillo que junto a la *senda clara,*
también *sombra* dará algún día; un arbolillo de esos tan insignifi-
cantes, *en que nadie repara:*

Junto al agua fría,
en la senda clara,
sombra dará algún día
ese arbolillo en que nadie repara.
Un fuste blanco y cuatro verdes hojas,
que, por abril, le cuelga primavera,
y arrastra el viento de noviembre, rojas.
Su fruto, sólo un niño lo mordiera.
Su flor, nadie la vio. ¿Cuándo florece?
Ese arbolillo crece
no más que para el ave de una cita,
que es alma —canto y plumas— de un instante,
un pajarillo azul y petulante
que a la hora de la tarde lo visita.

(CXXII-VI-406)

219

Junto a este alivio para el caminante representa el árbol a cuya sombra se cobija, los otros elementos que pueden mitigar la penalidad del caminar son la fuente y las ventas y mesones. Por esto son temas o motivos que continuamente están también apareciendo en la poesía de Machado. La fuente, como la sombra del árbol, como el mesón, es otro alivio para el caminante. No sólo sacia la sed, sino que, además, acompaña con su arrullo en el momento del descanso y del sueño. Así, Alvargonzález, tras andar largo camino, se *llegó a una fuente clara:*

> Echóse en la tierra; puso
> sobre una piedra la manta,
> y a la vera de la fuente
> durmió al arrullo del agua.

La fuente clara brillará entre la apacible sombra del gris olivo o de la negra encina. Cuando canta al *olivo del camino,* a cuya sombra contempla los *campos de su Andalucía,* al dirigirle la palabra, como viejo amigo, no olvida decirle que está *junto a la fuente;*

> Olivo hospitalario,
> que das tu sombra a un hombre pensativo
> y a un agua transparente.
>
> (CLIII)

Más ligero —en tono de cantar— y más profundo —en visión alegórica de adivinanza— evocará el chorro continuo y cristalino que resplandece junto a la negrura de las encinas:

> Entre las negras encinas
> hay una fuente de piedra,
> y un cantarillo de barro
> que nunca se llena.
>
> (CLIX. *Canciones.* XIII.)

El sentido enigmático esa fuente del camino se vuelve a repetir con insistencia:

> A la vera del camino
> hay una fuente de piedra,
> y un cantarillo de barro
> —glu-glu— que nadie se lleva.
>
> (CLXI. *Proverbios y cantares.* XIX.)

El poeta se recrea con el acertijo, preguntándonos qué son esa fuente, ese cántaro y ese agua:

> Adivina adivinanza,
> qué quieren decir la fuente
> el cantarillo y el agua.

¿Qué es ese agua clara del camino de la vida, que se desprecia muchas veces, pues hay quienes, como si no existiera, beben aguas sucias y pisoteadas? Así lo canta Machado seguidamente:

> ...Pero yo he visto beber
> hasta en los charcos del suelo.
> Caprichos tiene la sed...

¿Cómo y de qué es nuestra sed? ¿Qué cosas despreciamos? ¿Qué alivios olvidamos en el camino de la vida? Por otros versos que luego citamos, podemos pensar que ese agua clara es la mujer o el hombre buenos; pero esos cantares, que en su significado directo son tan claros como el agua clara, tienen una honda y oscura resonancia que nos hacen pensar en algo más.

Nada más triste para este poeta caminante que los *caminos sin mesones,* como los que contempla, al par que las *decrépitas ciudades,* desde una altura a las orillas del Duero. Claro es que es aún más triste la tierra sin caminos y sin mesones:

> Pobres campos solitarios
> sin caminos ni posadas.
> ¡Oh, pobres campos malditos,
> pobres campos de mi patria!

(CXIV-La casa-15-162)

Como buen caminante, valora el mesón o la venta que dan descanso, calor o frescura al cuerpo, sacian la sed y el hambre y hasta alegran el alma. En el silencio del campo, el sonido que consuela y acompaña al caminante que llega al mesón es el del *borbollonear* de la olla en el fuego. Como también consuela el mirar en silencio esa lumbre del hogar.

Una de las visiones que nos ofrece en su poema *Campos de Soria* es ésta del mesón del camino en un día de nieve. Por cierto que los viejos mesoneros habían perdido a un hijo arriero,

> que caminó sobre la blanca tierra,
> y una noche perdió ruta y sendero
> y se enterró en las nieves de la sierra.

(CXIII-V-134)   221

Con eficaz efecto de contraste nos pasa de la nieve al hogar:

La nieve. En el mesón al campo abierto
se ve el hogar donde la leña humea
y la olla al hervir borbollonea.

Su poema al libro *Castilla*, de Azorín, en la visión azoriniana de la venta de Cidones, ofrece una análoga sensación. En el silencio de su interior —donde escribe y espera un *joven caballero de ojos tristes y vestido de luto*— se oye la marmita al fuego borbollar.

También la venta o el mesón es el vino que alegra y hace soñar. Lo recuerda, así, entre los mil senderos de los olivares de su Andalucía:

De la venta del camino
a la puerta, soplan vino
trabucaires bandoleros.

(CXXXII-194)

También da alegría y hace soñar al caminante la guitarra del mesón:

Guitarra del mesón que hoy suena jota,
mañana petenera,
según quien llega y tañe
las empolvadas cuerdas,
guitarra del mesón de los caminos,
no fuiste nunca, ni serás, poeta.
Tú eres alma que dice su armonía
solitaria a las almas pasajeras...
Y siempre que te escucha el caminante
sueña escuchar un aire de su tierra.

(LXXXIII-92)

Y también le alegrará el vino con la alegría de la moza que lo sirve:

Un mesón de mi camino.
Con un gesto de vestal,
tú sirves el rojo vino
de una orgía de arrabal.

(CLV-259)

En alguna visión panorámica de anochecer, la luz del mesón abierto al camino la recogerá como nota de vida y animación. Así, al regresar hacia Soria, tras un largo paseo por cerros y pedregales, mientras de la ciudad lejana le llega el toque de oración y los campos se oscurecen, cierra la descripción anotando:

> Hacia el camino blanco está el mesón abierto
> al campo ensombrecido y al pedregal desierto.

(XCVIII-108)

No es extraño que cantando a Castilla desde *su rincón* de Baeza, tras la larga enumeración de sus tierras y, sobre todo, de sus hombres que van pasando en sus versos como en un interminable camino, se detenga y exclame al considerar sus ventas, mesones y posadas:

> ¡Oh, venta de los montes! —Fuencebada,
> Fonfría, Oncala, Manzanal, Robledo—.
> ¡Mesón de los caminos y posada
> de Esquivias, Salas, Almazán, Olmedo!

(CXLIII-231-235)

Tiene pleno sentido que surja en él la comparación del mesón con el hombre bueno; y con el mismo sentido simbólico-alegórico. El bueno en el camino de la vida es como el mesón para todos los caminantes:

> El bueno es el que guarda, cual venta del camino,
> para el sediento el agua, para el borracho el vino.

(CXXXVI-208)

Análogamente, con paralelo sentido alegórico, dudará ante la mujer, si es el *agua o la sed* en el camino de la vida:

> ¿Eres la sed o el agua en mi camino?
> Dime, Virgen esquiva y compañera.

(XXIX-40)

223

Perdido en el camino

Por los caminos, sin camino.

(LXXVII)

...Y caminar en sueños
por amor de la mano que nos lleva.

(LXXVII)

Ese dolor y tristeza de caminar por la vida a ciegas, sin orientación ni guía, como barco en la noche, sin brújula, faro ni estrella, constituye desde su juventud la *vieja angustia* que le mantiene a través de su vida, buscando a Dios —el camino— entre la niebla. Su nostalgia y recuerdo de la infancia y su actitud de caminante ciego le hace pensar en expresivas y angustiosas comparaciones, con el niño perdido y el perro sin olfato. La angustia se condensa en la terrible paradoja de vagar «por los caminos, sin camino»:

Como perro olvidado que no tiene
huella ni olfato y yerra
por los caminos, sin camino, como
el niño que en la noche de una fiesta
se pierde entre el gentío
y el aire polvoriento y las candelas
chispeantes, atónito, y asombra
su corazón de música y de pena,
así voy yo, borracho melancólico,
guitarrista lunático, poeta,
y pobre hombre en sueños,
siempre buscando a Dios entre la niebla.

(LXXVII-88)

225

15

Dos composiciones después, el símil se desarrollará insistentemente con expresión más feroz y triste, con angustia de muerte. La búsqueda de camino o estrella en el horizonte la siente con ansia famélica este alma que camina por la desnuda y helada tierra. Todo el paisaje, humanizado, sólo expresa muerte: el *alma aúlla,* los árboles están *yertos,* en los *montes hay sangre, el sol ha muerto.* Pero el poeta en su *amargo caminar pesándole el camino en el corazón* —esto es, pesándole la vida—, sigue buscando y buscando:

> Desnuda está la tierra
> y el alma aúlla al horizonte pálido
> como loba famélica. ¿Qué buscas,
> poeta en el ocaso?
>
> Amargo caminar, porque el camino
> pesa en el corazón. ¡El viento helado,
> y la noche que llega, y la amargura
> de la distancia!... En el camino blanco
> algunos yertos árboles negrean;
> en los montes lejanos
> hay oro y sangre... El sol murió... ¿Qué buscas,
> poeta en el ocaso?

(LXXIX-90)

Por eso en sus sueños de nostalgia de primavera y niñez piensa en la ilusión de ser guiado, de ser llevado de la mano maternal a través de la *recobrada senda,* del *camino recorrido:*

> ¡Ah, volver a nacer, y andar camino,
> ya recobrada la perdida senda!
> Y volver a sentir en nuestra mano
> aquel latido de la mano buena
> de nuestra madre... Y caminar en sueños
> por amor de la mano que nos lleva.

(LXXXVII-96)

El poeta siempre siente ese ansia de retener la mano amiga que acompaña y, sobre todo, que guía. En su angustioso dialogar consigo mismo, preguntándose si todo ha de morir, no falta ese recuerdo para «la mano que ni querías retener en sueños». Lo mismo cuando penetra en esos sueños, por las galerías de su alma, como el mayor consuelo avanza,

> sintiendo el roce de la veste pura
> y el palpitar suave de la mano amiga.

Por esto, perdida la compañera, en la realidad de su triste y solo caminar por los campos de Baeza, el poeta sueña otra vez ser llevado de la mano, de la mano de su Leonor, que le guía por una blanca vereda, a través de los inmensos y verdes campos, hacia las lejanas montañas azules:

Soñé que tú me llevabas
por una blanca vereda,
en medio del campo verde
hacia el azul de las sierras,
hacia los montes azules,
una mañana serena.
Sentí tu mano en la mía,
tu mano de compañera,
tu voz de niña en mi oído
como una campana nueva,
como una campana virgen
de un alba de primavera.
¡Eran tu voz y tu mano,
en sueños tan verdaderas!...

(CXII-176)

Con el tono más angustioso pedirá el triste y solitario poeta esa mano que le acompañaba y le guiaba en su vagar por los caminos de las *tierras altas* de Soria. Mientras pasea como sonámbulo «por los alegres campos de Baeza», no puede evitar que su corazón siga *vagando en sueños* por los *plomizos cerros* de las orillas del Duero. Así, como dormido, con sus ojos prendidos en el *azul y blanco del Moncayo* y en los *álamos del río*, el tono de su voz se aviva, ilusionado unos instantes, hablando con su Leonor, señalándole esos puntos del paisaje y pidiéndole su mano para continuar el paseo. Pero la dolorosa conciencia de su soledad hace que su voz se empañe y apague, y que su verso se quiebre, haciéndose lento y cansino, como su andar, dejando caer, como si pesaran, los adjetivos, uno tras otro, que van resonando como pasos que se van hundiendo en el tiempo y en la sombra:

¿No ves, Leonor, los álamos del río
con sus ramajes yertos?
Mira el Moncayo azul y blanco; dame
tu mano y paseemos.
Por estos campos de la tierra mía,
bordados de olivares polvorientos,
voy caminando solo,
triste, cansado, pensativo y viejo.

(CXXI-176)

No podrá ver un camino sin pensar en que va caminando a solas, en que vive solo. Así, el recuerdo de Leonor, la que pudo   **227** ser su guía —tras caminar, *por amor por ella*— para encontrar el camino seguro, se le agolpa en su alma cuando desde la loma de Baeza contempla el amplio, grave y rico paisaje de cerros y ondulaciones cubiertos de olivares y huertas, entre las que reluce el río, y su vista recorre los caminos que todo lo cruzan. Su recuerdo y sentido del vivir —de su vivir o caminar con ella— se le proyecta en el paisaje en esa realidad concreta y a la vez huidiza del camino. El título de este poema es, precisamente, *Caminos*. Comienza lento, como si saliera tranquilo y despacio de las murallas de la *vieja ciudad moruna* a contemplar a solas el campo y la tarde; pero su tono se va elevando, conforme la mirada va discurriendo a través de los campos y montes, hasta romper en la exclamación sollozante, cuando sus ojos se fijan y adentran, siguiendo los caminitos blancos que se alejan y pierden entre los montes y valles. Entonces es cuando se le agolpa y anuda en la garganta la triste conciencia de que camina a solas:

> Los caminitos blancos
> se cruzan y se alejan,
> buscando los dispersos caseríos
> del valle y de la sierra.
> Caminos de los campos...
> ¡Ay, ya no puedo caminar con ella!

(CXVIII-174)

Búsqueda de Dios

Siempre buscando a Dios entre la niebla.

(LXXVII)

En el normal expresarse de Machado, tanto en prosa como en verso, la mayor parte de las veces aparece el nombre o la idea de Dios como una realidad que existe en el mundo, con la que cuenta en su razonar. No se trata solamente de la expresión o frase hecha, recibida con la lengua como algo cristalizado que se repite en torno continuamente. Esto es, no son sólo las expresiones de un decir cristiano utilizado como algo objetivado, sobre todo en las frases exclamativas o ponderativas; aunque el *Dios mío* que se le escapa a veces no es un grito vacío, ni una mera exclamación retórica. Podríamos decir que, aunque él no crea, aunque dude, sin embargo, en el mundo emocional e ideológico en que vive el poeta cuenta Dios como una plena realidad. Sus dudas y sus búsquedas de Dios no responden desde luego a la actitud del que busca algo que ha perdido, algo que conoció y vivió plenamente en sus años mozos. Aparece, sí, ese ansia de recobrar la perdida senda, pero referida a los años de la niñez, cuando se sentía materialmente guiado, llevado de la mano. Pero si no busca algo que con plena conciencia existió en él y para él, busca un Dios que sabe existe para otros; y un Dios que muchas veces, identificándose con Cristo, es lo único que en el desierto y oscuridad del mundo sabe que abre senda para caminar.

El pesimismo le anegará en muchos momentos, sobre todo 229

cuando razona como filósofo. Así, se entrega en ocasiones —según nos dice en sus últimos años— a «la duda poética, que es duda humana, de hombre solitario y descaminado, entre caminos. Entre caminos que no conducen a ninguna parte»; pero, como dice Sánchez Barbudo —que objetivamente ha razonado sobre el tema—: «Nadie podría a él acusarlo de haberse 'instalado' en la negación sin buscar a Dios.» Por eso repite más abajo: «Era, pues, Machado, un buscador, sólo un buscador de Dios»[20].

No creo pueda asentirse plenamente —en parte, sí— a las afirmaciones de Serrano Poncela, cuando considera la problemática del tema de Dios como una *problemática buscada* y no como algo dado, como la existencia y la conciencia de existir[21]. Es verdad que los afanes del poeta filósofo de la madurez le hace a Machado tratar este tema de Dios sólo como tema de conocimiento, sin el íntimo y profundo vibrar de su alma y de su voz, recreándose, incluso, en el puro juego de conceptos y paradojas. Aunque no sea creyente, el tema le brota a veces desde muy dentro, como algo totalmente unido a ese problema esencial del existir, del caminar a oscuras y sin guía. Precisamente éste es el aspecto que consciente e inconscientemente le impulsa a la búsqueda de Dios: la búsqueda de camino, la búsqueda de Dios como camino. En conclusión, aunque perdido en la tiniebla y oscuridad, cuenta Dios en el vivir y en el pensar de Machado; y, en consecuencia, cuenta también en el soñar, pues para él es lo mismo que vivir.

Ese fondo cristiano que no puede ni quiere borrar el poeta le impulsa a veces concretamente hacia Cristo; pero, respondiendo a su más íntima necesidad, el Cristo que busca no es el Cristo que sufre, ni el que perdona, ni el que redime. Al que canta y busca es al Cristo que camina, al que guía. El valor simbólico que venimos destacando de lo que es el camino y el mar para Machado creo nos descubre el íntimo sentido de su poema *La saeta:*

> ¡Oh, la saeta, el cantar
> al Cristo de los gitanos,
> siempre con sangre en las manos,
> siempre por desenclavar!
> (...)
> ¡Oh, no eres tú mi cantar!
> ¡No puedo cantar, ni quiero
> a ese Jesús del madero,
> sino al que anduvo en el mar!
>
> (CXXX-191)

[20] «El pensamiento de Antonio Machado en relación con su poesía». En *Estudios sobre Unamuno y Machado*, Madrid, 1959, págs. 239 y 246.
[21] *Ob. cit.*, pág. 135.

No es el valor de lo milagroso lo que quiere cantar el poeta. No creo sea tampoco al Cristo vencedor de la muerte, como piensa Laín, entendiendo mar en el único sentido del morir[22]. A mi juicio, lo que quiere cantar el poeta es al Cristo que anda y camina —y traza camino— por este inmenso mar del mundo, por donde el hombre ha de caminar sin camino.

Ese pensamiento es algo que se le escapa en expresiones plenamente hechas, como respondiendo a algo que tiene ya objetivado en el mundo simbólico-alegórico de su lengua poética. Así, se ofrece rotundo entre sus *Proverbios y cantares:*

> ¿Para qué llamar caminos
> Todo el que camina anda,
> como Jesús sobre el mar.
> a los surcos del azar?...

> (CXXXVI-11-205)

El vivir, como venimos viendo, supone hacerse el camino, y hacérselo por donde, como en el agua, no hay rastro, no hay senda, como Jesús caminó sobre el mar. Al cantar *Al Dios ibero*, que es más el canto del hombre ibero y de su concepción y actitud ante Dios, surge el mismo obsesivo pensamiento:

> Este que insulta a Dios en los altares
> no más atento al ceño del destino,
> también soñó caminos en los mares
> y dijo: Es Dios sobre la mar el camino.

> (CI-111)

En el cancionero apócrifo, en unos versos que llama *Siesta. En memoria de Abel Martín,* vuelve insistente a cantar y honrar a Dios por la misma razón y poder:

> Al Dios de la distancia y de la ausencia,
> del áncora en la mar, la plena mar...
> El nos libra del mundo —omnipresencia—
> nos abre senda para caminar.

> (CLXX-398)

Cuando el poeta, tras la muerte de su joven esposa, en su terrible soledad, aunque resignado, levanta con refrenado tono de reproche su queja o lamento a Dios, declara su angustiosa situa-

---

[22] *Ob. cit.,* pág. 94, nota.

ción de indefenso en el mundo, la falta de guía y aliento para caminar, para vivir:

> Señor, ya me arrancaste lo que yo más quería.
> Oye otra vez, Dios mío, mi corazón clamar.
> Tu voluntad se hizo, Señor, contra la mía.
> Señor, ya estamos solos mi corazón y el mar.

(CXIX-175)

No creo pueda pensarse que ese mar frente al que queda sólo el poeta simbolice o represente a Dios [23]. Tampoco significa solamente la muerte. El corazón del poeta queda solo frente al mundo, la muerte y el más allá. Todo el misterio de la vida, del futuro y del destino del hombre es ese *mar ignoto,* que nombra otras veces, de donde venimos y a donde vamos. No es, pues, Dios, aunque esté en él. Como dice en otro poema:

> Dios no es el mar, está en el mar.

(CXXXVII-V-223)

En aquella composición, pues, le está dirigiendo a Dios la palabra, reconociéndole su existencia como omnipresente y omnipotente, pero sintiéndose totalmente ajeno y abandonado de él; como si le hubiese arrebatado la mano o guía que le diera para seguir su camino. Creo acertaba plenamente Aranguren cuando en sus comentarios en torno a la *esperanza y desesperanza de Dios en la experiencia de la vida de Machado,* concluía afirmando: «Si le hubiera vivido la esposa, ¡quién sabe! Nada ni nadie... le acercó como ella a Dios. Después, con el paso de los años, se le fueron enterrando memorias y esperanzas» [24]. Añadamos sólo que, aunque enterradas, no murieron nunca del todo memorias y esperanzas.

---

[23] SERRANO PONCELA: Ob. cit., pág. 108.
[24] JOSÉ LUIS L. ARANGUREN: «Esperanza y desesperanza de Dios en la experiencia de Antonio Machado». En *Cuadernos Hispano-Americanos,* Madrid, 1949, núms. 11 y 12, pág. 397.

«Desorientación»

¿Hacia dónde caminamos?
(Los complementarios)

Al considerar las consecuencias de la guerra europea en 1919, al ver el valor negativo de las enseñanzas que de ella se deducían, se lanza a un comentario que titula *Desorientación,* donde, rebasando la preocupación del momento, se pregunta por la actitud humana general del hombre ante la vida. Su pregunta es —naturalmente— como caminante: «¿Hacia dónde caminamos? Tal vez sea ésta una pregunta que el hombre haya podido hacerse en toda época —digámoslo para prevenir fáciles objeciones—, pero reconozcamos su valor de actualidad, de expresión abreviada de un estado de conciencia que prepondera en nuestros días. Cierto que las inmutables estrellas que orientan el alma humana: amor, justicia, conocimiento, libertad, no han desaparecido. Se pregunta no más por la validez de las cartas marinas que el hombre había trazado para su propio navegar, bajo el impasible esplendor de esas inasequibles constelaciones»[25].

El desarrollo amplio y encadenado de la consideración del mundo como camino viene a aclararnos con interesantes precisiones el sentido de todo su sistema simbólico-alegórico. Sabemos cuáles son esas estrellas que orientan al alma humana en su caminar. Y lo que es más interesante, nos aclara plenamente el sen-

[25] *Los complementarios,* ed. cit., pág. 17.

tido del valor simbólico con que el mar aparece en sus versos. Ante ese trozo no podemos pensar que sea sólo la repetición de la metáfora manriqueña. Aquí se confirma que el navegar es también vivir; que el mar es también el mundo; la vida en su aspecto más general de futuro y de destino que, lo mismo que el pasado, se nos ofrece visualmente como el más impreciso y lejano horizonte, algo inmenso, insondable y sin límite. El pensamiento no puede ser más escéptico: sin camino, con unas cartas de navegar trazadas por el hombre —de cuyo valor duda— y bajo el impasible esplendor de esas inasequibles constelaciones que forman las estrellas del amor, la justicia, el conocimiento y la libertad, el hombre ha de ir haciéndose su camino, su vida. Todas estas estrellas, estas guías del vivir que para él cuentan, no pueden tener la fijeza de la estrella polar de la fe. Son estrellas o constelaciones cambiantes y casi siempre entre niebla.

No cabe, pues, duda alguna sobre el vario y amplio significado de la palabra mar en Machado. El morir manriqueño, como siempre en el poeta, se matiza y desarrolla revitalizando la metáfora en su meditar y soñar de filósofo y de poeta. Tampoco resulta posible la aproximación de significado *mar* y *Dios* que propone Serrano Poncela. La misma composición que señala como muestra de esa aproximación no creo preste apoyo suficiente. Además, en otros casos, distingue precisamente el poeta entre Dios y mar como dos realidades distintas; lo hemos visto antes y lo veremos en otros casos.

La visión del mar con el valor simbólico que venimos destacando se precisa a mi juicio en uno de sus famosos sonetos. A la *encrucijada de cien caminos*, que se le ofrecía a su corazón en el mundo, *de llana tierra o piedra aborrascada*, se añade *en el mar*, la *suerte de cien veleros:*

> Tuvo mi corazón encrucijada
> de cien caminos todos pasajeros,
> un gentío sin cita ni posada,
> como andén ruidoso de viajeros.
> Hizo a los cuatro vientos su jornada,
> disperso el corazón por cien senderos
> de llana tierra o piedra aborrascada,
> y a la suerte, en el mar, de cien veleros.

(CLXV-327)

En este caso caminar y navegar son dos expresiones del vivir que se realizan con la misma dificultad y desorientación, en infinitas posibilidades, respondiendo, en suma, a la misma actitud

234

del hombre ante la vida. Parece como si resonara en su alma la voz de aquel gran arrepentido, también sevillano, de la época barroca, que en su *Discurso de la Verdad* afirmaba ser «nuestra vida como el navío que corre con presteza, sin dejar rastro ni señal por donde pasó» [26].

[26] *Discurso de la Verdad, dedicado a la alta Imperial Majestad de Dios, compuesto por don Miguel de Mañara y Vicentelo de Leca,* Sevilla, 1917, página 15.

Soñar y velar

...si un igual destino
aguarda al soñador y al vigilante,
a quien soñó caminos,
y a quien siguió caminos jadeantes,

(CLXXV-IV)

En el difícil y angustioso caminar de la vida, Machado —que piensa, siente y sueña su caminar— distingue —ya lo vimos— dos formas de hacer camino. Las precisa en una última reflexión que hace Abel Martín, próximo el instante de su muerte, mirando, precisamente, esos caminos ya recorridos. Son dos actitudes del hombre en la vida: la del vigilante y la del soñador; velar y soñar. El primero camina siguiendo caminos ya abiertos por otros; el segundo se va trazando solo su camino con sus propios pasos, lo va soñando. Lo más triste es que un mismo destino espera a uno y otro:

> Viví, dormí, soñé y hasta he creado
> —pensó Martín, ya turbia la pupila—
> un hombre que vigila
> el sueño algo mejor que lo soñado.
> Mas si un igual destino
> aguarda al soñador y al vigilante,
> a quien trazó caminos,
> y a quien siguió caminos jadeante,
> al fin, sólo es creación tu pura nada,
> tu sombra de gigante,
> el divino cegar de tu mirada.

(CLXXV-IV-422)   237

Este poema nos descubre y refuerza mejor su sentido si lo ponemos en relación con otros igualmente cargados de inquietud religiosa. Esa actitud vigilante —que ya sabemos corresponde a seguir caminos— es la que recoge como esencia y clave de la doctrina de Cristo. Ya lo hemos visto: al Jesús que busca es al que caminó por el mar, el que *abrió senda para caminar,* y cuyas palabras todas pueden encerrarse en una sola: *velad.*

> Yo amo a Jesús, que nos dijo:
> Cielo y tierra pasarán.
> Cuando el cielo y tierra pasen
> mi palabra quedará.
> ¿Cuál fue, Jesús, tu palabra?
> ¿Amor? ¿Perdón? ¿Caridad?
> Todas tus palabras fueron
> una palabra: Velad.
>
> (CXXXVI-XXXIV-214)

Hay que reconocer que ese hombre vigilante, que vela y sigue camino, responde a una llamada o, si queremos, exigencia de Cristo. Hay, pues, en el fondo de ese duro y angustioso caminar jadeante, un sentido cristiano de la vida que no le viene sólo indirectamente a través de la voz exhortativa de Manrique, sino también como eco o resonancia de la palabra evangélica. Sin embargo, para el poeta el camino se entenebrece, se sumerge en la niebla. No ve con claridad a quién abrió la senda para caminar por la vida. Se le pierde en la distancia, en la niebla; pero sigue caminando a tientas, buscando a Dios; a veces soñando caminos, soñando incluso que lo ha encontrado, aunque despierte y sienta que ha sido sólo sueño. Lo más triste de ese caminar perdido, sin camino, es pensar que camina solitario, no sólo a ciegas, sin luz, sino ni aun siquiera contemplado por Dios. Le falta la mirada de Dios, la *increada luz que no ve.* Ante ese supremo instante de la muerte se le agolpa a Abel Martín esa terrible angustia:

> Aquella noche fría
> supo Martín de soledad; pensaba
> que Dios no le veía,
> y en su mudo desierto caminaba.
>
> (CLXXV-11)

Pero la búsqueda de Dios continúa hasta el último instante: quiere ver esa luz que todo lo ve. Como el maestre don Rodrigo Manrique, se enfrenta sereno con la muerte y hasta habla con ella, buscando el diálogo con su nota de humor e ironía; pero, a pesar de todo, la muerte ni contesta ni sabe sonreír:

238

Hoy sé que no eres tú quien yo creía
mas te quiero mirar y agradecerte
lo mucho que me hiciste compañía
con tu frío desdén.
Quiso la muerte
sonreír a Martín y no sabía.

(CLXXV-III-422)

Entonces —ya turbia la pupila— es cuando ve de golpe toda
su vida, todo su caminar por caminos soñados y por caminos ya
trazados. Piensa que a fin de cuentas todo es lo mismo para el
que sueña y para el que vela. Y *a la angustia sucede la fatiga de
su esperar desesperado.* Siente la muerte dentro de sí, *al palpar
su cuerpo enflaquecido.* En su extensa soledad y olvido, se le
agolpa incontenible ese ansia de Dios. Su pregunta es angustiosa,
pero no porque dude de que Dios existe; su duda es más triste,
si cabe, porque el terrible temor que le hace preguntar es, como
antes, porque piensa si es que Dios le ha abandonado, si ni siquiera le está mirando:

¿El que todo lo ve no le miraba?

Y a pesar de su oscuridad y abandono surge un grito de fe,
esperanzador:

¡Oh, sálvame, Señor!

Ese fondo de creyente que no puede acallar, tampoco le deja
aceptar la idea de que todo se acabe con la muerte. Abel Martín
no quiere creer que toda su vida pasada, que en ese momento
de la agonía se le despliega ante su vista, sea algo como grabado
en blanda cera, que quedará deshecho cuando salga el primer sol:

Su vida entera,
su historia irremediable aparecía
escrita en blanda cera.
¿Y ha de borrarte el sol del nuevo día?

(CXXXV-V-423)

Abel Martín llega a la muerte sin conseguir ver, sin descubrir
la luz que ansioso busca; pero sigue pidiéndola hasta el último
instante: *Ciego, pidió la luz que no veía.*
Termina, pues, su vida sin conseguir ver y *beberá sereno* con
su *boca fría* el *limpio vaso de pura sombra lleno;* pero pidiendo
una y otra vez esa *luz que no veía,* esa *luz que todo lo ve.* 239

De la nada a la esperanza

> Y un nihil de fuego escrito
> tras de la selva huraña,
> en áspero granito,
> y el rayo de un camino en la montaña...
>
> (CLXXVI)

Hasta en la última composición que cierra su volumen de *Poesías completas* encontramos el mismo símbolo del camino con el símbolo complementario del mar enlazados en una inquietante y angustiosa expresión de dudas e interrogantes que se plasman en alucinantes visiones de ensueño surrealista. La titula *Otro clima* y, a pesar de su obsesivo pensar en la Nada como objeto supremo de la creación divina y como término del camino de la vida, sobre la terrible visión de catástrofe y naufragio parece surgir un *mundo nuevo*, una *nueva nave de estela diamantina*, un *camino luminoso*. El libro se cierra con un aliento esperanzador: divisando, aunque sea a lo lejos, un camino que asciende por la montaña. Es interesante observar este final esperanzador. Resulta la contraposición del libro de Rubén Darío *Cantos de vida y esperanza*, que más de una vez resuena en la poesía de Machado. En él el nicaragüense canta la esperanza con acento cristiano; pero lo cierra con la expresión más angustiosa y desolada de la vida en *Lo Fatal: el no saber a dónde vamos, ni de dónde venimos;* como el Machado más pesimista. En cambio, las *Poesías completas* se cierran con un poema lleno de esperanza. Las imágenes de naufragio —de las naves que surcaron los viejos caminos del mar de la vida— impresionan como una visión daliniana: «¿Quillas al

241

16

sol la vieja flota yace?» Y más abajo completa con rasgos sombríos
el espectáculo que contempla el solitario poeta:

> Desde la cumbre vio el desierto llano
> con sombras de gigantes con escudos,
> y en el verde fragor del océano
> torsos de esclavos jadear desnudos.
>
> (CLXXVI-424)

La desolada visión, de infierno dantesco, parece completarse
aún más en la desesperanza de futuro, al no adivinar otro horizonte que la nada:

> Y un nihil de fuego escrito
> tras de la selva huraña,
> en áspero granito.

Pero el verso final rasga la angustiosa sombra con la luz de
la esperanza, señalando un camino que se dibuja como último
término, como un más allá:

> y el rayo de un camino en la montaña.

INDICE

LITERATURA ● Trébol rojo
ARTE ● Trébol azul
CIENCIAS HUMANAS ● Trébol violeta
CIENCIA Y TECNICA ● Trébol amarillo
ENSAYO ● Trébol verde

LITERATURA • Tela rojo
    Azul • Tela azul
CIENCIAS HUMANAS • Tela violeta
    Azul • Tela amarilla
ENSAYO • Tela verde